山东省社会科学规划研究项目“文明交融背景下北美传教护士与山东现代护理的起源和发展研究”(20BLSJ01)

传灯者

曹英娟 吕 军 邢介霞 主 编

山东大学出版社
SHANDONG UNIVERSITY PRESS
·济南·

图书在版编目（CIP）数据
传灯者 / 曹英娟，吕军，邢介霞主编. -- 济南：山东大学出版社，2025. 4. -- ISBN 978-7-5607-8469-4
Ⅰ. K826.2
中国国家版本馆 CIP 数据核字第 2024BF5945 号

责任编辑　朱雪蕊
封面设计　王秋忆

传灯者
CHUANDENGZHE

出版发行　山东大学出版社
社　　址　山东省济南市山大南路 20 号
邮　　编　250100
电　　话　（0531）88363008
经　　销　新华书店
印　　刷　山东蓝海文化科技有限公司
规　　格　787mm×1092mm　1/16
　　　　　18.25 印张　269 千字
版　　次　2025 年 4 月第 1 版
印　　次　2025 年 4 月第 1 次印刷
定　　价　88.00 元

序一

1855年，克里米亚半岛，英军战地医院，每当入夜，一位身材修长的护士，手提油灯穿行在每一张病床间。她俯身查看伤者，眼神里满是悲悯与慈爱，昏黄的光晕，驱散着恐惧与绝望，宛如黑暗里温暖的臂膀，拥抱着每一个脆弱的灵魂。灯光映处，慰藉充盈了痛苦的面庞，希望之花悄然绽放。

“灯光摇曳着飘过来了，寒夜似乎也充满了温暖…… 我们几百个伤员躺在那，当她来临时，我们挣扎着亲吻她那浮动在墙壁上的修长身影，然后再满足地躺回枕头上。”

伤兵们用诗一样的语言记录下了被他们称之为“提灯女神”和“克里米亚的天使”的南丁格尔护理他们时候的情形和内心的感受，并把它永远珍藏在自己的记忆当中。

时光如白驹过隙，倏忽间170年行过，南丁格尔早已离我们远去，但她手中那盏灯却从未熄灭，灯光划过历史的天空，洞穿时光的雾霭，闪耀在每一位护士的心中。

肇端于1915年的齐鲁护理，是中国现代护理的重要源流之一，迄今已走过110年的沧桑岁月。110年来，一代代齐鲁护理人高擎南丁格尔精神的明灯，以行作笔，用爱当墨，在齐鲁大地上谱写出了一曲曲令人荡气回肠的生命史诗、奉献之歌。

由曹英娟、吕军、邢介霞等人编写的《传灯者》一书用细腻的笔触、真挚的情感，翔实地记录了山东大学齐鲁医院41位护理前辈平凡却又令人敬佩的护理生涯。这些护理前辈，在岁月长河中，把自己的青春与热血毫无保留地奉献给了护理事业。从初入岗位时的青涩稚嫩，到历经岁月洗礼后的沉稳大气，她们始终坚守着那颗初心，在护理岗位上默默耕耘，如同一颗颗坚韧的种子，在生命的土地上绽放出绚丽的花朵。她们见证了无数生命的诞生与离去，深刻地感受过生命的脆弱与顽强。在每一个关键的时刻，她们都毫不犹豫地挺身而出，用自己的专业知识和无私奉献，为患者带来生的希望与勇气。书中的每一个故事，都是一颗璀璨夺目的明珠。这些故事里，有前辈们在艰苦条件下的执着坚守，有面对困难时的勇敢担当，有对患者无微不至的关怀呵护。她们用自己的行动，深刻地诠释着南丁格尔精神的深邃内涵，她们是真正的传灯者。

《传灯者》这本书，不仅是对齐鲁护理前辈的崇高致敬，更是对护理事业未来的美好期许。希望越来越多的护理工作者能够以书中那些熠熠生辉的护理前辈为楷模，接过这满载爱与担当的灯火，让这束象征着生命希望的光芒，穿透重重阴霾，照亮人世间每一处被病痛笼罩的黑暗角落，续写护理事业更为灿烂辉煌的壮丽篇章。

易　凡
山东大学党委常委、副校长
2025 年 1 月

序二

齐鲁大地，钟灵毓秀、人杰地灵。山东大学齐鲁医院根植于这片热土，历经135年风雨沧桑，依然朝气蓬勃、枝繁叶茂，博施济众、广智求真的齐鲁医学精神历久弥新、源远流长。齐鲁护理人，承载着医院的百卅荣光，在南丁格尔精神的照耀下，始终为护佑一方百姓健康尽心竭力。

早在1890年建院伊始，作为齐鲁医院前身的华美医院便实现了“医护分工”。凭借着先进的理念、务实的作风、奉献的情怀，齐鲁护理如旭日东升、蓬勃发展，始终引领着国内护理事业坚毅前行之路。中华人民共和国成立以后，特别是进入新时代以来，医院以打造国家医学高地为目标，坚守公益属性，认真贯彻落实党的卫生与健康工作方针，锐意进取、发展壮大，跻身国内头部医院行列，成为集医、教、研、防、管、康为一体的大型公立医院。护理质量的提升是医院高质量发展的重要组成部分，护理队伍在持续发展壮大的同时，涌现出了一大批德才兼备的护理工作者和护理管理工作者，形成了“齐鲁护理样板”“齐鲁护理模式”，为健康山东和健康中国建设作出了卓越贡献。

正如书名《传灯者》，一代代齐鲁护理人，无论是在战争年代还是和平时期，无论是在日常医护工作中，还是在面对重大灾害、重大疫情等威胁人民群众健康的关键时刻，坚守提灯使者“守护生命”的神圣使命，秉承“医道从德　术业求精”的院训，不畏艰辛、无私奉献、救死扶伤、大爱无疆。她们从细处做起、从点滴入手，如春日暖阳，温暖着患者的心灵；她们开展专业化、精细化、科学化照护施治，如航行灯塔，照亮着生命的希望；她们数十年如一日坚守在病患身边，从青丝到白发，几十年的雨雪风霜，把最美芳华留给了护理岗位，留给了为保护人民生命健康而奋斗的壮丽事业。

不忘来时路，方知向何行。习近平总书记在2020年5月11日第109个国际护士节时指出，“护理工作是卫生健康事业的重要组成部分。各级党委和政府要关心爱护广大护士，把加强护士队伍建设作为卫生健康事业发展重要的基础工作来抓，完善激励机制，宣传先进典型，支持优秀护士长期从事护理工作。”这不仅是对护理工作的高度肯定，是对广大护士的殷切期望，更是为护理事业发展指明了方向和道路。我们相信，在新的历史时期，齐鲁护理人必将继承守正创新，发扬白衣执甲、艰苦奋斗、开拓进取、敢闯敢创的精神，助力医院高质量发展，为健康山东和健康中国建设、为人民卫生健康护理事业发展书写崭新篇章！

陈　鑫

山东大学齐鲁医学院党工委书记

山东大学齐鲁医院党委书记

2025 年 1 月

序三

百年峥嵘博施济众，世纪齐鲁广智求真。山东大学齐鲁医院自 1890 年建院以来，齐鲁护理与齐鲁医学携手并进， 一路向前，形成了“惟勤惟谨 务精务诚 向善向爱 求实求新”的护理价值观并在实践中不断完善。齐鲁护理人积极探索、薪火相传、踔厉奋发、行稳致远，凭借着对生命的敬畏和对职业的热爱，以坚定的信心、饱满的热情为医院高质量发展作出自己的贡献。

护理工作是卫生健康事业的重要组成部分，对全面推进健康中国建设、积极应对人口老龄化和重大突发事件具有重要意义。以习近平同志为核心的党中央高度重视护理事业发展，把加强护士队伍建设作为卫生健康事业发展重要的基础工作来抓。在新时代党的卫生健康工作方针指引下，在医院党委的坚强领导下，护理团队紧紧围绕医院战略目标和中心任务，护理工作取得了显著成绩，护士队伍持续发展壮大，队伍素质不断提升，护理服务能力全面加强。医院在国家三级公立医院绩效考核中获得第五名的成绩，是全体医护人员共同努力、团结奋斗的结果，也是医院护理管理水平和服务质量不断提升的体现。

本书对老一辈齐鲁护理人的事迹进行了梳理，带大家回到那个充满艰辛与奉献的年代，深入挖掘和展现齐鲁医院老一辈护理人的真实故事和心路历程，共同回望齐鲁护理人的初心使命，赓续护理精神血脉，在这里我们向护理老前辈们致敬，向她们学习，把思想伟力转化为推动医院护理高质量发展的强大动力。护理工作成绩的取得离不开老一辈护理工作者的辛勤付出。护理前辈的贡献，不仅仅体现在技术层面的进步上，更在于她们对患者无微不至的关怀与人文精神的传承。面对疾病与痛苦，她们以温暖的手、温柔的话语，为患者带去安慰与希望。深知护理不仅是治疗的一环，更是心灵的抚慰与支撑，护理前辈们展现了护理的深层意义。同时，她们积极参与公共卫生事业，为预防疾病、促进健康作出了卓越贡献。在灾害救援、疫情防控等重大非常时刻，护理前辈们总是冲锋在前，用实际行动生动诠释了“救死扶伤”和“大爱无疆”的崇高精神。

本书不仅是回忆，更是总结和传承。希望新时代齐鲁护理人始终秉承“博施济众 广智求真”的医院精神，遵循“医道从德 术业求精”的院训，立足岗位、开拓奋进，进一步弘扬南丁格尔精神，以满足人民群众健康需求为己任，按照国家医学中心的标准和高度，建设国内领先、世界一流的研究型医院临床护理学科，为人民提供全方位、全周期卫生健康服务，为推动新时代护理事业高质量发展、增进人民群众健康福祉做出积极贡献！

陈玉国

山东大学齐鲁医院院长

2025 年 1 月

前 言

多年后的今天，当护理前辈们回忆起那些曾经的峥嵘岁月，她们的眼中依然闪烁着不灭的光芒，那是对过往艰辛与挑战的深刻铭记，也是对护理事业的热爱与执着。仁和楼前的乔木，一定记得她们的温暖关怀；济众楼里的灯光，曾经映照着她们忙碌的身影。流逝的时光，带走了她们美丽的青春，却带不走她们美丽的风采；留不下她们匆匆的脚步，却留下了她们精彩的故事。

《传灯者》这本书，正是为了记录这些护理老前辈们的工作经历与心得体会而编撰的。山东大学齐鲁医院历史悠久，文化底蕴深厚，始终秉持着“医道从德　术业求精”的院训，涌现出一批又一批优秀的医护人才。其中，护理团队是医院中不可或缺的重要力量，她们用无私的奉献和精湛的技术，守护着患者的健康与生命，践行着“惟勤惟谨　务精务诚　向善向爱　求实求新”的护理理念。

在这本书中，我们选取了齐鲁医院多位杰出的护理前辈，通过她们谦逊朴实的口述和回忆，记录了她们在护理事业中的成长经历和奋斗历程。这些故事有的充满了挑战和困难，有的流淌着温馨和感动。无论是面对病魔的勇敢斗争，还是在日常护理中的细心呵护，每一位护理前辈都用自己的实际行动诠释着“传灯者”的南丁格尔精神。

“传灯者”既是对护理工作的赞美，也是对护理前辈们的敬意。她们手中的那盏明灯，不仅照亮了患者的生命之路，也照亮了她们自己的心灵。在这盏灯的指引下，她们不断追求卓越，不断提升自己的专业技能和服务水平，为患者提供更加优质、高效的护理服务。

这本书不仅是对齐鲁医院护理前辈的一次致敬，也是对所有医护人员辛勤付出的见证。我们希望通过这些故事，让更多的人了解护理工作的不易和伟大，激励新一代的护理工作者，继续在守护生命的道路上砥砺前行，也激发更多的有识之士投身到这个神圣的职业中来。同时，我们也期待每一位读者都能从中汲取力量，面对生活中的挑战和困难时，都能保持一颗勇敢、坚定的心。

在书中，我们可以看到一位位老前辈们的真实写照。她们有的从年轻时就立志要成为一名护士，用自己的专业知识和技能，为患者提供最好的护理；有的则在工作中不断学习、不断进步，将自己的临床经验转化为更加高效的护理方案；还有的则在退休后，仍然关注着护理事业的发展，积极为年轻一代传授经验，传递着护理的精神与理念。

这些老前辈们的经历和体悟，如同一幅幅生动的画卷，在我们面前缓缓展开。她们在工作中的每一次挫折与超越，都是对自我的不断磨砺与成长；每一次的喜悦与成就，都是对生命的敬畏与热爱。她们用自己的实际行动，诠释了护理工作的真谛，也为我们这些后来者树立了榜样。

在阅读这本书的过程中，我们深受启发。其中一位老前辈曾经说过：“护理不仅是一项工作，更是一种责任和使命。”这句话深深地打动了我们。是啊，每一位护士都肩负着护佑生命重任，而这份责任与使命，正是我们不断前进的动力源泉。

我们也从这些老前辈们的身上，看到了她们无私的奉献和牺牲精神。她们为了患者的康复与健康，常常需要付出巨大的努力，正是这份艰辛与不易，才更加凸显了护理工作的伟大与崇高。

《传灯者》这本书，不仅是对这些护理老前辈们的一种致敬和感谢，更是对后来者的一种激励和鞭策。让我们在继承她们优良传统的同时，不断创新和进步，为护理事业的发展贡献自己的力量。

最后，我们要感谢所有为这本书付出努力的人。感谢山东大学齐鲁医院的各位领导和同事们的支持与帮助，感谢所有参与本书编写与编辑的同志们的辛勤付出。愿老一辈护理人的精神长存，继续引领我们前行的道路，也愿每一位读者都能从中感受到护理工作独特的魅力，在不平凡的故事中收获勇气与希望。

编 者

2025 年 1 月

目 录

昆冈玉出缀齐鲁　华美琢成济苍生——李昆华 01

品若高松谦若筱　言从和谨行从敏——王筱敏 07

素心芳华许齐鲁　卿本天使在人间——刘素卿 15

美莫美兮抱婴姿　英莫英兮急救时——李美英 22

素履以往甘淡泊　琴心剑胆写韶华——王素琴 29

素手仁心济世长　英姿飒爽杏坛香——石素英 35

明眸皓齿护生魂　珍花艳绽齐鲁人——杜明珍 41

秀外慧中肩如铁　玉辉璞质后生师——初秀玉 47

桂馥兰馨不争香　唯珍济众岁月长——韩桂珍 55

惠心妍状扶世梦　宁静致远终达成——李惠宁 61

杜渐除微显真章　宏博精深护安康——杜　宏 68

连病患救死扶伤　强业务英声茂实——李连英 74

杨柳娥眉佳话颂　逊志时敏挽春秋——杨　敏 80

志洁行芳多善事　君子养心莫于诚——王志君 88

诚意正心即致远　和风润物起青萍——刘远萍 95

夙夜思绪常在公　护理生涯当撷英——郭公英 101

洒向齐鲁都是爱　寸心许家亦许国——宁爱国 107

金声玉振才学到　澧兰沅芷屹心尖——秦振兰 113

解茧为丝梳万绪　制机成锦有瑰杰——孙绪杰 118

桂华曾照病床前　芳止惟播爱满园——刘桂芳 124

春阳抚照漫齐鲁　兰心蕙质永济世——孙春兰 130

秀外慧中强业务　荣盛人谦是品格——仲秀荣 137

不负韶华守初心　白衣天使担使命——石花婷 143

洪涛江海注华美　芝艾齐生斗病魔——王洪芝 150

凤翥森林立乔木　英姿常伴无影灯——马凤英 156

均平如水护苍生　美意延年济世长——王均美 162

延医问道创新境　荣德流光启新程——李延荣 168

上善若水白衣行　风华不减济众情——李善华 174

其华灼灼声若日　珍雅秀美亘式榖——魏其珍 182

巧手梳理好服务　慧心开创新篇章——刘巧慧 188

洒向人间都是爱　清如莲花淡如菊——李爱菊 195

德艺双馨齐齐生　灿烂炳焕佳美名——史德焕 202

玲玲清韵赵家玉　平凡事业靠笃行——赵玲玲 211

不负韶华守初心　潜心笃志担使命——朱爱芳 219

萍水相逢医患路　王门巾帼战病魔——王　萍 226

百志同心向齐鲁　华章锦绣誉四方——李百华 232

春雨无声停处润　兰在高山芳自远——刘春兰 238

敬天悯人师之道　爱岗尊患护之魂——黄敬爱 246

张弛有度护齐鲁　红霞旖旎洒人间——张　红 253

兴院有我一份力　归来天际尽彩霞——李兴霞 259

夜以继日种辛劳　玲珑透露风华茂——刘继玲 265

后记 272

昆冈玉出缀齐鲁 华美琢成济苍生

——记山东大学齐鲁医院原副院长李昆华

“用专业和爱心守护生命。”

【个人简介】

李昆华（1934 年至 2021 年），1949 年加入中国共产党。1950 年于乳山中学毕业（毕业后留校工作）。1953 年 9 月至 1955 年 8 月在烟台护士学校护理专业学习，任班长、团支部书记。1955 年 8 月在山东省立二院（现山东大学齐鲁医院）任内科护士一职。1959 年至 1963 年任山东医学院附属医院（现山东大学齐鲁医院）内科副护士长。1963 年至 1971 年任山东医学院附属医院内科护士长。1971 年至 1972 年在上海劳动卫生职业病研究所（现上海肺科医院）进修。1973 年至 1978 年任山东医学院附属医院医师（职业病专业）内科党支部书记。1978 年至 1981 年任山东医学院附属医院护理部主任。1981 年至 1984 年任山东医学院附属医院副院长兼护理部主任。1982 年至 1984 年兼任山东医学院卫生学校副校长。1984 年至

1991 年任山东医科大学卫生学校校长。1994 年退休。

1984 年至 2006 年任山东省护理学会第三届和第四届副理事长。1995 年任山东省护理学会第四届教育委员会主任委员。

【学术成果】

《护理医学问答》主编之一，该书于 1983 年获得卫生部全国优秀图书一等奖。

【获奖荣誉】

1986 年获中华人民共和国卫生部“从事护理工作三十年”荣誉。1988 年获山东省科学技术协会山东省“优秀科技工作者”称号。

1934 年，在胶东半岛这片土地上，一个名叫李昆华的女婴诞生于山东省乳山县（现乳山市）。她的父亲是一位朴实的农民，与温顺、善良、美丽的母亲一同撑起了这个家。在那个动荡的年代，胶东半岛饱受日本侵略者的蹂躏，战争的硝烟弥漫，李昆华目睹国家的苦难，心中悄然埋下了理想的种子，立志报效祖国。

学生时代的李昆华，以其非凡的才智和热情，成为村中的儿童团团长和青年妇女队队长。暑假归家，她不仅开办了识字班，更将文化的种子播撒在乡亲们的心田。1949 年 6 月，未满 16 岁的她，怀着对党无比忠诚的信念，加入了中国共产党，立志为共产主义事业奋斗终生。中华人民共和国成立之初，中国农村的贫困落后令人唏嘘。在那个时代，能够供养一个女孩子完成中学教育已属不易，李昆华的父亲因此受到了乡亲们的赞誉。尽管内心渴望继续深造，但面对家徒四壁的现实，李昆华不得不暂时搁置了自己的梦想。

在学校里，李昆华通过辛勤工作，不仅自食其力，还以微薄的收入补贴家用，赢得了校长的赏识。校长了解到李昆华的理想与追求，就告诉她，烟台有一所护士学校，不仅免费提供教育，还包食宿，但需要通过考试。这对于渴望知识的李昆华来说，无疑是一道曙光。她默默准备，终于收到了学校的录取通知书。虽然父亲对护士职业有所误解，认为那是“伺候人”的工作，但在内心坚定的坚持下，她毅然前往烟台，成为烟台护士学校的第一届学生。

在烟台护士学校的学习中，李昆华逐渐了解到护理工作的崇高与伟大，她发现自己对这项工作充满了热爱，仿佛这是命运的安排。她更加刻苦学习，积极参与学校工作，以优异的成绩和卓越的表现成为学校第一届学生会主席。1955 年夏天，她以优异的成绩毕业，开启了她一生的护理事业。

毕业后，根据组织的安排，李昆华带领 20 名同学从烟台前往济南，开始了她们作为新时代护士的职业生涯。她们以朝气蓬勃、意气风发的姿态，投身救死扶伤的崇高事业。李昆华同她的同学们一起，将青春和毕生精力献给了护理事业。

虽然远离了家乡，但她的心始终牵挂着那里的亲人。她用自己的工资供养了两个姐妹，帮助她们完成学业、成家立业，更将母亲接到身边照顾。然而，父亲的早逝成了她心中永远的痛。

从一名护士到护理副院长

护士的心中总有一盏不灭的灯，照亮了平凡而伟大的护理之路。李昆华就是那盏灯的守护者，在山东省立二院内科、二南病房、三南病房（现博施楼）都留下了她日夜奔波的身影。每当夜幕降临，只要是李昆华值夜班，病房里的患者们总是感到无比安心，她对患者体贴入微，用热情和关怀驱散他们的忧愁，点燃生命的希望之火。

中华人民共和国成立初期，医疗卫生资源匮乏，生活条件艰苦，护士的工作不仅限于日常护理，还需帮助患者打理个人卫生，如洗头、剪指甲、灭虱等。然而，李昆华老师始终以爱心、细心、耐心对待每一位患者，认真完成每一项护理工作。她还会向患者讲述医院的历史文化，既富有教育意义，又让病房里充满了温馨。

1959年，因工作出色，李昆华被任命为副护士长，四年后晋升为护士长，那时她年仅29岁。随着时间的流逝，她不仅在职业道路上不断提升自我，更成为护士团队中的贴心人，她的关怀和温暖让每一位同事都铭记在心。

1978年，改革开放的春风拂面，国家要求健全护理管理体制，医院成立了护理部。李昆华凭借早年的革命经历和坚强的党性，以及学生时代的锻炼，被任命为护理部主任。她毫不犹豫地承担起这份重任，从一个基层护士、护士长，转变为管理者，这不仅是新的起点，更是新的挑战。

在管理工作中，李昆华发现了许多亟待完善的流程和制度，她与团队分享护理理念，虚心听取医疗专家的建议，鼓励大家共同努力，提高医院护理管理的质量。她与团队一起建立制度、制定规范，并通过实践不断验证和完善。这些举措显著提升了护理质量，赢得了广泛赞誉。

专题讲座、制度培训、护理操作技能考试等学术交流形式层出不穷，虽然工作繁忙，但在这样的环境中不断学习和成长，护士们感到非常充实。李昆华也意识到自己在知识储备上的不足，于是她利用业余时间如饥似渴地学习管理知识，学习英语，不断更新护理专业知识，努力弥补知识上的不足。

20世纪80年代，护理工作的重要性日益凸显。1981年，国家卫生部决定在500张床以上的医院选拔一批德才兼备的护理部主任担任分管护理工作的副院长，李昆华被成功选拔，她深知自己肩负的重任，更加努力地工作，致力于健全护理知识体系，建设知识型护理专业队伍。从入职培训到形体语言培训，从技能培训到统一服装定制，从强化骨干培训到护士长选拔，从学术交流到制度规范的建立与落实，她与同行们一起，为推进护理队伍的科学化建设和管理付出了巨大的努力。

20世纪80年代，全国科学大会的召开激发了人们对知识的渴望。在这

李昆华证件照

样的背景下，李昆华和同行们深感编写一部护理学科通识著作的重要性，以书传道，启迪智慧。1982 年，她作为主编之一，撰写了由人民卫生出版社出版的《护理医学问答》。这本书一经出版便获得了业界的广泛欢迎和认可，并于 1983 年荣获卫生部全国优秀图书一等奖。此后，她继续主编和参编了多部护理专业书籍，如《护理常规》《护士手册》等，为护理学科的普及和发展作出了不可磨灭的贡献。

李昆华不仅在学术上有所建树，还积极参与国际交流，与王筱敏同志共同出席了在香港召开的亚太地区护理管理会议，拓宽了视野，促进了护理学科的国际交流与合作。

从一名护理专家到护理教育家

1984 年，李昆华的人生迎来了重大转折，她从一名护理专家转型为一名护理教育家。她被山东省卫生厅委以重任，担任山东医学院卫生学校（1985 年改名为山东医科大学卫生学校）校长。这一职位她坚守了 7 年之久。面对全新的挑战，李昆华迎难而上，以满腔热忱投入教育和管理工作中。她不仅争取政府支持建设教学楼，解决教学空间不足的问题，还在医院挑选优秀护士担任教学老师，并通过“回炉”学习提高教学质量。她组织民主生活会，解决思想意识上的分歧，建立新风尚，同时关注民生，改善教师居住条件，争取建设宿舍楼，使学校面貌焕然一新。

李昆华的教学理念是立德树人，她相信教育的力量能够激发学生内在的潜力。她通过举办报告会，引导学生树立正确的人生观、世界观和价值观，培养他们成为“五讲四美三热爱”的优秀人才。她的努力为山东省乃至全国输送了一批批杰出的护理人才，如今，她桃李遍天下，不少学生成为护理领域的栋梁之材。

2018 年春节的李昆华

李昆华（左一）和女儿在一起

后记

纸上墨痕未干，耳畔教诲犹新。回首李昆华前辈的一生，护理工作早已成为她生命中不朽的篇章。那些熠熠生辉的荣誉与奖励，如夜空中最亮的星，照亮了她一路无私奉献的艰辛。在前辈倾囊相授、悉心指导下，一批又一批优秀的齐鲁护理团队涌现。他们不仅继承了李昆华前辈精湛的护理技术，更传承了她对生命无限敬畏与关爱的心。

如今她虽已远去，但她对护理事业的执着与奉献精神，激励着一代又一代的齐鲁护理人在救死扶伤的道路上砥砺前行，开创齐鲁护理的新篇章！

（陈晓梅　吕　军　韩　萍）

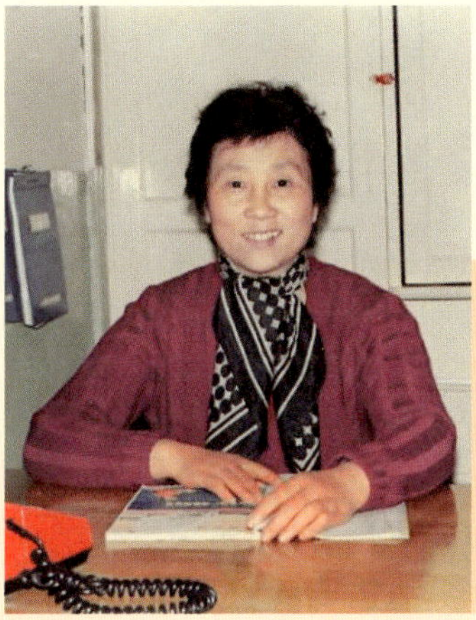

品若高松谦若筱
言从和谨行从敏

——记山东大学齐鲁医院原护理部主任王筱敏

“把苦、累、怨留给自己，将乐、安、康留给患者。”

【个人简介】

王筱敏（1933 年 9 月 11 日至 2021 年 7 月 7 日），1953 年 9 月至 1955 年 7 月在烟台护士学校护理专业学习。1955 年 8 月在山东省立二院工作，任护士一职。1972 年任山东医学院附属医院护士长。1978 年至 1985 年任山东医学院附属医院护理部副主任。1985 年至 1991 年任山东医科大学附属医院（现山东大学齐鲁医院）护理部主任。1993 年退休。

曾任山东省护理学会第一届副理事长，山东省护理学会内科专业委员会主任委员，山东省护理学会学术委员会主任委员，全国内科专业委员会委员，全国一次性输液器具标准化管理委员会委员，全国《中华护理杂志》编委，贵州《护士进修杂志》编委，山东《齐鲁护理杂志》编委、责任编辑，山东省医院分级管理评审委员会委员，山东省卫生系统高级技术职务评委等职务。

【学术成果】

主编《内科护理》《护理医学问答》《护士手册》《护理学原理与实践》。

【获奖荣誉】

《护理医学问答》获 1983 年卫生部全国优秀图书一等奖。《护士晋升自学丛书》《内科护理》11~12 分册获 1990 年度山东省教委三等奖。获山东省科协“优秀离退休科技工作者”荣誉称号。2021 年获得山东大学齐鲁医院建院 130 周年特殊贡献奖。2021 年获“光荣在党 50 年”证书和奖章。

艰难困苦，玉汝于成。1933 年，王筱敏出生于山东省龙口市黄城镇的一个普通家庭。五岁时，父亲因病早逝，留下母亲和五个年幼的孩子。王筱敏的童年充满了艰辛与挑战，尽管家境贫寒，但王筱敏的母亲却尽一切力量供孩子们上学。1947 年，胶东战火纷飞，虽然王筱敏的小学学习生活断断续续，但她以同年级第二的优异成绩考取了黄县中学，这是她人生中的一个重要转折点。

王筱敏全身心地投入学习，十分珍惜这来之不易的上学机会。初中毕业后，王筱敏考上了烟台护士学校。虽然对护士职业并不十分了解，但她清楚地知道，护士在医院工作，能为母亲治病，能为老百姓治病。这个简单而纯粹的愿望，成为了她一生的追求。

在烟台护士学校，王筱敏由于政治表现优秀、学习成绩好，在护校加入了共青团，实习时任实习队队长。毕业时，学校推荐她去考山东医学院，但考虑到母亲年事已高，她选择了参加工作，希望能早点儿挣钱孝敬母亲。

然而，现实并不如想象中美好。刚工作时工资低，只够添置一块手表、一辆自行车，能够留给母亲的很少。后来生活水平提高了，母亲却已不在了。这成了王筱敏终生的憾事，也是她心中永远的痛。

从护士到护士长

1955 年 7 月，王筱敏从烟台护士学校毕业，带着满腔热忱和对大城市的无限憧憬，她来到山东省立二院工作。她以病房为家，下班后仍躲在仓库里学习，不断充实自己。在临床护理的实践中，她不仅学到了书本上没有的知识，更深刻体会到护士在发现患者病情变化中的重要作用。

在一次夜班中，王筱敏敏锐地察觉到一位风湿性心脏病患者病情的变化，并及时通知医生进行处理。经过精心护理，患者得以康复出院。这件事深深触动了她，坚定了她投身护理工作的决心。

在担任地段保健护士期间，王筱敏负责广智院、东双龙两个居民委员会的预防保健工作。无论是严冬还是酷暑，她都风雨无阻地在居民区奔波，确保每家每户的健康。在一次小儿麻疹流行期间，由于她护理得当，59 名患儿无一例发生并发症，这再次证明了她的专业能力和敬业精神。

1972 年，王筱敏凭借出色的工作表现，直接被提拔为护士长。面对更重的责任和工作性质的转变，她开始思考如何更好地履行护士长的职责。她认为病房不仅是患者治疗和休养的地方，也是医院医疗、教学和科研的重要基地。为此，她决定从强化管理制度、狠抓规章制度落实、强调医护团结协作三个方面着手，全面提升病房管理水平。

在王筱敏的领导下，病房管理制度得到了有效落实，护理质量不断提高，赢得了医生、患者和院领导的一致认可。1978 年，她被任命为护理部副主任。从护士到护士长，从护士长到护理部主任，王筱敏用自己的实际行动诠释了护理工作的崇高使命和无限价值。

空洞的花名册

在王筱敏被任命为护理部主任时，她面对的是一项充满挑战的任务。她接手的只有一份写着 360 名护士名字的花名册，除此之外，几乎没有任何资料。这要求她从零开始构建整个护理管理体系，在这个过程中，她展现出了卓越的领导力和创新精神。

选拔护士长是她的首要任务。护士长作为护理团队的基层领导，是护理队伍的中坚力量，对团队的稳定、纪律、协调和专业水平的提升起着至关重要的作用。当时各项工作尚未恢复秩序，迅速安排一部分有经验的老护士到领导岗位上显得尤为迫切。1978 年，王筱敏本着“知人善任、举贤任能”的选拔原则，又陆续选拔了一批新护士长，她们很快成为护理队伍中的骨干力量。

提高护士长的管理水平和综合素质是她的第二项重要工作。面对许多初次上任、缺乏管理经验和实践的护士长，王筱敏采取了多种措施来提升她们的能力，合理分配，人尽其才。通过举办护士长学习班，以及选派有潜力的年轻护士参加全国性学习班，如护理科研培训、护理心理学培训等，快速提高了护士长的整体素质。

通过学习，护士长的整体素质有了很大提升，他们工作热情高，敬业精神强，思想活跃，有理想、守纪律，敢于创新、善于创新。学习班结束不久，对护理制度进行了改革，变功能制护理为责任制护理。骨科、神经科因患者病情重、陪人多、秩序乱，达不到清洁、整齐、美观、舒适、安全的标准，曾几次下决心整改均未奏效。接受过培训的护士长们在不增加护士的情况下几天内就解决了这些“老大难”问题，患者家属和医院都很满意。护士长们在学习了基础医学理论和诊疗技术后，运用所学理论在带领护士查房、指导护士抢救患者和解决护理疑难问题时发挥了巨大作用。在学习心电监护、除颤、超声检查、血液透析等诊疗技术时，不仅要会操作，还要掌握其临床意义，并能将诊疗护理技术应用到观察病情和抢救患者的工作中去。如一个心肌梗死合并心衰的患者，血液生化检查显示血清钾为 8.4 mmol/L，护士长发现后立即给患者做心电图检查，显示高钾波型，患者相继出现心律失常，护士长马上通知医生并做抢救准备，使患者转危为安。类似例子不胜枚举。

实现规章制度的再升级是王筱敏的第三项重要工作。当时护理工作亟须重建和升级，王筱敏主抓这项工作，在原有基础上建立了 30 余项护理制度，如岗位责任制、交接班制度、差错事故防范报告制度等，同时还推动编写了各种疾病护理常规。这些制度和常规的落实显著提升了护理工作的质量。

通过这些措施，王筱敏不仅重建了护理队伍，还推动了护理工作的整体进步，她的工作得到了医生、患者和院领导的高度认可，她的事迹成为护理领域的光辉典范。

勇攀高峰

护理学作为一门多学科融合的应用科学，覆盖了临床医学、基础医学、预防医学、老年医学、免疫学、心理学、美学、社会学、伦理学以及护理学等多个学科。这一领域的工作不仅要求科学性、时效性、连续性和服务性，而且在整个医疗过程中扮演着至关重要的角色。从诊断到治疗计划的实施，护士的参与和执行对于医疗计划的成功至关重要。护理工作的质量和效果，很大程度上取决于护士的服务理念、职业道德和专业技能。

随着医学科学理论的不断进步和新技术的涌现，以及医学模式的转变，构建一支具有高尚医德、先进护理理论和技术能力的护理队伍变得尤为关键。王筱敏致力于培养这样一支队伍，她从医德修养和知识结构调整两个方面着手，实施了系统化的教育工作。

一方面，医德修养教育是提升护士职业道德感的核心。王筱敏通过收集院内外的案例，强调医德对于患者幸福和健康的重要性。同时，她也注重医德教育与思想政治工作的结合，以提高护士的积极性，激发面对困难的勇气。

在管理上，她提倡以情感为基础，用诚恳的态度进行沟通，即便是批评也要让人感到温暖。这种以人为本的管理方式不仅提高了护士长的管理水平，也提升了整个护理队伍的素质，打造了一支团结、守纪律、能打胜仗的队伍，受到了院领导的高度评价。

另一方面，为了赶超国内护理的先进水平，王筱敏调整了护理队伍的知识结构，采取了一系列切实可行的措施。她组织了全院性的学习讲座，每月举行一次，以促进知识的更新和技能的提升。同时，她还组织了抢救技术演练，坚持对新职工进行继续教育，并举办了英语学习班，外派参加高水平的学习班，以及派出人员进修和外出考察。1985 年，她带领团队参加了第一届东南亚地区护理研讨会和展览会。这些举措极大地提升了医院护理水平，使之达到了一个新的高度。

通过这些综合性的措施，王筱敏不仅提升了护理队伍的专业水平，也打造了一支具有国内先进水平的护理团队，为医学教研和医疗服务作出了重要贡献。

1985 年，王筱敏出席东南亚地区护理研讨会和展览会

王筱敏（右二）参加护士授帽仪式

王筱敏对护理学科的贡献是多方面的，她从护校时期就开始接触并深入护理学领域，历经护士长、护理部主任等重要职位，积累了丰富的临床护理技能和护理管理经验。她不仅在实践中不断探索和创新，还将这些经验转化为理论知识，为护理学科的发展作出了重要贡献。

在领导和家人的鼓励与支持下，王筱敏在繁忙的工作之余笔耕不辍，学术成果丰硕。她编撰和审订了10余种专著，字数近800万字，其中包括荣获1983年卫生部全国优秀图书一等奖的《护理医学问答》，这本书受到了业内的一致好评，多次印刷并再版。她参与编撰的《护士手册》在香港发行。此外，她还编著了《护士晋升自学丛书》《内科护理》11~12分册，获得1990年度山东省教委三等奖。王筱敏还发表了3篇国家级学术论文，进一步证明了她在护理学科领域的深厚造诣。

除了在学术领域的卓越成就，王筱敏还积极参与社会活动，担任了多项社会职务，包括山东省护理学会第一届副理事长、山东省护理学会内科专业委员会主任委员、山东省护理学会学术委员会主任委员等重要职位。她还参与了全国内科专业委员会、全国一次性输液器具标准化管理委员会的工作，并担任《护士进修杂志》《中华护理杂志》以及《齐鲁护理杂志》的编委，为护理学科的交流与传播作出了巨大贡献。

退休之后，王筱敏依然保持着对护理学科的热情和追求。她的退休作品《护理学原理与实践》得到了山东省科学技术协会的高度评价，并因此被授予“优秀离退休科技工作者”的荣誉称号。王筱敏的一生是对护理学科不懈追求和贡献卓越的一生，她的故事激励着后来者继续在护理领域深耕细作，不断前行。

王筱敏生活照

后记

追忆王筱敏的一生，她的人生哲学凝练着三个熠熠生辉的核心词：热爱、认真和勤俭。

王筱敏对生活的热爱，渗透在每一个细微之处，无论是在刚工作时仅用三分钱购买的蔬菜，还是亲手制作的衣物，甚至是孩子上高中时亲手缝制的鞋子，这些细节都映照出她对生活的热爱和对家庭的深情。

王筱敏的人生也是一部勤俭节约的教科书。她凭借勤劳的双手和对生活的精打细算，学会对物质享受的适度把控，不仅营造了温馨的家庭，还塑造了自己坚韧不拔的品质。

在家庭生活中，王筱敏拥有一个深爱她、始终给予她支持的丈夫，这份爱和支持是她人生旅途中不可或缺的力量。她对子女的教育同样充满智慧，坚信身教胜于言传，通过自己的行为来引导和激励孩子们。在她的熏陶和教育下，三个女儿都受到了良好的教育，不仅在事业上绽放光芒，而且建立了幸福美满的家庭，延续着这份优良的家风。

王筱敏的一生是留给后人无尽启示的一生。无论时代如何变迁，热爱生活、认真工作、勤俭持家这些传统美德始终是构建幸福人生的基石。她的事迹如同一盏明灯，照亮了我们前行的道路，激励着我们去追求更加丰富且有意义的生活。

（张海先　吕　军）

素心芳华许齐鲁
卿本天使在人间

——记山东大学齐鲁医院原护理部主任刘素卿

"以天使的名义担负起救死扶伤的道义。"

【个人简介】

刘素卿，出生于1941年10月27日，祖籍山东省乳山市黄格庄。1964年7月毕业于山东医学院护士学校，被分配到山东医学院附属医院工作。1964年至1972年任护士。1972年至1976年任副护士长。1976年至1985年任护士长。1985年至1992年任护理部副主任。1992年任护理部主任。2001年退休。1979年10月加入中国共产党。1983年到南京医学院参加卫生部举办的全国护理部主任进修班学习半年后结业。1985年到北京参加全国责任制护理研讨学习班。1990年到桂林参加全国护理管理研讨班。1991年到香港参观学习及在北京参观学习中心药房。1995年到上海参加全国六省一市护理管理研讨班。1997年到沈阳参加卫生部举办的整体护理培训班。1990年至1992年3月到北京函授学院护理管理专业学习两年后毕业。

曾担任山东省护理学会常务理事，山东省护理学会管理委员会副主任，山东省护理学会内科委员会副主任，中华护理学会理事，《现代护理杂志》编委。

【学术成果】

发表论文40余篇，包括《护理急性白血病的体会》《单囊双腔管压迫鼻出血的应用及护理》《改革护理制度　提高护理质量》《母婴同室科学管理初探》《加强护理管理，争创三级甲等医院》等。主编及参编科技图书7部。

参与编写《内科护理》《护理医学问答》《实用护理与技术》。

【获奖荣誉】

《改革护理制度　提高护理质量》曾获山东省科协优秀学术成果二等奖。《内科护理》获山东省科委三等奖，《护理医学问答》获卫生部全国优秀图书一等奖，《实用护理与技术》获山东省教委三等奖。“保留喉功能的喉癌、下咽癌手术后临床护理研究”获山东省科学技术进步三等奖。获得山东省科学技术协会第三届“山东省优秀科技工作者”称号。

春日黄昏，余晖洒金，刘素卿的居所沐浴在一片温柔的光辉之中。虽然在她脸上留下了岁月的痕迹，但她那精致红润的脸庞和文雅的气质却让时光的印记变得柔和而优雅，让你完全看不出是一位80多岁老人的样子。

当刘素卿回望在齐鲁医院度过的30多个春秋，她的眼中闪烁着对这份职业深深的热爱与无尽的自豪。

1964年盛夏，刘素卿以优异的成绩毕业于山东医学院护士学校，踏入山东医学院附属医院的大门，开启了她护理生涯的精彩华章。此后的几十年里，从一名见习护士起步，她以勤勉和谦逊的态度汲取知识，以敬业和负责的精神投身工作，每一步都坚实而有力。她时刻谨记从医时立志救死扶伤的誓言，将自己的职业生涯都奉献给了她所钟爱的护理事业。

1972 年，凭借卓越的工作表现，刘素卿被擢升为三南病房副护士长。她以深厚的专业知识和创新的管理理念，引领医院病房成为护理领域的先锋。在她的带领下，三南病房在众多病房中脱颖而出，被评为“技术过硬、业务精湛”的优质服务示范病房，前来参观学习的医疗机构络绎不绝，树立了齐鲁护理新风向。

刘素卿先后在内科、外科、儿科、神经内外科、烧伤科、干部保健科及护理部任职。经过 13 年的潜心磨砺和不断成长，1985 年她被任命为护理部副主任，负责全院护理科研教学和业务培训工作。刘素卿深知护理工作的烦琐，要做好这项工作任重而道远。她倾注了全部的精力和热忱，踏实勤奋，把青春奉献给了她热爱的护理事业。1992 年，刘素卿荣升护理部主任，她以天使之心，引领护理团队奔向了新的高度。

巾帼不让须眉　呕心沥血育人才

在医疗护理的广阔天地中，刘素卿主任以其卓越的专业素养和无私奉献的精神成为护理界的璀璨明星。1983 年，她作为业务骨干，赴南京参加卫生部举办的全国护理部主任进修班。这不仅是一次难得的学习机会，更是她职业生涯中的一个重要转折点。

她对这次培训十分珍视，半年未曾回家，未曾游览周边的名胜古迹，将全部的时间和精力投入学习之中。在这段时间里，她不仅系统学习了医学模式的转变、微粒学说、全面质量管理的工作步骤（PDCA，P 代表计划，D 代表执行，C 代表检查，A 代表处理）的应用等先进理念，更深刻理解了优质服务的内涵。

培训结束后，刘素卿并没有满足于纸上谈兵，而是将所学知识进行了系

1985 年，刘素卿在护理部讲解责任制护理

统化的整理，并在临床实践中不断探索和应用，实现了知行合一。她的努力不仅提升了自身的专业水平，更通过全省授课推广，为打造省优质护理品牌贡献了自己的力量。

1995 年，随着肿瘤中心的成立，刘素卿再次站在了新科室建设的最前线。从规范布局到护士长的选拔，从业务培训到专科护士的培养，每一步都凝聚了护理部全体同仁的心血。在她的引领下，肿瘤中心迅速走上了正轨，并培养出了一支在专业领域内绽放光彩的护理团队。

20 世纪 90 年代初期，医院面临创建三甲医院（三级甲等医院）的重大考验。在这个关键时刻，刘素卿以身作则，带领护理团队团结一心，不断强化操作技能和理论知识。她的敬业精神和实干态度为医院护理工作的提升奠定了坚实的基础。

评审完成后，刘素卿并未停下脚步，而是与团队总结经验，制作了护理操作规范的录像带，用于指导护士们不断学习和提高。这一举措不仅提升了医院的护理水平，更在全省范围内产生了积极的示范效应。

刘素卿深知，护理人员不仅要有高度的责任感，更要具备熟练的护理技能，要不断学习了解临床医学的最新技术。她注重护士培训和护士长的培养，倡导护士长应具备超前、协调、勤奋的意识，培养出高素质的护理团队。

她的目光始终聚焦于护理学科的发展趋势，不断调整护理工作的方向，提高自身业务水平，并将新知识传授给后来者。她的授课不仅开阔了护士们的眼界，增长了护理知识，而且更新了护士们的护理理念，为医院护理人才的培养和发展作出了不可磨灭的贡献。

创新服务理念 推进人文关怀

在医疗护理的领域里，细节彰显关爱，专业铸就价值。护理工作，作为医院不可或缺的一环，不仅关乎患者的康复，更影响着医院的声誉与社会的和谐。护士的专业素养与人文关怀，往往是衡量医院综合素质的重要标准。

刘素卿说："护理管理是一门艺术，它既涉及与人的交流，也关乎与病魔的斗争，任何时候都不能掉以轻心。"她的话语不仅道出了护理工作的复杂性，更体现了她对护理工作的深刻理解和严格要求。

随着健康需求的不断升级，护理工作已经超越了传统的医疗和护理操作，涵盖了更为广泛的专业领域，体现了更为深刻的人文关怀。从基础护理到健康宣教，从专科护理到病情观察，再到各种治疗处置和仪器设备的应用，护理工作的每一项内容都要求护士具备高度的专业能力和人文关怀。

刘素卿深知，护理工作的核心是以患者为中心，开展个性化的责任制整体护理和优质护理。为此，她大胆探索和创新护理管理工作的新路子、新方法，不断制定和完善护理规章制度、工作流程和质量考核标准。她每月深入各科室进行督导，召开护士长会议，及时分析和整改存在的问题。

在刘素卿的引领下，护理部组织开展了规范化培训和岗位技能大练兵，从护士长到年轻护士，业务水平都有了显著提升。医院的护理管理水平稳步提升，科学护理的理念深入人心。

刘素卿深知护理部在医院中的重要角色，她倡导开展针对护理人员的人文关怀活动，旨在增强护理人员的知识和技能的同时丰富她们的业余生活。她为致力于护理事业的护士搭建成长平台，使她们感受到组织对其成长的关注，从而提升工作积极性和团队凝聚力。

对于刚参加工作的年轻护士，刘素卿经常与她们谈心，分享人生经验，引导她们热爱自己的岗位和工作。在她的影响下，许多年轻护士逐渐成长为医院护理工作的中坚和骨干。

刘素卿以其高尚的职业素养和道德情操，为医院护理工作质量的提高起到了至关重要的作用。她创新的服务理念和推进人文关怀的举措，不仅提升了护理工作的专业水平，更温暖了每一位患者和护士的心。

以质量安全为核心　以优质护理为使命

在刘素卿的领导下，医院护理部的工作始终以质量安全为核心，以优质护理为使命。她深知护理工作的质量直接关系到患者的健康和医院的声誉。因此，无论是夜深人静的病房，还是日常繁忙的护士站，刘素卿总是出现在最需要她的地方。

面对晚间病房家属滞留这一棘手问题，刘主任不仅亲自指导夜班护士，更以身作则，教她们如何以温和而坚定的态度与家属沟通。她的指导不仅提升了护士们的沟通技巧，更加强了整个护理队伍在语言艺术方面的培训。

刘素卿坚信，细节决定成败。她从细节着手，无论是病房管理还是护理操作，都力求做到尽善尽美。她认为，只有每一个细节都得到充分的关注和保障，护理工作才能顺利展开，患者的安全才能得到真正的保障。

在提升护理质量的同时，刘素卿也非常注重护士的仪容仪表。她坚持以身作则，要求护士们着装整齐、仪表端庄，以专业的形象走进病房，给患者带去安全和舒适的感觉。

在医院 30 余年的职业生涯中，刘素卿始终坚持科学的管理和创新的理念。她认为，只有不断探索和创新，才能使护理工作更加制度化、规范化、科学化。她常说："护士不仅是白衣天使，更是人间的美丽使者。"她的话语不仅体现了她对护理工作的热爱，更彰显了她对护理事业的崇高追求。

刘素卿主任的领导和努力为医院的护理工作提供了安全、强有力的保障，使护理工作在规范化、制度化、科学化的道路上不断前行，为患者的健康保驾护航。

1994 年，刘素卿（左三）一家被评为山东医科大学附属医院文明家庭

后记

退休不褪色，最美夕阳红。即使步入退休生活，刘素卿主任对护理事业的热情依旧如初。她对护理领域的关注如同最美不落的夕阳，持续照亮着后人前行的道路。

（李咏梅　吕　军　邢介霞）

美莫美兮抱婴姿
英莫英兮急救时

——记山东大学齐鲁医院护理前辈李美英

“把患者当亲人，治病救人。全心全意为人民服务。”

【个人简介】

李美英，1934 年生于山东省潍坊市。1951 年初考入白求恩医科大学护理专业。1953 年初毕业去惠民、德州等地，参与新兵查体工作。1953 年 3 月被分配到山东省立二院西下病房工作。1960 年晋升为副护士长。1995 年退休。

【学术成果】

发表《直肠癌术前清洁肠道法》《学龄前儿童考普（Kanp）指数调查》《注意预防小儿肥胖病》《计划免疫实施情况调查研究》《疾病监测基本卫生资料调查研究》等文章。

参与编写《外科护理》第十一章“小儿外科疾病”。

参与编写山东医科大学附属医院组织的《各科疾病护理常规及技术操

作规程》中直肠癌手术护理常规。

在那个春日的午后，阳光温柔地洒满大地，微风轻拂，带着春天的芬芳，我们踏上了拜访李美英老师的旅程。我们怀着满心的敬仰和期待，手中捧着鲜花，轻轻敲响了李美英老师的家门。门缓缓开启，我们见到了令人尊敬的护理界老前辈——李美英。岁月在她脸上刻下了深深的痕迹，但那双眼睛依旧闪烁着智慧和温暖的光芒。她已是 90 岁的高龄，却依然精神矍铄，脸上洋溢着慈祥的笑容。我们激动地走上前，紧紧握住李美英老师的手，将她搀扶进屋。她的热情如同春风，温暖而亲切，为我们倒水、拿水果，每一个动作都透露出她对后辈的关怀和爱护。

在简单的相互介绍中，我们得知李美英老师是小儿外科的第一位护士长。这是一份传承，一份责任，一份力量。老前辈紧紧握住我们的双手，我们能感受到那份从前辈手中传递过来的力量，它如同汩汩的泉水源源不断，激励着我们继续前行，将这份爱与温暖、责任与梦想继续传承下去。

热爱，是一直不变的追求

热爱是李美英护理职业生涯中永恒不变的追求。她以 40 多年的临床护理工作，诠释了对本职工作的深厚情感。她不仅热爱自己的职业，更以一种专业精神刻苦钻研，不断提升自己的业务技能，展现出强烈的事业心和责任感。

在小儿外科护理领域，李美英以其全面的业务知识和精湛的技术，成为解决疑难问题的专家。她深知小儿患者的特殊性：年龄小，自主能力差，表达能力有限。因此，她总是以极大的耐心和细心，认真倾听每一位小儿患者

19岁护校毕业参加工作的李美英

的声音，用心感受他们的需求，关注每一个治疗的细节，用积极的态度鼓励他们，给予他们温暖和力量，帮助他们走向康复。

在工作中，李美英始终坚持“三查七对”的原则，严格遵循医嘱，确保护理工作的准确性和安全性。多年来，她以零护理事故的记录，证明了她对工作的严谨态度和专业能力。正是这份沉甸甸的责任和对工作的热爱，让她在面对艰苦环境和重重困难时，始终坚守岗位，以患儿和家属的需求为中心，全心全意地提供帮助。李美英的工作理念与今天提倡的“以患者为中心”的服务思想不谋而合。她的事迹和精神激励着我们每一位护理工作者，继续在这条充满爱与责任的道路上不断前行，为每一位患者带去希望和健康。

舍小家　顾大家　忠于职守

1965年，山东农村的医疗状况处在一个特殊的历史节点。农村地区医疗资源的匮乏与基础条件的落后，对农村医疗构成了严峻的挑战。然而，政府对农村医疗问题的关注与重视，促进了一系列改善措施的落地实施。合作医疗站在农村地区如雨后春笋般涌现，为农民提供了基本的医疗服务。同时，政府通过培训和指导大力推动乡村医生能力的提升，提高他们的医疗技能。

李美英生活照

在社会主义教育运动的浪潮中，李美英毅然决然地加入了巡回医疗队，前往日照，与农民同吃同住同劳动，进行了为期一年的“三同”工作。面对农村艰苦的环境和简陋的条件，她不畏艰难，克服了环境、住宿、沟通等重重困难，在缺医少药、思想落后的现状中，全力以赴地救治患者，普及医疗知识。

日复一日地培训与教育，逐渐唤醒了农民对健康的认识，他们开始重视预防保健，积极参与卫生宣传活动，学习基本的卫生知识，改善居住环境，培养个人卫生习惯。随着时间的推移，农村的医疗状况得到了显著改善，医疗设施逐步完善，医疗水平不断提升，农民的健康状况也有了质的飞跃。

然而，在这段全心投入“三同”工作的日子里，李美英的小女儿不幸患病住院。由于任务繁重，她未能在女儿最需要的时候陪伴在旁，直到女儿病重，这份遗憾成为她一生的愧疚。李美英舍小家顾大家的情怀深深感动了无数人，她的事迹是护理人员忠于职守、无私奉献的生动写照。

成立小儿外科病房

李美英以她对儿科护理事业的无限热爱和坚守初心，不仅在本职工作上兢兢业业，更以守护患儿为己任，将减轻孩子们的病痛视为自己最大的快乐。在院领导的鼎力支持下，李老师理顺了混乱的规章制度，让大家能够条理清晰地阅读和掌握，为儿科护理工作奠定了坚实的基础。在当时的病房中，多个专业混杂，李美英凭借敏锐的专业洞察力，整理归纳病房的病种，申请将小儿外科与耳鼻喉科、眼科等成人科室分开，促进了独立的小儿外科病房的成立。这一创举标志着西下小儿外科病房的正式成立，为山东省立二院的儿科护理工作开辟了新的篇章。

小儿外科病房成立后，李美英更是将全部的爱心和热情投入临床护理工作中。她边工作边思考，不断探索如何提高疗效，强化管理，如何为住院的患儿和家属提供更高效、更优质的医疗护理服务。经过深思熟虑和深入的临床调研，李美英率先在西下推行无陪人病房，将先进的陪护理念付诸实践。这在50多年前无疑是一项开创性的工作。

李美英说，那时候人力资源严重不足，物资匮乏，环境艰苦，但大家的思想简单，拧成一股绳，共同做好临床护理工作。病房就是他们的家，唯一的风扇放在病房，给孩子们用。先把孩子们喂饱，护士们方可下班。每周一次的洗澡消毒衣物，大家都要参与。那时孩子们卫生条件不好，有的孩子身上长虱子，护士们就一起进行衣物煮沸消毒。“有时去治愈，常常去帮助，总是去安慰”，李美英老师用她的实际行动，让患儿和家属感到踏实、温暖、放心。她的事迹不仅体现了一位护理工作者的专业素养，更彰显了一位医者的仁心和崇高的精神。她的故事激励我们每一位护理工作者以更加饱满的热情和更加专业的技能为患儿的健康保驾护航。

时代变迁　精神传承

在岁月的长河中，时代在不断变迁，但李美英的精神传承却如同璀璨的星辰，永远闪耀着光芒。在日常的临床护理工作中，她以无私的胸怀，慷慨地传授自己的经验和技术，为培养和指导后辈倾注了满腔热情。每一位来到医院小儿外科和预防保健科实习进修的学生，都能感受到她毫无保留的教导。她用自己的智慧和汗水，培养了一批又一批的合格人才，为护理事业注入了源源不断的新鲜血液。

40多年的工作历程，李美英老师始终一心向党，忠诚于党的教育和培养。她克己奉公，从不计较个人得失，以实际行动诠释了一名共产党员的崇高品质。她的言行如同一面旗帜，引领着我们前进的方向。

在她的深情话语中，我们能感受到她对党的无限感激之情。她说：“我由衷地感谢党，是党把我培养成为救死扶伤的白衣天使。”这不仅是对党的感激，更是对自己职业的自豪和热爱。

李美英在趵突泉公园

她对医院历任领导的感激之情溢于言表：“我由衷地感谢医院历任领导，是你们给了我一个为人民奉献的平台。”这不仅是对领导的感谢，更是对平台的珍视和对事业的执着追求。

她对身边所有同志们的感激之情更是让人动容："我由衷地感谢我身边所有的同志们，多年的工作友谊，我永不忘怀。"这不仅是对同事的感激，更是对团队精神的赞美。

她对护理部的领导们也表达了深深的感激："由衷地感谢护理部的领导们，是你们给我们与年轻人相识的机会。"她对年轻一代的期许和祝福更是让人感动："一代更比一代好，祝愿每一位齐鲁护理人，你们是最棒的！"

李美英的话语不仅是对过去的回顾，更是对未来的期许。她的精神将激励我们每一位护理工作者，不忘初心、牢记使命，继续在护理事业的道路上砥砺前行，为人民的健康事业贡献自己的力量。

2023年的李美英（中间）

后记

时光的齿轮缓缓转动，它无声地引领我们穿越四季的更迭，见证着人生的跌宕起伏。每一段路途都镌刻着一段独特的时光，有的充满欢笑和阳光，有的则夹杂着忧伤与泪水。然而，正是这些时光的流转，塑造了我们的成长，教会我们珍视每一个瞬间，感受生活的每一份美好与温暖。正如李美英，她在人生旅途中经历了无数艰苦的岁月，付出了巨大的努力和牺牲。岁月在她的身上留下了不可磨灭的印记，但她始终坚守着为人民服务的初心，从未改变。无论是在物质匮乏、技术落后的时代，还是在今天物质丰富、技术飞速发展的时代，她始终将“以患者为中心”的理念深植于心，并不断传承与发扬。李美英的故事是时光给予我们的宝贵财富，她的精神如同一盏明灯，照亮我们前行的道路。让我们汲取力量，勇往直前，不断创造更多的美好。

让我们一起跟随时光的脚步，不忘初心，砥砺前行。在每一个平凡的日子里，用我们的双手和智慧为这个世界增添一抹亮色，为人们的生活带去更多温暖和希望。让我们在时光的长河中，书写属于自己的精彩篇章，让生命之花在岁月的滋养下绚烂夺目。

（吕孝娜　吕　军　邢介霞）

素履以往甘淡泊
琴心剑胆写韶华

——记山东大学齐鲁医院护理前辈王素琴

“不破不立，破而后立，大破大立，晓喻新生。”

【个人简介】

王素琴，1935年5月31日出生于哈尔滨，原籍山东省桓台县唐山镇。1945年回到山东省济南市。1946年就读于济南市北坦小学。1950年至1953年就读于立达中学，任学生会副主席及学习委员。1953年至1955年就读于济南卫生学校，任班委及政治课代表。1955年毕业后被分配至山东省立二院工作。1991年退休。

1986年至1992年任中华护理学会山东分会儿科专业委员会副主任委员。

【学术成果】

发表《介绍小儿股骨骨折护理架使用》《新生儿幽门肥厚术前、后护理》《先天性食管闭锁手术前后护理》等文章。1984年参与编写由山东人民出版社出版的《外科护理》，任副主编。

【获奖荣誉】

1983 年被授予“山东省先进儿童少年工作者”称号。1984 年济南电视台宣传王素琴工作先进事迹。1985 年至 1988 年连续四年被评为先进工作者。1988 年被评为优秀党员。1989 年被评为优秀护士。1989 年被评为“文明行医优质服务百日竞赛活动”积极分子。1989 年被聘为山东医科大学卫生学校 87 级临床带教老师。

像一首热情洋溢的乐章跳跃至耳畔，它载入了一段段镌刻着时光印记的故事。从序曲到尾声，这乐章诉说了 30 多年的光阴。这不仅是岁月的流转，更是几代人青春的见证。它照亮了他们的梦想，也悄然染白了他们的华发。在这些平凡而又琐碎的时光里，王素琴用她的身心护佑着生命，而在那些波澜壮阔的年代里，她塑造了一份大爱。正如歌词中吟唱的那样：“流水它带走光阴的故事改变了我们，就在那多愁善感而初次回忆的青春。”

1955 年，王素琴带着满腔热情从济南市卫生学校毕业，踏入医院普外科的大门，从这里开启了她一生热爱的护理事业。在这里，她以勤学善思、热情主动的态度，不仅熟练掌握了各项技术操作，更深耕专业知识，练就了与病患沟通的独到技巧。在不断提升自己的同时，王素琴更致力于解决患者的实际问题，抚慰他们的疾病之痛，解决他们的燃眉之急，解答他们心中的疑惑。她以一名新护士的身份，完成了向优秀护理工作者的华丽转变。

王素琴的故事，如同一首动人心弦的交响乐，每一个音符都充满了力量与情感。她的青春不仅照亮了自己的道路，更照亮了无数患者的生命。让我们在这段旋律中，感受那份从岁月深处传来的温暖与力量，一同向王素琴致敬，为她那不平凡的护理生涯喝彩。

初心如磐　奋楫笃行

王素琴的故事是一曲激昂的生命赞歌。1972 年，她因出色的工作表现被调至西下小儿外科病房，这不仅是她与小儿外科的“萍水相逢”，更是她职业生涯中的一次重要转折。面对小儿外科的特殊性和挑战性，王素琴老师没有退缩，而是以饱满的热情投入新的工作中。

小儿外科不同于普外科，它要求护士不仅要掌握成人疾病的护理，更要了解小儿特有的疾病。面对不会表达的患儿和焦虑的家属，王素琴老师不仅要学习疾病的护理常规，更要做好心理护理。她为巨结肠的患儿配制生理盐水灌肠，为患儿洗澡，给大便失禁的患儿进行肛周护理，更换衣物防止红臀。在日常护理工作之余，她还耐心细致地向患儿家属宣教疾病知识、康复要点。无论是冬天与卫生员一起去茶水炉担水，还是夏天为患儿防暑降温清洗消毒地面、铺凉席，她都兢兢业业，早出晚归。

王素琴说，在小儿外科的工作虽然辛苦，但是因为秉持着“幼吾幼以及人之幼”的理念，怀揣着对祖国花朵的珍爱，每天都充满着动力。

1976 年，王素琴服从医院安排被调至院西病房。院西病房由皮肤科、中医科、肿瘤科三个科室组成，横跨前后三个院落，这大大增加了巡视病房的工作量。但是，她铭记南丁格尔誓言，即便雨雪天气也未曾有片刻懈怠。唐山大地震后，院西病房转入了许多截瘫患者，为预防压力性损伤，每两小时就要为患者翻身。多少个日日夜夜，不论风霜雨雪，王素琴老师奔忙于三排屋舍，细致查看患者的每一寸皮肤。

在这里，她的工作更加细致入微，也更深刻地理解了“生命之托，重于泰山”的含义。每一个夜晚，她提着的灯不仅照亮了脚下的路，更照亮了心中的信念。王素琴的故事是一段段用爱与责任编织的时光，她用自己的行动诠释了医者仁心的真谛。

突破创新　去芜存菁

1979年，王素琴被派往北京各大医院参观学习。学成归来后，她不仅积累了丰富的临床经验，更吸收了先进的医疗理念。她再次被调回西下小儿外科病房，这一次，她以更加敏锐的洞察力，迅速发现了病房存在的问题。小儿外科病房与耳鼻喉科的交界处出入口众多，人员进出混乱，存在安全隐患。病房内放置23张床位，供暖设施不足，冬季需额外供暖，导致环境脏乱。患儿与家属同吃同住，物品摆放无序，甚至有家属带活鸡喂养，病区环境差，严重影响着患儿的疾病预后和治疗护理工作的进行。当晨间交班时，医生和护士在办公室听取夜班护士的交班报告，但内容笼统，容易遗漏关键信息。

面对这些问题，王素琴老师没有退缩，而是积极寻求解决方案。她组织全员进行头脑风暴，展开了一系列创新举措。

第一，取消陪人，建立无陪护病房。这在当时是一项大胆的尝试，实施初期困难重重：患儿缺乏安全感，哭闹不止；家长不理解，甚至与医务人员发生冲突。但为了患儿的健康和家庭的幸福，王素琴和团队，顶住压力，耐心劝导，用事实和道理说服家长，逐渐改善了情况。

第二，建立健全各种制度。为了确保无陪护病房的顺利运行，需要医务人员的共同努力和强大的制度支撑，主要制度包括入院处置制度、探视制度、交接班制度、物品清点制度等。

第三，增加床头交接班制度。由夜班护士在患儿床头进行交接，重点交接危重患儿和手术患儿，内容包括体温、脉搏、呼吸、血压等关键信息，确保医疗护理工作的连续性和准确性。

这一系列举措效果显著，小儿外科病房变得窗明几净，秩序井然。医疗护理工作得以有条不紊地进行，就医体验和满意度也有了显著提升。

王素琴的经历是一段勇于改革、不断创新的历程。她以坚定的信念和不懈的努力，为患儿创造了一个更加安全、舒适、有序的医疗环境，用实际行动诠释了医者的责任和担当。

明者因时而变　知者随事而制

1985 年至 1987 年间，在三甲医院试点检查的重要时刻，护理部决定由小儿外科（西下）代表大外科接受检查，这不仅是对王素琴及其团队改革成果的肯定，也是一次严峻的考验。

面对这一挑战，王素琴展现出了她的智慧与决断力。她精心调整病房布局，带领团队不辞辛劳地加班加点，整改交班报告本、医嘱单、体温单等关键文档，确保每一项记录都严格符合规范要求。她以严谨的态度执行护理制度，关注每一个细节的落实，使小儿外科病房焕然一新，以最佳状态迎接检查。

在这次三甲医院试点检查中，王素琴不仅展现了她破旧立新的勇气，更彰显了其不屈不挠、敢于战胜困难的精神。她迎难而上，攻坚克难，用满腔的热情和智慧为科室的发展贡献了自己的全部力量。

王素琴的行动和成就赢得了领导和专家们的高度评价。她的故事如同一盏明灯，照亮了小儿外科改革的道路，也为后来者树立了榜样。我们向王素琴老师致敬，为她那份因时而变、随事而制的智慧，以及她那份勇于改革、不断创新的精神喝彩。她的事迹将激励我们每一个人，在面对挑战时，敢于变革，勇于创新，不断追求卓越。

王素琴在工作中

王素琴（后排右二）与同事在一起

王素琴（左一）与同事在一起

后记

王素琴深情地说："纵然我们的护理工作烦琐而细微，但苔花如米小，也学牡丹开，微光虽微，火种汇聚，终成燎原之势。"她的话语中透露出一种锐意进取的精神。正是这种精神，引领着小儿外科护理团队取得了令人瞩目的成绩，让我们的护理事业得以行稳致远。

"吾心信其可行，则移山填海之难，终有成功之日。"在王素琴的身上，我们深刻体会到了这句话的力量。迎难而上、知难而进，勇立潮头、奋勇搏击，这不正是她的真实写照吗？她以破旧立新的勇气、敢为人先的魄力，以改革之翼翱翔在梦想的天空。

王素琴老师用 30 多年的流金岁月，谱写了一首动人心弦的乐曲。这首乐曲，不仅记录了她个人的成长与奋斗，也映照了一个时代护理事业的发展与变迁。她的故事如同一曲永恒的赞歌，激励着我们每一个人，无论面对何种困难与挑战，都要保持坚定的信念，勇敢地追求自己的梦想。

我们为她那份不畏艰难、勇于创新的精神喝彩。她的人生就像一首波澜壮阔的交响乐，每一个音符都充满了力量与情感。她的事迹将永远在我们心中流传，成为我们不断前行的动力和指引。在未来的岁月里，让我们继续传承王素琴老师的精神，以微光汇聚力量，以改革开创未来，共同书写护理事业的新篇章，让这首乐曲在新时代的征程上继续奏响最动听的旋律。

（曹英娟　刘　倩　吕孝娜）

素手仁心济世长
英姿飒爽杏坛香

——记山东大学齐鲁医院护理前辈石素英

“热爱护理事业，并为之奋斗终生。”

【个人简介】

石素英，出生于1938年2月22日，祖籍河北省景县前双庙村。1957年8月毕业于济南护士学校，后被分配到山东医学院附属医院工作。1957年至1966年任护士一职。1966年至1980年任副护士长。1980年至1986年任护士长。1986年参加全国责任制护理学习班。1982年参加全国护理科研实验设计班。

1989年至1998年任中华护理学会山东分会理事兼妇产科护理专业委员会主任委员。

【学术成果】

参与编写《实用护理技术》《护理医学问答》。

【获奖荣誉】

1991 年获山东省科学技术进步二等奖“妊娠妇女弓形虫感染及其对人口健康素质的影响”。

岁月如梭，时光荏苒。激情岁月总是让人难以忘怀，每每夜幕降临，皓月映照下的腰杆挺直，被吹扬的发丝也在不经意间透露着沧桑，眼神中迸发的坚韧透露出岁月的磨砺和往日荣光。她就是护理前辈石素英。

“那个时候的风都是香甜的。”石素英说着。她退休已有数十个春夏秋冬了，但追忆总是沉浸在她生活的每个角落。每当夜深人静、风拂山岗的时候，那些人那些事都如潮水般涌来，却不知是水还是泪。回首那些日子，无论是喜悦、忧伤、懊恼还是满足，都交织成一幅幅生动的画面，构成了石素英生命中最宝贵的记忆。在这些情感的交织中，石素英前辈从未感到过一丝后悔。无论是顺境还是逆境，每一段经历都是她生命中不可或缺的财富，促使她不断成长。

十年磨一剑，霜刃未曾试

1957 年，石素英老师毕业于济南护士学校，随后被分配至山东医学院附属医院工作，正式开启了她的护理生涯。对石素英来说，这里就是她启航的开始，一切故事的源头，命运让她选择了护理行业，她也必将其奉为一生的荣耀，哪怕前方荆棘密布，也难以让她驻足片刻。从那一刻起，荣耀便开始了。但激情不洒漏屋，暴雨也不曾停歇。那时，护理工作尚未获得社会的广泛认可与尊重，石素英也面临这样的偏见。但石素英不在乎外界对她的抨击，将其悬于头顶，时时鞭策。她知道以她一人之力难以改变现状，但她能做的只有把自己的事做到最好，这就是最好的回应。

随着石素英老师工作经验的积累和在各位护理前辈们的悉心指导下，她逐渐对护理事业有了更深刻的理解，同时将这份理解最终转化为了深深的热爱，激励自己坚定地投身于护理事业，并为之奋斗。过程必然是坎坷的，但也是激励人心的，她时刻将护理行业的发展作为自己内心最大的愿望，不断地推着她往正确的道路上走。过往皆化成了云，常伴其左右。

数十年的积累终究是扎下了深深的根，在学校里打下的基础变成了最富有的养料，石素英也有了冲破云层的力量。

来而不可失者，时也；蹈而不可失者，机也

梦想加机遇等于明天，能力加汗水等于成功。在这数十年里，石素英深刻认识到，要成为一名优秀的护士，需要具备多种关键素质。首要的是必须持有高尚的职业理念，拥有一颗全心全意为患者服务的善良之心。这不仅仅是一句口号，更是一种需要在日常工作中体现出来的服务态度。面对深受疾病折磨的患者，护士需要深切地理解他们复杂的心理状态，耐心倾听，精准引导，展现出真正的同理心，设身处地为患者着想。这样能够有效减少护患之间的摩擦，提升护理服务质量。

石素英说，护理工作的复杂性是显而易见的，它包含了艰辛、劳累与烦琐。因此对每一个护理人员的要求应是全面的、整体的，要求她们能够以亲人般的关怀去对待每一位患者，用充满善意的心态去从事护理工作，那么这将在护理行业达到更高的水平。

作为一名护理人员，仅有高尚的职业理念是不够的，还需要过硬的专业技术和广泛的业务知识，这是为患者提供优质服务的根本保障。石素英在工作前期，深刻意识到知识匮乏所带来的后果，于是她快速转变，让临床工作与知识学习两条线并行，舍弃了自己的休闲时间，甚至冷落了自己的小家，只想将自己的知识树变得更繁茂。这既是对自己梦想的交代，也是对患者的

负责。

在石素英担任护士长期间，她始终将提升护士的业务学习和实操训练作为工作的重中之重。1960 年，她首次引入了新生儿头皮针注射技术，这在当时是非常先进的注射方法，对操作技巧有着很高的要求。她通过自学研究和刻苦训练，不仅自己熟练掌握了这项技术，还积极推动科室护士学习和应用，成功解决了新生儿输液的难题，挽救了无数垂危新生儿的生命。

标杆——以身作则、化身天使

石素英说，在临床中应当展现“扁鹊大哥”的素养，将病情扼制在发病之前，不能主张“兵来将挡，水来土掩”，这是对患者不负责任的表现。病情观察是护理工作的重要组成部分，也是对护士业务水平的重要考验。一支拥有广泛专业知识的护理团队，能够敏锐地发现并判断病情的变化，迅速与医生合作，有效防止患者病情的恶化。例如，在观察胎儿胎心时，对于高危妊娠患者来说，每日的及时监测至关重要。一旦发现异常，如果立即采取相应措施，往往能够挽救母婴的生命。因此，做好病情观察，需要护士深入病房，了解病情，仔细观察，做出准确的判断，而不是仅仅流于形式。

石素英感叹，近几年护理事业的发展极为快速，先进的护理技术和理念极大地提升了护理队伍的整体素质，为护理事业的未来发展提供了强大的动力。尽管发展过程中不会总是一帆风顺，但新思想与传统思想的碰撞能够激发更多的进步。母乳喂养作为经过历史检验的传统喂养方法，曾因代乳品的普及和外来思想的影响而遭受挑战。然而，在国家的高度重视和大力提倡下，母乳喂养率得到了显著提升。在这一过程中，产科作为重要的改革阵地，进行了一系列针对性的改革，如加强母乳喂养的宣传、建立专门的门诊宣传室、逐步取消婴儿室、推行母婴同室等。尽管改革过程中遇到了诸多困难，但石素英及其团队始终坚持以更高的标准去完成每一项任务。通过几十年的科学宣讲和知识普及，母乳喂养的理念已经深入人心，为儿童的健康成长提供了坚实的基础。

护理行业的发展离不开像石素英这样兢兢业业、无私奉献的人，或许她们对生命中太多太多的人、事、物都有所亏欠，但是在护理领域，在这样一个她们心中的圣地，她们无疑是伟大的、令人尊敬的。她们给我们留下了太多东西，她们就是我们心中的灯塔。她们期待行业发展，想着终有一天，这条小河能够汇集成湖泊、川流，最终成为一望无际的大海。

在这个时代，变化如同晨曦般不断涌现。石素英认为，护理人员必须拥有敏捷的思维和创新的精神，以应对护理领域中层出不穷的复杂挑战。在护理制度的改革浪潮中，护理人员应成为攻坚克难的中坚力量，积极推动变革，引领发展。护理人员不仅肩负着守护生命的崇高使命，更是推动护理事业持续进步的力量，为病患带来了希望。她衷心希望护理事业能够不断攀登新的高峰，创造更多的辉煌成就。同时，她向每一位齐鲁护理人员发出了诚挚的祝愿：愿他们在各自的岗位上如璀璨的星辰般发光发热，以满腔的热情和不懈的努力共同书写护理事业的辉煌篇章，为人类的健康事业贡献自己的力量。

1983 年 6 月，石素英（右二）在山东省妇产科
护理学术交流会现场

后记

迟暮之年，却有着一颗赤子之心，退休生活，远离尘嚣纷扰，思绪常飘向那些陈年往事。前辈的信念之火，未竟的事业由我们接手，我们都是“传灯者”，护理事业将发扬光大。

（焦见芬　翟桂芹　刘　迪）

明眸皓齿护生魂 珍花艳绽齐鲁人

——记山东大学齐鲁医院护理前辈杜明珍

“用不变的微笑，不变的真诚，不变的辛劳换来更多人的健康欢乐和幸福生活。”

【个人简介】

杜明珍（1938 年至 2016 年），1938 年 10 月出生于山东省黄县（现龙口市）。1959 年毕业于青岛护校。1959 年至 1963 年在青岛医学院附属医院内科工作。1963 年至 1971 年在山东医学院附属医院内科工作。1971 年至 1989 年任山东医学院附属医院神经科病区护士长。1983 年晋升为主管护师。1988 年晋升为副主任护师。1989 年任神经内科病房护士长至退休。

曾担任中华护理学会山东省分会专业管委会秘书、外科学术组副主任委员，其间承担山东省医学院护理学院、护理夜大以及山东省老年大学的教学任务。

【学术成果】

参与编写《医院护理管理》《护理常规》《护士手册》《护士晋升自学丛书》《护理医学问答》《护理学理论与实践》。在医院内部参与编写《神经科护理》《山东医科大学护理专修教材》，在《实用护理杂志》《现代护理杂志》等刊物发表论文多篇。

【获奖荣誉】

1983年获“山东省首批优秀护士”称号。1980年至1990年间多次被评为齐鲁医院优秀工作者。

杜明珍老师用不变的微笑，不变的真诚，不变的辛劳，换来更多人的健康欢乐和幸福生活。杜明珍老师因病于2016年离开了我们，永远忘不了追悼会那天，杜明珍老师安详地躺在洁白的菊花丛中，身着山东大学齐鲁医院的院服，脸上泛着一种超脱病痛折磨后的宁静与释然，宛如一个沉睡中的婴儿，面容平和而宁静。我们围绕在杜老师的遗体旁，泪水模糊了双眼。我们深深地三鞠躬，以此告别杜老师，也告别了那些与杜老师并肩作战的青春岁月，那些共同走过的护理生涯的点点滴滴。

虽然杜明珍老师的生命已经离我们而去，但她的精神和风骨将永远长存。在我们每个人的心中，她的形象和记忆将永远鲜活，如同不灭的灯盏，照亮我们前行的道路。她的一生，是爱与奉献的见证，是勇气与坚持的象征，将激励着我们继续在护理的道路上不断前行，以杜老师为榜样，传承她未竟的事业，继续书写护理人的使命与荣光。

护理事业的深耕与创新

在齐鲁医院的护理历史上，杜明珍以其平凡而卓越的一生，成为护理工作者中的一位杰出代表。1959 年，她毕业于青岛护校，随后在青岛医学院附属医院内科开启了她的护理生涯。1963 年，杜明珍调入山东医学院附属医院内科，这里不仅成为她职业生涯的新起点，更留下了她护理事业的辉煌篇章。

在齐鲁医院，杜明珍不仅亲历了医院的蓬勃发展，更在神经科护理领域作出了开创性的贡献。1971 年至 1989 年，她担任神经科病区护士长，以深厚的专业素养和卓越的管理能力，赢得了同行的广泛赞誉。其间，她多次被评为齐鲁医院优秀工作者，并且在 1983 年山东省首次优秀护士表彰大会上受到表彰。

1989 年，随着医院济众楼的建成，神经科一分为二，成为神经内科和神经外科两个独立科室。杜明珍选择留任神经内科护士长，以她超凡的领导力和专业精神，为神经内科护理工作奠定了坚实的基础。她的工作不仅仅限于日常护理，更在护理管理、人才培养等方面作出了卓越贡献，取得了突出业绩，赢得了广泛赞誉。

1989 年，神经内科护士长杜明珍工作照

任职神经科及神经内科护士长期间，杜明珍以其出色的业务能力赢得了国内同行的高度认可，多次出席国内护理行业学术会议并被推选担任主持人。历任中华护理学会山东省分会专业管委会秘书、外科学术组副主任委员，其间承担山东省医学院护理学院、护理夜大以及山东省老年大学的教学任务。同时，她还在医院内部参与编写了《神经科护理》《山东医科大学护理专修

教材》，在《实用护理杂志》《现代护理杂志》等发表多篇论文。另外，她还参与编写了《医院护理管理》《护理常规》《护士手册》《护士晋升自学丛书》《护理医学问答》《护理学理论与实践》等著作，均由人民卫生出版社出版。她的这些论文和著作具有普遍的指导性和实用价值，不仅为国内护理行业奠定了理论基础和行业规范，有些还成为相关学校和专业的教科书。

精通护理业务的杜明珍并没有止步于书面和理论，她更加注重理论与实践的结合。她带领全科护士，在护理这个看似平凡却处处充满挑战的岗位上，力求让护理工作的每一个细节都做到尽善尽美，尽心尽力为患者提供细致入微的关怀。每天，她总是第一个踏入病房，巡视每一个病房和床位，倾听每一位患者的心声，根据实际情况安排相应的护理工作，同时不失时机地培养年轻护士的专业能力。她以身作则，亲自参与各个班次的工作，及时发现问题并亲自协调解决，以自己的模范行为和一丝不苟的工作态度树立了护理工作的典范。

她用言传身教和严格的管理培养了病房护士们严谨、慎独的工作作风，使我们受益终身。多年来，她所带领的神经科以及神经内科护理工作从没出现大的纰漏和工作失误，得到了广大患者及其家属们的一致赞誉和医院同事及领导的充分认可。她不仅是我们职业生涯的榜样，更是我们心中的偶像。在她的带领下，我们跟随她的脚步，聆听、感悟、呵护、照顾、善待、挽救着每一个生命，用辛勤的付出收获了生命的丰盈与富足。

“人生不是一支短暂的蜡烛，而是一支由我们暂时拿着的火炬，我们只有把它点燃得光明灿烂，才能代代相传！”杜明珍常常这样告诫护士们，并用实际行动诠释了这句话的真谛。年轻的我们，从她身上感悟到的不仅仅是一位普通护理工作者无私奉献的情怀，更是一种职业的自豪与无疆的大爱。她的一生不仅是对护理事业的深耕与创新，更用身体力行、言传身教进行了最好的诠释。她的精神已经并将永远激励着我们，继续为护理事业的发展贡献自己的力量。

护理精神的传承与影响

在任职护士长期间，杜明珍不仅以自身的卓越表现为护理工作者树立了榜样，更将对年轻护士的培养视为己任。她通过言传身教，充分发挥了传帮带的作用，为齐鲁医院护理队伍的发展壮大培养了一大批优秀的护理骨干人才。曾跟随她一起工作过的护理人员，绝大部分先后成为医院各科室的护士长。

杜明珍是千千万万个普通而平凡的护理工作者的代表，没有感天动地的豪言壮语，也没有轰轰烈烈的壮举。她平凡如一株小草，普通如一滴露珠，将生命的全部精力和情感都投入护理工作中。日复一日，年复一年，从青春年华到两鬓染霜，这条路漫长而又艰辛，她用一生走完。她把对医院的忠诚和对职业的热爱凝成了一句遗嘱："请让我穿着院服离开。"听来无不令人动容和心酸。

我们在完成延续生命、救治病痛的同时，是否还要学会完成人类灵魂的救赎？也许这才是我们医务工作者真正的职责所在，而杜明珍做到了。

当问杜明珍工作多年最难忘的一件事是什么时，她没有提及她擅长的护理管理经历，也没有夸耀曾经的业绩，而是动情地回忆起一个边远地区的小女孩。在女孩的父亲住院期间，女孩等在杜明珍下班回家的路上，怯生生地唤了她一声奶奶，羞怯地塞给她几个自家种的萝卜。这种发自患者内心深处的感激，不仅仅是一种普通的人间真情，更是患者对我们医护工作的认可和肯定，在杜明珍老师的心中胜过一切荣誉，令暮年的她记忆犹新。

依稀记得看过一段非常喜欢的话，大意是："人这一生，看了一些好光景，途经了一场花开，念了几个好人，也能被人所念就足够了。你摘不走一缕花香，能让你日久生香的，不是花，不是人，而是自己心里始终有一段明媚而又柔软的光阴。"

在杜明珍老师的精神指引下，年轻的护理人将继续前行，把护理精神传承下去，影响更多的人。杜老师的一生如同那明媚的阳光，永远照亮着我们的道路，温暖着我们的心灵。

后记

杜明珍老师的一生如同春天里的一缕暖阳，温暖而明媚，照亮了我们的道路，给予了我们力量。她的离去虽然让我们失去了温暖，但她的精神和智慧将永远在我们心中生根发芽，成为指引我们前进的灯塔。她的精神如同春天的风，永远吹拂在我们的心田，激励我们继续前行。她的生命虽已远去，但她的故事、她的智慧、她的温暖，将永远留在我们的记忆里，成为我们心中不灭的光。

（曹英娟　孟明珠　邢介霞）

秀外慧中肩如铁 玉辉璞质后生师

——记山东大学齐鲁医院护理前辈初秀玉

"护理不仅是一项工作，更是一种责任和使命。"

【个人简介】

初秀玉，1941 年 3 月 15 日出生，祖籍山东省烟台市。1962 年毕业于济南卫生学校护理专业，后被分配到山东医学院附属医院工作。1977 年任副护士长。1981 年加入中国共产党。1982 年到脑血管病研究所工作。1982 年参加全国脑血管疾病的流调工作。1992 年到上海华山医院学习脑多普勒超声的操作及应用。1995 年任副主任护师至退休。

【学术成果】

参与《神经外科学及护理》的编写。

【获奖荣誉】

1964 年参加全市肌内注射比赛，获得二等奖。

清晨，灿烂的阳光如金丝般洒落，每一束光芒都在为这个世界勾勒出无限的生机与希望。远远看到初秀玉老师静静地伫立在华美楼前，银色的发丝染上了一些阳光的金色，散发着岁月积淀的温和、豁达、干练之美。与初老师握手的瞬间，能感受到那来自心底的坚定而柔和的力量。她看起来是那样的朴素和慈祥，她的声音和话语却立即让我们感受到一种不寻常的温度和维度，让我们想起那句话："散入人群看不见，一见知是非常人"。

站在她的身旁，我们感觉被一股无形的力量吸引，仿佛即将开启一扇时间与空间的大门。我们满怀期待，渴望聆听她那些关于奉献、关爱与成长的故事，那些故事定将启迪心灵，照亮前行的道路。

初秀玉老师是我们每一位护理工作者心中的榜样。她的职业生涯，以护理为笔，以爱为色，绘制出了护理职业最为崇高与纯粹的精神风貌。在她的故事中，我们不仅能够感受到护理工作的艰辛与伟大，更能体会到那份超越职责的深情与大爱。让我们以初秀玉老师为榜样，在护理的道路上，以心为灯，照亮每一个生命，温暖每一颗心灵。

懵懂入行　开启护理之旅

1941 年，初秀玉出生于山东烟台的一个温馨而普通的家庭。自幼聪颖好学，以优异的成绩在学业上一路领先。然而，当她站在人生的十字路口，面临职业选择时，是老师的一句话，让她与护理这个职业结下了不解之缘。

那时的初秀玉对护理的理解尚处于朦胧之中。她听老师说，护士是救死扶伤、为人民服务的神圣职业，是一份国家和社会特别需要的工作。这番话语如同晨曦中的一缕阳光，照亮了她前行的道路。

带着一丝懵懂与好奇，她毅然决然地踏上了护理之路。对于她来说，这条道路既是一次全新的探索，也是一次心灵的洗礼。她用自己的双手去抚慰病患的痛苦，用自己的智慧去解答生命的难题。

初秀玉老师的故事，是无数护理工作者的缩影。她们以一颗纯净的心，面对着护理工作中的每一个挑战；以一份坚定的信念，践行着救死扶伤的崇高使命。

克服恐惧　在挑战中成长

在初秀玉的护理生涯启程之初，解剖课成为她必须面对的严峻考验。当首次置身于解剖室，面对眼前陈列的尸体和器官，许多同学被恐惧和厌恶感笼罩，甚至有人因此选择了放弃。然而，初秀玉并未被眼前的景象吓倒。她深知，学医之路本就是一条充满挑战的征途，任何困难都不足以使她轻言放弃。

初秀玉（右一）年轻时和同事们合影

她勇敢地面对内心的恐惧，一点一滴地去适应这个全新的环境。她曾回忆说："其实我也害怕，但就是有一种不服输的劲儿，慢慢地也就习惯了。"正是这种坚韧不拔、勇于面对挑战的精神，为她日后在护理岗位上的卓越表现打下了坚实的基础。

在济南卫生学校的学习生活中，初秀玉遇到了对她影响深远的老校长。这位曾在海外留学的老校长，不仅带回了先进的护理理念和知识，更以他严苛的要求培养了学生们的专业素养。在老校长的影响下，初秀玉不仅学到了扎实的专业知识，更养成了严谨的工作态度。

她感慨地说："老校长对我们的要求真的很严格，但也正是因为他，我们在那个年代学到了这么多知识，培养了严谨的工作态度。"这段经历如同打磨宝石的磨砺过程，使初秀玉在护理这条道路上，更加熠熠生辉。

初秀玉老师的精神是对所有护理工作者的鼓舞。她的经历告诉我们，面对困难和挑战，只有坚持不懈、勇于克服，才能在护理这条充满爱与奉献的道路上不断成长，绽放光彩。

初涉临床的艰辛与收获

初秀玉的护理之旅迎来了新的篇章——临床实习。她踏入了济南市中心医院，开始了她的实习生涯。在这里，一切都是如此陌生，却又充满了前所未有的挑战。她穿梭于各个病房之间，开始了对不同护理工作的熟悉与学习。

在临床实习的过程中，初秀玉深刻体会到了护理工作的艰辛与复杂。每一项操作，每一次护理，都需要她投入极大的耐心和细心。同时，她也感受到了患者对护士那份深深的依赖和信任，这让她更加明白了护理工作的重要性和价值。

她回忆起那段实习时光，感慨地说："那时候真的很辛苦，但也是我成长最快的时候。"在实习的每一天里，她都在不断地学习、实践、反思和进步。每一次与患者的交流，每一次临床操作的完成，都让她对护理工作有了更深的理解和体会。

初秀玉的实习之路虽然布满艰辛，但也充满了收获。她不仅学到了丰富的临床知识和技能，更在实践中磨炼了自己的意志和品质。这段经历让她更加坚定了献身护理事业的决心，也为她的职业生涯奠定了坚实的基础。

坚守神经科　谱写护理华章

1962 年，初秀玉带着对护理事业的无限热爱和美好憧憬，从济南卫生学校护理专业毕业，被分配至山东医学院附属医院工作，开启了她的职业生涯。起初，她在各个病房轮转，体验着不同科室的护理工作。在众多科室中，神经科以其护理工作的高难度和高强度，让许多人望而却步。然而，命运似乎特别"青睐"她，将她安排到了神经科。虽然起初心有不甘，但随着时间的流逝，她不仅适应了这份工作，更深深爱上了这个岗位。在神经科的岁月里，初秀玉经历了从护士到护师、主管护师、副主任护师的成长历程。她始终以满腹的专业知识和对护理的热爱，为病患提供无微不至的关怀与照顾。面对病情复杂、变化迅速的神经科患者，她始终保持着高度的警觉，无论是脑血管病患还是急诊手术患者，她总能迅速作出准确判断，采取有效的护理措施。她的专业素养和敬业精神赢得了病患及家属的深厚信赖与广泛赞誉。

初秀玉回忆道，当时的神经内科和神经外科统称为神经科，护士必须精通神经内外科的护理知识。神经科患者的病情错综复杂，变化莫测，每一位患者都如同一个亟待解开的谜题，需要她和团队细心观察、精心护理。夜间的神经科尤为忙碌，护士们常常在深夜奔波于各个病房，为患者提供及时的护理和照顾。晨曦初露，交班完毕，她们还要忙着清洗夜间患者换下的床单和尿垫，工作量之大，辛苦程度之高，令人难以想象。

当时的神经科实行无陪护制度，这意味着护理工作更加繁重。病床没有护栏，每次为患者翻身时都要格外小心，防止患者摔下床造成二次伤害。尽管如此，初秀玉却越来越热爱这个专业。她认为，尽管神经科工作充满挑战，但正是这些挑战让她有机会不断提升自己的专业能力和综合素质。她见证了无数患者在医护人员的精心护理下逐渐康复，那种成就感和满足感是无法用言语来形容的。

在神经科这片充满挑战的领域，初秀玉以她的坚守和热爱，谱写了一曲曲生命护理的华章。她对工作的热爱是对护理职业最好的诠释，也是对每一位护理人员在专业道路上不断探索、不断前行的鼓舞。

机遇与挑战并存：坚守初心

当神经科成立脑血管病研究所之际，院领导与初秀玉进行了一次重要的谈话，就岗位选择征求了她的意见。当时，已届不惑之年的她，在临床护理领域已默默耕耘了20个春秋。这一机遇对她而言无疑是职业生涯中的一次重要转折。

为了进一步提升自己的业务能力，初秀玉毅然决然地迈向了新的领域——脑血管病研究所。她加入了王彩英教授领导的血流变检查团队，随后又转入多普勒室，与李明欣教授一同前往上海进行深入的进修学习。学成归来后，她以满腔的热情和扎实的知识积极投身于科研工作，开展了一系列科研项目。

在这个过程中，初秀玉遇到了不少困难和挑战。然而，她始终没有放弃，坚守着那颗为患者服务的初心。她深知，只有通过不断的学习和进步，才能在医学的道路上走得更远，为患者提供更专业、更精准的护理服务。

初秀玉老师的这段经历，是对所有护理工作者的鼓舞。她告诉我们，无论年龄多大，无论已有多少成就，只要我们保持一颗学习的心，勇于接受新的挑战，就能在专业领域不断突破自我，实现自我超越。

坚守岗位　绽放光芒

随着初秀玉在神经科的卓越表现和深厚专业素养，院内其他科室也纷纷向她伸出了橄榄枝，希望她能协助研究生开展相关工作。面对这些邀约，初秀玉经过深思熟虑，最终决定以本科室的工作为重，全身心地投入神经科的工作中，这体现了她对专业岗位的忠诚和热爱。

神经科的护士们以其出色的业务能力著称，她们的职责不仅限于神经内外科的护理工作，更肩负着监管护理质量的重任。在神经科，医生的每一次授课都是护士们学习的机会，初秀玉老师深知这一点。她认识到神经科工作的系统性和专业性要求，需要护理人员不断学习和深入钻研。

她以身作则，常常利用业余时间阅读相关书籍和文献，如饥似渴地吸收新知识，不断提升自己的专业水平。初秀玉老师的敬业精神和不断学习的态度，不仅为她赢得了同事的尊敬和患者的信赖，也使她在神经科护理领域绽放出更加耀眼的光芒。

无私奉献　诠释护理精神

在初秀玉老师的护理生涯中，她以一颗赤诚的心，将青春和热情毫无保留地奉献给了她所热爱的护理事业。她的每一天都充满了对工作的无限热爱和对患者的深切关怀，用实际行动诠释了护理精神的真正内涵。

她对每一位患者都倾注了满腔的关心和爱护，用心提供优质的护理服务。在她眼中，患者的笑容和健康是她最大的满足和动力。她尊重并珍视每一位同事，与他们携手并肩，相互支持，相互协作，共同为患者的健康和福祉而努力。

初秀玉（中间）退休后和同事的合影

初秀玉对职业的热爱，不是停留在口头上，而是体现在她对医学知识的不断学习和对专业技能的不懈追求上。她深知，作为一名护士，尤其是在神经科这样专业性极强的领域，必须具备敏锐的观察力和扎实的业务能力。她经常说："既然选择了这份职业，就要全力以赴做到最好。医学知识更新迅速，特别是在神经科，我们要不断学习，不懂的地方要多观察、多思考。护士往往是最早发现患者病情变化的人，只有业务能力过硬，才能更好地观察病情、处理问题，也会赢得医生的尊重和感激。"

初秀玉退休后生活照

后记

岁月流转，初秀玉老师虽已步入退休生活多年，但她对护理事业的热忱与关注从未减退。回望她的职业生涯，充满了挑战与困难，然而，她总是以乐观的心态面对一切。她用坚定的意志和不懈的努力，一次又一次地跨越了生命中的障碍。初秀玉老师的经历告诉我们，只要怀揣梦想，坚守信念，持续奋斗，人生的价值便能得以实现。

初老师就是这样一位平凡而伟大的护理界的前辈。在她的身上，我们见证了护理工作的尊严与崇高，感受到了这份职业的神圣使命。她的故事启示我们，无论身处何种岗位，都应怀揣一颗热爱的心，全身心地投入每一项工作中。

初秀玉老师的精神如同一盏明灯，照亮了我们的道路，激励着我们这些年轻的齐鲁护理人继续在护理事业的道路上贡献自己的力量。让我们以最崇高的敬意，向初秀玉老师致敬，同时也向所有默默无闻、无私奉献的护理工作者们表达我们最深的敬意。

（曹英娟　乔成凤　邢介霞）

桂馥兰馨不争香
唯珍济众岁月长

——记山东大学齐鲁医院护理前辈韩桂珍

“穿上白大褂，就是为人民服务的标志！全心全意战斗在救死扶伤第一线！”

【个人简介】

韩桂珍，出生于1941年10月21日。1959年至1962年于济南护士学校学习。1962年毕业，被分配到山东省医学院附属医院，7月14日入院报到，即开始各科专业护理培训。1963年至1983年在急诊科任职。1983年年底调至内科门诊工作，直至2002年2月1日退休，退休后返聘成立内分泌核素治疗室。2009年华美楼开诊，参与门诊部组织的第一批门诊服务志愿者工作。2013年离院。

【获奖荣誉】

曾数次获院级“个人先进工作者”称号，以及护校临床教学带教优秀教师等荣誉。

光阴如箭，岁月如梭，已退休多年的韩桂珍，回忆起那些在医院工作的日子，心中涌起一股难以言表的感慨。那段岁月如同一部沉甸甸的史书，每一页都铭刻着她的青春与热血，每一行都流淌着她的汗水与泪水，她感激那段时光带给她的成长与历练，也感激那些与她并肩作战的同事们。

家庭熏陶 矢志医护

韩桂珍的成长是一段关于梦想、传承与奉献的故事。她自幼便在医护世家的熏陶下成长，母亲与小姨均是敬业的护士，这样的家庭背景为她的护理梦想奠定了坚实的基础。怀揣着对护理事业的热爱和执着，韩桂珍于 1959 年如愿考入济南护士学校。在那里，她不仅系统地学习了护理专业知识，更在实践中锤炼了技能，拥有了作为一名优秀护士所必备的素养。毕业后，韩老师以优异成绩被分配至山东医学院附属医院，从此开启了她数十年的护士职业生涯。

投身临床 展现风采

1962 年刚被分配至单位工作时，按照医院的规定，新晋护士需要经历三个月的科室轮转。纸上得来终觉浅，理论学习和临床实践终归是不同的，护理技能作为护士的核心能力，更需要在实践中不断磨砺和提升。因此，韩桂珍决心充分利用这三个月的时间，多看、多听、多动手，少说多做，不畏艰辛，全心投入技能的锤炼之中，以期顺利定科定岗。

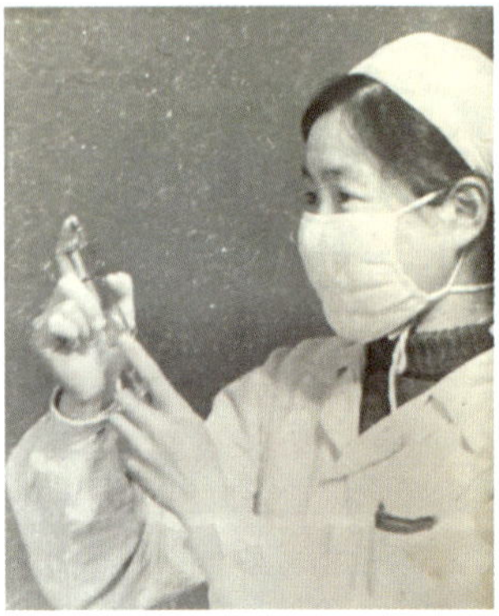
韩桂珍演示护理操作

在这种紧张而充实的学习氛围中，三个月的时间如白驹过隙，转瞬即逝。凭借扎实的基本功与不懈的努力，韩桂珍终于被定岗于急诊科，从此肩负起一名急诊科护士的光荣使命，守护生命，守护希望。

急诊科的工作忙碌而充满挑战，但韩桂珍的内心是火热的。凭借出色的表现和卓越的领导能力，1974 年，韩桂珍被正式任命为急诊科护士长。这一职位不仅是对她多年来辛勤工作的肯定，更是对她在护理专业能力和领导才能上的认可。

智慧如炬 追求卓越

在急诊科工作，不仅需要技能精湛，还需具备敏锐的思维和观察力。一次，一对年轻情侣前来就诊，女方称男方自己不慎咬伤了舌尖。韩桂珍老师接诊后，仔细观察伤口，发现牙印向内凸出，与叙述不符。若为自己咬伤，牙印应向外。因此，伤口更似他人所致。同时，女方眼神闪躲，表情心虚，韩桂珍老师见状果断报警，结果证实其判断。这不仅仅是对专业技能的考验，更是对人性复杂性的深刻理解与尊重。

这并非韩桂珍首次以专业知识揭示真相，另一次事件，更是将韩桂珍的敏锐和智慧展现得淋漓尽致。一男子自称搀扶晕倒患者至急诊，韩桂珍询问时，他言辞支吾，逻辑混乱，引起韩桂珍警觉。检伤时，患者手臂上一条近心端深于远心端的刀伤引起韩桂珍注意，疑为他人所伤。韩桂珍保持冷静，暗中观察，再想到之前“好心人”的表现，她先不动声色地联合工人师傅将其留住，并迅速报警，成功解决问题。

时光荏苒，转眼间来到了 1980 年。这一年对于韩桂珍来说，是挑战与荣耀并存的一年。全省护理质量大检查的号角吹响，作为急诊科负责人，韩桂珍深知，这不仅是对科室工作的一次全面检阅，更是展示团队风采、提升服务质量的重要契机。她以身作则，全身心地投入迎检工作中，力求在每个环节都做到最好。在她的带动下，全科护士们自觉提升业务水平，精进护理技巧，致力于为患者提供更优质的服务，以减轻他们的伤痛，促进早日康复。她们深知，每一次细心的呵护都是对患者最真挚的关爱，每一次精准的操作都是对生命最庄严的承诺。在这份决心下，全科上下齐心协力，最终医院急诊科在护理质量检查中脱颖而出，荣获满分佳绩。

这份荣誉不仅是对韩桂珍及其团队辛勤付出的最好回报，更是对她们专业精神与高尚品质的崇高赞誉。

心系患者　风雨兼程

回忆起从医之初的环境，韩桂珍感触颇深。那时，急救“120”系统资源紧张，与医院急诊的联动机制尚不完善。众多病患被救护车匆匆送至就近急诊，未来得及分诊便被仓促安置，救护车再疾驰赶往下一个急救点。长此以往，患者的康复率难以提升，科室运转亦受阻，难以发挥其应有的救治效能。

为改善这一状况，韩桂珍利用自己宝贵的休息时间，骑自行车走访了当时的省立医院、千佛山医院和济南市中心医院，与急诊负责人深入交流，探讨如何优化患者调度，加强医院间的沟通协作，确保医疗资源的有效利用。此外，韩老师还积极与急救站沟通，提出构建急诊与“120”联动机制的可行性建议。她深知，只有打破信息孤岛，实现急救资源的共享与高效配置，才能真正提升急救效率，挽救更多的生命。

在韩桂珍的不懈努力下，急救站与各医院急诊的联动得以改善，患者得到了更及时的安置，治愈率显著提高，医院急诊也得以迅速发展。

凭借卓越才干，韩桂珍多次荣获院级“个人先进工作者”称号，这是对她专业能力和职业精神的肯定。急诊科也因急患者所急、医力所能及的求真务实作风，连续多年被评为“医院先进科室”。

回首往昔　倾情奉献

1983 年底，当岁月的齿轮缓缓驶入又一个冬季，韩桂珍站在了职业生涯的一个重要转折点上。她依依不舍地告别了那个充满挑战与激情、见证了她二十余年青春与汗水的急诊科，调至内科门诊继续担任护士长一职。尽管岗位变换，但韩桂珍那份对护理事业的热爱与执着却从未改变。她延续了急诊时干练的作风，迅速融入了内科门诊这个全新的环境。在她的带领下，内科门诊的工作逐渐变得有条不紊，效率与质量并重。

1998 年，韩桂珍（前排左二）及其团队荣获“先进集体”称号，合影留念

2002 年退休后，当大多数人开始享受退休生活的悠闲与宁静时，韩桂珍因在医疗领域多年来的杰出贡献而备受信任与肯定，被返聘至医院新成立的内分泌核素治疗室，继续发挥她的专业优势和丰富经验。在新科室，韩桂珍不仅担任着重要的指导角色，还积极参与到科室建设和发展中，致力于培养团队的凝聚力和协作精神。在她的带领下，科室迅速发展成长。然而，韩桂珍的奉献并未就此止步。2009 年，华美楼开诊，韩桂珍作为首批门诊服务志愿者，无偿贡献自己的力量。在新楼宽敞明亮的门诊大厅里，总能看到韩桂珍忙碌的身影。她耐心解答患者的疑问，用她的热情和专业知识为每一位患者带来便利和温暖。

2011 年，韩桂珍（前排左三）作为门诊服务志愿者在内科门诊合影留念

2013 年，韩桂珍正式告别医院，离开了她深爱的卫生工作岗位。

后记

韩桂珍说：“年轻人应珍惜当前优质的从业环境，发扬吃苦耐劳的精神，不畏艰辛困苦。资深护士亦应做好老带青传帮带工作，为医院注入中坚力量！”

作为一名资深护理前辈，韩老师深知医疗事业的传承与发展离不开老一辈医护人员的智慧与经验，她是那么迫切地想倾囊以授，用自己的职业余热温暖护理新芽，为医院贡献自己最后一份力量。

韩老师的工作经历无疑是一部充满奋斗与奉献的传奇，她用自己的实际行动诠释了一名护士的崇高精神。无论是在急诊科的紧张忙碌中，还是在内科门诊的细致入微里，抑或核素治疗室的改革创新时，她都始终保持着对护理事业的高度崇敬与热爱，践行着对每位患者的博爱与奉献。她的事迹将永远铭刻在我们心中，激励着我们不断前行。

在未来的日子里，我们将以韩老师为榜样，珍惜每次学习的机会，不断提升自己的专业素养和业务能力，同时积极承担起培养新人的责任，为医院注入更多新鲜血液和活力，共同推动护理事业的蓬勃发展。

（曹英娟　刘　迪　韩　萍）

惠心妍状扶世梦 宁静致远终达成

——记山东大学齐鲁医院护理前辈李惠宁

“一代代护理人用生命守护，用无私创造奇迹。”

【个人简介】

李惠宁，1945年2月出生于山东省文登区泽头村。1964年9月毕业于山东医学院附属医院附设护士学校，被分配到山东医学院附属医院。1964年至1965年在内科病房工作。1966年至1967年在小儿内科病房工作。1968年至1970年在手术室工作。1971年至1980年在小儿外科病房工作。1981年至1983年在普外科病房工作。1984年至1989年借调山东省卫生厅。1990年至1992年任烧伤病房护士长。1993年至1997年任外科门诊、急诊科科护士长。1998年至2002年在护理部质控组工作。1986年9月加入中国共产党。1988年至1990年在山东医科大学学习。

曾任山东省护理学会外科护理学会副主任委员。任职期间在山东省护理学会领导下，多次举办山东省护理学术交流会议，为外科护理发展起到了推动作用。

【学术成果】

参与《山东医科大学附属医院护理常规》、《卫生保健》（山东老年大学教材）的编写。

在一个朝夕更替、黄昏流情的下午，收到李惠宁前辈的自述，此刻暖阳散发着温暖。纸面上洋洋洒洒地描述着李惠宁前辈的职业生涯，字里行间透露着她的骄傲和自豪。作为护理人员，她无疑是成功的，做出表率的。李惠宁，一位值得歌颂和赞叹的齐鲁护理事业元老，其背后闪耀的光芒足以照亮我们的未来。

1964 年 9 月，李惠宁顺利从山东医学院附属医院附设护士学校毕业，如愿进入山东医学院附属医院工作，成为一名光荣的护理工作者。同其他人一样，初出茅庐的她也缺少一份从容和淡定，刚进入临床的忐忑不安让她有些许手足无措，但是面对临床护理事业的压力她没有退缩——多少次重压之下，她在心中默念自己的梦想；多少次夜深人静的时候，她闭上眼睛，默想提灯女神南丁格尔。正是她的信念，支撑着她坚定不移地迈向这条救死扶伤的道路，这也是她日后成功的基石。

漫云女子不英雄，万里乘风独向东。在悠远的岁月长河中，李惠宁前辈如同天使，携带着不凡的使命，独自乘风破浪，向东而行。她踏过了血与泪交织的征途，品味了生活的苦涩与甘甜。在这条拯救生命的宏伟道路上，她以坚定的步伐，迎接着命运的试炼。她挥动着衣袖，勇往直前，无惧刺骨的寒风和风雨的侵袭。即便是蜀道之难，在她眼中也不过是脚下之路。她以一份完美的答卷，向世人证明了自己的价值和力量，那是属于她自己的光芒，璀璨而独特。

不积跬步无以至千里　不积小流无以成江海

按照当时医院护理部的要求，新入护士必须经历三年的院内轮转，经过三个科室的洗礼，方能寻觅到自己的职业归宿。李惠宁对此制度深表赞同。她深知，只有脚踏实地，才能抵达远方；只有历经风雨，才能见到彩虹。这不仅是她对医院规定的理解，更是她的人生信条。在内科三南病房、小儿内科病房、手术室等不同的护理岗位上，李惠宁不断历练，积累了丰富的临床经验。每一次轮转都是一次全新的挑战，每一次挑战都让她更加成熟。三年轮转经历，不仅丰富了她的知识，也磨炼了她的意志，成为她最宝贵的财富。“路虽远，行则将至；事虽难，做则必成。”这句话不仅是李惠宁的座右铭，更是她职业生涯的真实写照。在三年的轮转中，她以坚定的信念和不懈的努力，完成了从新手到专家的华丽蜕变。她的成功不是偶然，而是水到渠成的结果。

据李惠宁回忆，在三南病房工作的一年，是她职业生涯中最困难的一段时期。对她而言，需要克服和接受的东西太多，身份的快速转变让她身心俱疲，工作压力之大使她难以招架。但是，这一年也是她飞速成长的一年，在这期间她完成了从 0 到 1 的转变，零加一不仅仅等于一，还等于无穷。学识的丰富，历练的成长，使她面对问题开始胸有成竹，信心满满，忐忑变成了心安。强压之下的她，也从心底里完成了自己的职业规划，真正了解了内科护理工作的内涵，完成了华丽转身。

李惠宁深谙水滴石穿之理，她以稳健的步伐，一步一个脚印，将周遭的所见所闻所感深深烙印于心。她坚信，所见即所得，但若仅有短暂如鱼的记忆，难以支撑她成就宏伟大业。因此，她培养了良好的学习习惯，这成为她手中的利刃，让她迅速掌握危重症患者的护理与急救技能，严格执行各项操作规范，并加强与患者的沟通。这些宝贵的经验汇聚成了她的财富。“一法通，万法通，万变不离其宗。”在后来的工作中，李惠宁以不变应万变，不断丰富和完善自己的技能树。她像一位细心的园丁，精心培育着自己的技能树，直到它枝繁叶茂，光彩熠熠，足以照亮整片星空。

李惠宁说，时间过得太快了，在知识的海洋中遨游久了，完全感受不到外界的时间流逝。眨眼间，就走到了小儿内科的病房前，这一次她没有了怯场，没有了对陌生环境的焦虑，没有了对自己的不自信。这归功于过去一年的学习进步，她的能力得到了所有人的认可。悄然间，李惠宁已经驶上了职业生涯的快车道，或许连她自己都没有感觉到。她坦然地走进小儿内科病房，然而同内科病房相比，差异何止天差地别，工作的压力再次倾泻到她身上，但这次她没有被压弯腰。她挺起脊梁，抬起头，奋不顾身地投入紧张繁忙的工作中，抄起自己的“三板斧”，大刀阔斧地干了起来。

在李惠宁的印象中，儿科的工作是最特殊的，也是压力最大的。在那里，她体验到了儿科病房特有的护理模式，药物按照体重（公斤）计算、婴幼儿的护病记录单填写、新生儿的暖箱护理等，这里对护士的素质要求很高，住在这里的都是一些稚嫩的患儿，身体机能与成年人不同，需要更多的耐心与细心。李惠宁乐在其中，一方面是能力的提升，另一方面则是她对孩子的喜爱。她那强烈的母爱之心驱使着她不断提高职业能力，只要看着孩子们安全出院时的笑容，她就觉得努力没有白费。

第三次轮转，李惠宁来到了医院重地——手术室，手术室是对护理人员综合能力进行多重考核的地方。李惠宁说，这可能是她第一次也是最后一次走进手术室的机会。手术室相当于部队中的特编军种，虽然不入临床，但它却是医院的“核打击”部队，拥有战胜疾病最强的力量，因此对手术室护理人员的要求极高。李惠宁对在手术室这一年的工作经历，充满了深深的感激之情。在这一年中，她不仅获得了宝贵的实践经验，更掌握了一些在其他地方难以学到的专业技能。这些技能如同一把钥匙，为她日后的职业生涯开启了新的大门，发挥了不可估量的重要作用。

不畏浮云遮望眼　自缘身在最高层

兜兜转转，李惠宁来到了小儿外科病房，她在这里度过了一段漫长却又转瞬即逝的时光，找到了如家般的温暖。在这里，她不仅积累了宝贵的经验，更在职业素养上实现了飞跃，将过往的经历融会贯通，她的儿科护理技能达到了炉火纯青的境界。她深情地感慨：“儿科是我的启蒙之地，我在这里生根发芽，茁壮成长。”

尽管身在儿科，李惠宁的志向却远不止于此。她不断自学，涉猎人体各个系统的医学知识，因为她深知医学是一个整体，而她的求知欲驱使她不断探索未知。她需要更多的知识来滋养她的心灵，即使在外界看来，这似乎是一项艰巨的任务，但她从未气馁，坚持自己的道路，全力以赴地阅读和学习，不断丰富自己的临床护理知识库。她的坚持和努力让她的职业生涯更加辉煌。

随着能力和素质的逐渐提高，李惠宁开始受到人们的瞩目，得到了医院的高度认可。1983 年，她被选为卫生保健讲座的一员，为老干部的退休生活提供保障。在山东省卫生厅的工作中，她与其他优秀同仁一道，创造了讲座的辉煌成就，赢得了各级领导的一致好评，她的职业生涯因此迈上了新的台阶。

随后，山东省筹建了山东省离退休老干部大学（后更名为山东省老年大学），李惠宁再次挺身而出，肩负起新的使命。她的出色表现和卓越能力赢得了领导的高度认可。面对领导的挽留，心怀梦想的李惠宁前辈坚定地选择了回归她热爱的临床护理事业，回报齐鲁医院的培养与知遇之恩。

1989 年年底，李惠宁带着满腔热情重返齐鲁医院。在她昂首阔步踏入医院的那一刻，命运的齿轮再次转动。医院赋予她重任，让她担任烧伤病房护士长，负责筹建新的烧伤整形病房。为了不辜负这份信任，她投入了 200% 的精力，结合医院的规章制度，融入自己的新理念，打造出了一个秩序井然的医疗环境。她还亲自到中心医院学习烧伤患者的治疗与护理，为自己的技能树添枝加叶。经过两个多月的亲力亲为，一个全新的烧伤整形病房在她的手中孕育而生。

待到山花烂漫时　她在丛中笑

关关难过关关过。李惠宁的前进之路堪称障碍重重，但都被她一一化解，她的职业经历也算得上超乎常人。也正是这些看上去艰难曲折的道路，使她努力充实完善，做最好的自己。

1996 年，李惠宁（左三）与同事在外科门诊合影

1993 年，李惠宁再次来到医院的外科门诊工作。面对医护患关系紧张的现状，李惠宁前辈却有一套独特的解决方案，在她的操作运营下，大幅提升了患者的就医满意度，同时也减轻了坐诊医生的看诊压力，减少了护理人员的工作难度，这足以让我们所有人赞不绝口并深入学习。在她看来，没有解决不了的事，也没有处理不好的关系，事在人为，只有从根本上解决问题，才能将事情把握在可控的范围之内。

1993 年年底，医院临近山东省三级甲等评审，为此全院进入了备战状态。然而此时，李惠宁又调往了急诊科任护士长。李惠宁充分发挥自己的学识，联合当时的护士长李延荣，在护理部和科主任的带领下，深入研究，讨论改进并即刻落实，顺利通过了评审。

2005 年，李惠宁（中间）在威海参加护理学术会议时与同事合影

1998 年，应医院要求，护理部为加强全院护理质量管理，成立了护理质量管理小组，李惠宁应邀参加，对全院护理工作进行指导，包括病房管理、消毒隔离、护理文书等方面，大大提高了临床护理质量，进一步保障了患者的安全。

后记

李惠宁的每一份奉献、每一次坚持，都深深植根于她对护理事业的深厚热爱与坚定执着。在她的职业旅程中，虽然不可避免地遭遇了种种挑战与考验，但她对生命的崇高敬意与对护理工作的无限热忱却始终如一。李惠宁的事迹向我们昭示：护理不仅仅是一份工作，它更是一种神圣的使命和沉甸甸的责任。李惠宁丰富的人生阅历和深刻的职业感悟，无疑将永远激励着后来者。让我们怀着对生命的无限敬畏，持续不断地关爱每一位患者，对专业技能不懈追求，将这份护理精神薪火相传。

（李　静　骆中誉　吕孝娜）

杜渐除微显真章 宏博精深护安康

——记山东大学齐鲁医院护理前辈杜宏

“我深爱自己选择的护理工作，为此所有的付出都无怨无悔。”

【个人简介】

杜宏，曾用名杜红，出生于1947年7月，祖籍山东省济南市历城区遥墙镇大杜家村。1970年到山东省人民医院报到，经集训后被分配到山东医学院附属医院工作。1971年在内科任护理员一职。1971年底至1986年在急诊科工作，曾任护理员、护士、副护士长、护士长。1986年至1989年在普外科任护士长。1989年至2000年在口腔外科任主管护师、护士长。2000年至2002年在门诊部办公室工作至退休。

1979年于山东医学院卫生学校业余学习两年结业，其间参加中医中药学习班，长达三个月。1990年于山东医科大学护理系业余学习两年，获高等教育专科学历证书。曾在北医大口腔医院参加病理语音学习班学习，为期一个月。完成科技日语学习并结业。

1990 年至 2000 年任山东省五官科护理专业委员会副主任委员及主任委员。

【学术成果】

参与编写《口腔冷冻外科学》《医院护理管理与临床实践》《各科疾病护理常规及技术操作规程》《临床实用护理与技术》。

【获奖荣誉】

1987 年被评为院级先进工作者。1989 年被评为院级文明行医积极分子。1992 年被评为院级先进工作者。1995 年被评为院级先进工作者。1995 年《头颈癌病人手术后的心理特点分析》获山东省第四届优秀学术论文三等奖。1998 年《对口腔外科术后病人饮食方法的研究及临床观察》获山东省第五届优秀学术论文二等奖。

沐浴过阳光的人，即使身处黑暗，也不会熄灭心中的火苗。对于杜宏，我怀有如此的敬仰：雄鹰归故里，展翅逆风翔；纵是廉颇老，家雀且自惭。七十余载风霜，在她的脸庞刻下了岁月的痕迹，岁月的沧桑让她的身姿不再挺拔。当我们重逢时，她的眼中没有沧桑的痕迹，岁月的疲惫仿佛被一扫而空，留下的只有她那不变的初心和满怀的憧憬。她的目光如同穿透时光的灯塔，照亮了我们前行的道路，让我们感受到那份不屈不挠、永远向前的精神力量。

1968 年 12 月，梦想成为一名白求恩式医生的杜宏志愿下乡，成为一名知青。用杜宏老师的话来说，她很幸运能够在 1970 年 12 月通过招工到医院工作，这是改变她一生的机会，让她找到了人生的价值。接到报到通知书后，她的心情难以描述。那一刻，未来的一切都在她的脑海中成形了。

1971年，杜宏来到山东医学院附属医院，从一名护理员开始做起。她在内科兢兢业业、不辞辛苦、不惧劳累，一年365天，日日如此，没有一刻停歇，面对外人的不解，杜宏没有解释，因为答案都在未来中。星光不负赶路人，经过一年的沉淀和学习，勤奋努力的杜宏老师在1971年年底被调去急诊科，在这里开始了她的辉煌之旅。一直到1986年6月，她一步一个脚印，不急不躁，从开始的护理员到后来成为一名正式的护士，再到副护士长、护士长，职称也晋升到护师。这些变化完美地解答了曾经的问题，杜宏没有辜负她的梦想。不过这一刻，她没有因为地位身份而过分骄傲，更多的是对这份工作感到自豪，对自己能投身于护理事业中、为其添砖加瓦而感到欣慰。

由于杜宏突出的工作能力和医院的需要，她先后被调往普外科和口腔外科任职，2000年5月又调往门诊部办公室，直到2002年8月退休。如果说在内科的一年护理员之旅是启蒙，为之后的厚积薄发打基础，那么在急诊室的15年就是杜宏飞速发展的时期，这15年是最累、最辛苦的，也是收获最大、印象最深刻的。之后的3年普外科和11年口腔外科生涯，就是杜宏为齐鲁医院护理事业奉献的高峰。她付出了她最大的心血和努力，为她所热爱的事业，竭尽全力为此付出全部青春也在所不惜。

路漫漫其修远兮　吾将上下而求索

杜宏是一位对临床护理事业怀有无比热忱的先行者，她深知知识的力量。为了提升自己的专业素养，她在山东医学院卫生学校不懈努力，充分利用业余时间，经过两年的勤学苦练，终于在1979年以优异的成绩结业。此后，她并未满足于此，而是前往山东医科大学护理系大专证书班深造，两年后，她以扎实的专业知识和技能荣获毕业证书。

求学的过程中，杜宏老师不仅积极阅读各类文献，拓宽视野，更在实践中解决了曾经困扰她的众多临床问题。她深知"逆水行舟，不进则退"的道理，明白只有不断投入时间和精力，才能在护理的道路上实现自己的人生价值。

在 1974 年之前，面对无学可上、任务繁重的现实困境，杜宏没有放弃，而是通过自学和参加进修医生的讲座，不断汲取理论知识，武装自己的头脑。在艰苦的条件下，她完成了内科学、外科学、妇科学、儿科学、药学、基础护理学等中级医学教材的学习，并在 3 年时间里写下了十多万字的笔记，其勤奋与毅力令人钦佩。

经过多年的学习和提升，杜宏不仅理论知识更加丰富，而且临床能力也得到了显著提高。她深知“温故而知新”的重要性，培训结束后，她将所学知识进行汇总整理，同时将理论与实践相结合，解决了临床中的许多实际问题。

杜宏从不满足于个人的成就，她的梦想是让整个护理事业蓬勃发展。她乐于分享自己的学习感悟和经验，将知识与护理姐妹们共享，她的梦想是让每一位护理人员都能成为合格的护理人，共同推动护理事业的繁荣发展。

1995 年 7 月，杜宏（右二）担任主任委员，在山东省第五次五官科护理学术交流会上主持会议

1995 年 10 月，杜宏（前排中间）在上海参加全国口腔护理学术交流会

杜宏担任主管护师以来，共发表论文 42 篇，出版论著共计 10 篇，同时以副主编和编委的身份参编了多本书籍，为后辈提供了许多知识储备。在杜宏看来，齐鲁医院护理事业的兴盛绝非少数人能够完成，必须千千万万个护理人齐心协力，上下一心，共筑齐鲁医院护理新事业。她有幸参加了首届山东省护理学术交流会，她的首篇文章题目是《我的自学成长之路》，并作了大会发言。

2000年3月4日，杜宏（前排左一）参加第一届“微笑列车”国际唇腭裂治疗学术研讨会

作为医院护理行业的领航者，杜宏老师和其他老前辈一样，关心下一辈的新生力量。她们不仅有着丰富的知识素养，更有一颗不亚于年轻人的火热的心。她们走在发展前列，始终关注着发展方向和动态，一次一次修正护理行业这艘巨轮的方向。同时她们还兼顾着后辈的培养，将所了解的种种都传授下去，先后培养了一代代的优秀护士，为齐鲁医院人才培养作出了巨大的贡献。

所贵唯实践

在护理领域，杜宏老师以其对细节的极致追求和对实践的不懈探索，成为一位令人尊敬的典范。她坚信，成功往往隐藏在细节之中，这种理念贯穿了她的整个职业生涯。即便在工作初期，她也能敏锐地洞察到微小的不足，并以此为出发点，进行深入思考和学习，不断完善自己的工作。

20世纪70年代初，杜宏老师在急诊科承担护理工作，面对口服有机磷中毒患者的紧急抢救，她发现当时的洗胃操作存在诸多不足。洗胃过程完全依赖人工，使用的设备简陋，不仅效率低下，还极易造成环境污染和二次中毒风险。面对这一挑战，杜宏老师没有退缩，而是勇敢地迈出了改进的步伐。

她回忆道，当时的洗胃器是一套简单的导管系统，操作过程中，含毒的洗胃液经常污染环境，对患者和医护人员都构成了潜在威胁。为了解决这一问题，杜宏老师经过反复思考和试验，提出了一个创新的想法：利用电动吸痰器的原理，将其改造成一种脚踏式电动洗胃器。这一设想得到了护士长的支持，并在老同学鲍工程师的协助下，成功地将这一想法变成了现实。

这台简易的电动洗胃器不仅提高了抢救的成功率和工作效率，还大大降低了医护人员的工作强度。更重要的是，它将洗胃过程由开放式转变为密闭式，有效避免了环境污染，保护了患者和工作人员的健康。这一创新的实践，充分展现了杜宏老师对护理工作的深刻理解和卓越能力。

随着时间的推移，杜宏老师的这一创新得到了更广泛的认可。甚至有厂家专程来到急诊室考察，对杜宏老师的专业性和创新精神表示了高度赞赏。

杜宏老师说，护理工作是一项需要不断探索和完善的事业。只有通过细心观察、勇于创新、精益求精，我们才能不断提升护理工作的质量，更好地服务患者，促进医院的发展。杜宏老师正是以她对护理工作的无限热爱和对细节的严格要求，成为我们所有护理人学习的榜样。

后记

春蚕到死丝方尽，蜡炬成灰泪始干。杜宏的奋斗岁月虽已成为过往，但她对护理工作的热爱与执着，却如同那些岁月的尘埃，永远沉淀在心间。本应安享晚年的她，心中所牵挂的依旧是那份她曾全心投入的护理事业。尽管已经淡出一线，但她对护理工作的深情与眷恋，却是她一生的荣耀与骄傲。面对询问，杜宏总是感慨万千，言语之中透露出无尽的情感与复杂的心绪。她说："感觉自己在职时工作还应该做得更好，似乎还留有遗憾。"这不仅是她对过往工作的自我反思，更是她对护理事业无尽追求的体现。在她的心中，总有一份不满足于现状的渴望，总想将工作推向更高的境界，将护理人的优秀精神传承得更远、更广。

（骆中誉 吕 军 李 静）

连病患救死扶伤
强业务英声茂实

——记山东大学齐鲁医院护理前辈李连英

“诚实 朴实 踏实，做喜欢的事，做该做的事。”

【个人简介】

李连英，出生于1947年5月23日，祖籍山东省济南市。1963年至1966年于山东医学院附属医院附设护士学校学习。1967年被分配到山东医学院附属医院工作。1967年至1976年任内科护士，1977年至1981年任内科副护士长。1982年至1991年任急诊科护士长。1992年至2000年任重症监护病房（ICU）护士长。2000年至2002年任心脏外科病房护士长。2003年至2007年于护理质控组工作。2007年5月退休。1999年加入中国共产党。1991年在北京协和医院进修。1992年参加全国重症监护学习班。

站在山巅与日月星辰对话，潜游海底和江河湖海会晤，日月既往不可追复，面对时光流逝、生命更迭，才知宇宙浩瀚、自然可畏、生命可敬。在浩瀚无穷的宇宙面前，我们只是微小的一粒沙尘，可愈是微弱，便愈有力量。志坚者，功名之柱也，登山不以艰险而止，则必臻乎峻岭矣。李连英就是这样一位从平凡中磨砺，于岁月中沉积，在日常生活中踏实肯干的护理老前辈，是她让我们看到了普通人的一生，在平凡琐碎的工作和生活中也能熠熠生辉，散发出璀璨光彩。

每一个纪念日的背后　往往是无数个日子的厚积薄发

1967 年夏天，风华正茂、青春洋溢的李连英被分配在山东医学院附属医院内科工作，年少的她来到当时山东省水平最高的医院，于群峰之上更觉长风浩荡，大有可为。面对有着十几年临床工作经验的护理老前辈们，李连英老师兢兢业业工作，踏踏实实学习。看着前辈们对患者和蔼可亲的笑容、认真严谨的工作态度、严于律己的优秀品质、渊博的业务知识和熟练的操作技术，日月逝矣，时不我与，她像一块水里的海绵，不论是在工作中还是在日常生活里，都如饥似渴地汲取着各种护理知识和临床经验。她说，不论是多么微小的投入，只要坚持做、一直做，都能筑就一道难以逾越的屏障。不积跬步无以至千里，不积小流无以成江海，这为她以后成为一名优秀的护理人才和护士长打下了坚实的基础。在漫长的护理职业生涯中，李连英时刻严格要求自己，以身作则，身先士卒，一切为患者着想，认真做好患者的各项临床护理及病情观察，及时为患者解除病痛和困难。作为管理者，她更是积极带领护理人员认真学习并精通本专业知识，熟练掌握各项护理操作和抢救技术，提高应急处理能力，及时发现患者的病情变化并配合医生及时处理。这使得李连英不论在哪个专业，她所带领的护理团队成员个个都成为本专业的优秀人才。

勇敢的人　都是在艰难日子里愿意含泪奔跑的人

众所周知，急诊室是生命的最后一道防线，面对突发的急危重症，急诊的所有工作人员全力以赴，争分夺秒，用时间和生命赛跑，为患者架起生命之桥。面对急诊室复杂的工作环境，医护人员不仅要有精湛的业务技术，更需要强大的心理素质。1982 年，李连英调至急诊科担任护士长。20 世纪 80 年代，急诊医学还处于起步阶段，医疗环境也比较简陋，李连英深知，奉献精神从来都不是与生俱来的，而是源于长年累月的修身正己。面对当时简陋的病室，仅有二十几张硬板观察床，经常因为病房床位紧张而留观患者滞留以致人满为患，她没有泄气，而是利用下班时间默默了解情况，收集数据，再因地制宜地提出解决方案。在李连英不断努力和督促下，急诊留观患者的住院条件大为改善，硬板的观察床改换为正规病床，配备了被服，增加了折叠床和被服作为加床用。这一举措改善了急诊室整体环境，大大缓解了患者躺在地板上进行救治的现象。在此基础上，她加强了急诊患者的晨晚间护理和基础护理，减少了护理并发症的发生概率。

日月不肯迟，四时相催迫，那是一个咬牙坚持奋斗才能筑梦的年代。面对急诊室医护人力不足的问题，李连英没有气馁。她身先士卒，带领护士主动学习气管插管技术；组织护士学习产科急产和新生儿的初步急救处理；为了提高心肺复苏的成功率，更是制订了胸外心脏按压和电除颤技术等一系列的培训规范。在她的带领下，急诊护士的业务和急救水平得到很大提高，面对心脏骤停的患者更是能独立完成气管插管和心肺复苏，这一举措为急诊患者赢得了宝贵的抢救时间。参天之木，必有其根，怀山之水，必有其源。在李连英的带领下，急诊科成为一支业务熟练、抢救技术精干的护理队伍，在争分夺秒的急救工作中她们跑赢了时间，提高了急诊患者的抢救成功率。而每每聊起，她总是谦逊，说自己不过是在最平凡的岗位上做最普通的工作，生命厚重，怎么全力以赴都是应该的。正是在李连英的带领下，急诊室在全省急诊工作大检查中取得了优异的成绩。1988 年急诊科正式成立，急诊急救工作愈发正规有序，并不断成长壮大，这离不开每一位恪守岗位、默默付出的医疗护理同仁们。

人生的意义在于拓展　而不是固守

1991 年，卫生部投资在全国三十家部属医院建立重症监护病房，山东大学齐鲁医院为山东省唯一中标单位。由于出色的业务水平和护理管理能力，李连英老师被抽调筹建该科室。当时国内只有北京协和医院有综合 ICU 病房，却也只有 6 张床位。由于对重症监护一无所知，医院派李连英和赵玲玲去北京学习。同年年底，卫生部委托北京协和医院举办全国重症监护学习班，召集了中标的三十家部属医院进行培训。李连英参加了培训，学习了危重症患者的监护、综合治疗的基本知识，以及呼吸机、监护仪、微量泵等仪器的操作和调试。学成归来后立即开始设计图纸对病房进行改造，着手建立了山东省首家综合 ICU 病房，她带领着科室业务骨干，面对巨大的压力、未知的困难，她们一直努力前行。所谓涓滴之水终可磨损岩石，在那些埋头苦干的日子里，她们只是默默地付出，这是新生事物必经的路途，我们把它称为“扎根”。正是她们不舍昼夜的努力，在困难中突破，在黑暗中摸索，在经验中进步，从而使重症监护这一新生事物从无到有，并不断完善壮大。她们建立健全了各种规章制度，规范了各种仪器的操作；采取各种方式组织护士进行业务学习，囊括了各种仪器的操作、异常病情的观察、根据病情进行呼吸机的调试等。这使得护士的业务水平和应急能力不断提高，塑造了一支业务过硬、技术精干的重症监护护理队伍。也正是这一支队伍，在面对重大疫情的时候，迎难而上，不惧风雨，发挥了重要的作用。

为推动山东省重症监护工作的进展，由卫生厅和护理部牵头，多次举办重症监护护理学习班，参加者为省内县级以上医院的护理业务骨干，此后他们也成为当地医院重症监护病房建立的参与者和领导者。她多次配合并参与山东省重症医学会举办的学习班，以医院为中心，发展并壮大了山东省重症医学的建设队伍。

李连英（前排左三）和同事们合影

李连英（前排左一）和同事们合影

敬佑生命，救死扶伤。我们始终相信，走过平湖烟雨，岁月山河，那些历经沧桑岁月却又怀抱温暖，在无数挫折后依然初心依旧的人，会更加生动可爱。李连英为患者点燃了生的希望。在每一次平凡护理操作的背后，都是无数个夜晚亮起的灯火，正是因为她，在无家属陪护和护工的状况下，患者也能得到很好的专科护理和生活照料。这使我们相信，每一条走上来的路都有它不得不跋涉的理由。而李连英的这条路总是伴随荆棘，却又总是随时播种，随时开花。在她的带领下，病房工作井然有序，危重病患抢救成功率大幅提高。

梧桐迎风不甘谢　数叶迎风尚有声

有了多年监护室管理经验的积累和沉淀，根据医院学科发展需要，2000年李连英被调到心脏外科担任护士长。来到新的专业领域，李连英大刀阔斧，因地制宜，首先对心脏外科监护室进行了重新布局装修，增加监护床位，使监护床位紧张的问题得到解决；增添了呼吸机、微量泵、心电多模态监护等多种先进设备，增加专业内涵，提高医疗和护理质量；创新性地引进了护理员（护工）工作制度，进一步加强了基础护理工作，同时也利于护理人员更加充分地进行病情观察和护理技术操作。通过一系列的综合管理措施，心脏外科监护室逐步规范的同时，术后并发症也大大降低。2003 年，她结束了临床护理工作被调到护理质控组，在这里学习护理质量的检查标准，包括病房管理、基础护理、消毒隔离及护理文书的书写等，也学习了护理操作和抢救技术考核的评判，对护理质量标准有了更进一步的认识。李连英更是言传身教，将自己多年的教学和管理经验毫无保留地传授给了年轻的护理人员。

后记

在面对深渊时，大多数人的第一反应是逃避，极少数人会选择直视深渊。纵然畏惧，也坚定不移，岿然不动。往往这样的人，才会引领他人向前跃进。启蒙少年时，初心依旧。李连英就是这样一位前辈，修身律己，慎终如始，时刻谨记自重自律自警自励，生如逆旅，一苇以航。

（韩　萍　吕　军　邢介霞）

杨柳娥眉佳话颂 逊志时敏挽春秋

——记山东大学齐鲁医院原护理部主任杨敏

“人生格言：勤奋、奉献、严谨、创新。”

【个人简介】

杨敏，1971 年 1 月至 1972 年 5 月为山东省建设兵团三师十三团战士。1972 年 5 月至 1974 年 7 月于山东医学院附属医院卫生学校学习，获中等教育专科学历。1986 年 9 月至 1989 年 9 月于山东医科大学护理专业学习，获高等教育专科学历。2000 年 9 月至 2003 年 7 月于泰山医学院临床医学专业学习，获本科学历。2006 年 9 月至 2009 年 7 月在北京理工大学管理专业学习，获硕士研究生学历。历任战士、护士、护士长、团委书记、党总支书记、护理部主任。

曾兼任中华护理学会理事，山东省护理学会副理事长，山东省护理质控中心副主任，山东省护理管理专业委员会主任委员，山东省医学会疼痛护理专业委员会主任委员，山东省护理教育专业委员会副主任委员，山东大学护理学院硕士生导师，山东省医学会医疗事故鉴定委员会专家，济南市医学会医疗事故鉴定委员会专家，卫生部原科研教学专家库专家等职务。

【学术成果】

在《中华护理杂志》《中国实用护理杂志》《护理学杂志》《护士进修杂志》《中国护理管理杂志》等发表论文《消毒供应中心集中式管理的实践与成效》《心理授权对护士组织承诺、离职意愿的影响》《优化静脉药物配置中心退药程序的效果研究》等30余篇。主编《护理学原理与实践》《临床实用护理与技术》《中华妇产科护理》《产科高危妊娠护理》。

【获奖荣誉】

2007年《2型糖尿病患者认知功能的临床研究及健康教育对策》成果获山东省护理优秀学术论文一等奖（首位）。2008年《恶性肿瘤放疗患者心理状况、免疫功能测定及心理干预的研究》成果获山东医学科技奖三等奖（第二位）、山东高等学校优秀科研成果三等奖（第二位）。2009年《护士情绪劳动表现策略及对医院反应性的调查研究》成果获山东科技软科学优秀成果二等奖（首位）、山东医学科技奖三等奖（首位）。荣获山东省卫生厅“山东省医院管理工作先进个人”称号。荣获山东省人事厅、山东省科协“山东省优秀科技工作者”称号并荣立三等功。荣获山东大学“优秀共产党员”，山东省卫生厅、山东省中医药管理局“全省护理工作示范标兵”等称号。2012年被省卫生厅、省科协评为山东省十大杰出护理部主任。

平凡之人　不平凡的人生

时人不识凌云木，直待凌云始道高。杨敏出生于1956年9月。1974年，她以优异的成绩毕业于山东医学院附属医院卫生学校，随后在山东医学院附属医院开启了她辉煌的临床护理生涯。她以卓越的专业技能和领导才能，从一名护士成长为护士长，再到护理部主任，同时担任了中华护理学会理事、山东省护理学会副理事长、山东省护理管理专业委员会主任委员等重要角色。

岁月流转，43年的光阴见证了杨敏对护理事业的无限热爱和执着追求。她以一颗博爱之心，将每一位患者都视为自己的亲人，用她的专业和温情，为他们带去希望和慰藉。她立志成为患者心中的爱心天使，护士心中的知心大姐，学生心中的耐心师长，同事心中的热心朋友。这不仅是她职业生涯的不懈追求，更是她人生价值的深刻诠释。

大爱无疆　生命健康的守护神

千磨万击还坚劲，任尔东西南北风。1974年，杨敏从山东医学院附属医院卫生学校毕业了，她带着一颗懵懂而又坚定的心，踏入了山东医学院附属医院，开启了她不平凡的护理生涯。当时，她只有一个简单而崇高的信念："用心干，把工作干好！"这份信念让她在护理的道路上不断钻研业务，勤奋工作，很快赢得了同事和组织的信任与赞誉。短短两年，她便成为医院最年轻的护士长。在临床护理工作中，她以产房护士的身份，尽职尽责，视产妇如亲人，安全接生了3000多名婴儿。为确保科室工作的正常运行，她连续8年春节值班，让其他护士回家团圆。她处处以身作则，吃苦在前，把成绩和名誉留给了同事，也培养了一支富有战斗力的队伍。

满眼生机转化钧，天工人巧日争新。杨敏勇于探索，解决科室护理质量问题。面对新生儿室出现的新生儿脓疱疮、新生儿红臀等问题，她逐一排查，深挖病因，从环境监测、空气培养、细菌种类等多角度分析，采取消毒隔离措施，降低了新生儿脓疱疮的发病率。她主动与药剂科制剂室联系，研制出了外用红臀膏，大大提高了婴儿红臀的治愈率。面对妊娠并发症造成产妇死亡，留下失去妈妈的新生儿，她深感痛心。她与科室的老师们合作，查阅资料，运用国内外护理知识和临床护理经验，率先在国内探索出妊娠高血压综合征、妊娠合并心脏病等高危妊娠护理配套技术，强调配合医生对产妇生产前的科学健康指导，注重产后 24 小时护理观察，发现变化及时处理。她身体力行，一贯践行这样的护理理念。1983 年，有一例 1100 g 早产儿出生后一直在暖箱内，由于吸吮吞咽发育不良，喂奶时经常出现窒息，家属就想放弃抢救了。她为了挽救生命，制订完整护理计划，坚持从预防硬皮症、肺部感染等并发症入手，精心护理喂养。十几次窒息都经她胸外按压人工呼吸，生生把患儿从病魔手中抢救了过来。正是她这种对生命的敬畏和永不放弃的精神，孩子才得以康复出院。

平凡的工作中蕴含着大爱，杨敏以自己的实际行动，践行弘扬了大爱无疆的南丁格尔精神。她的故事是对护理事业的无限热爱，对生命的至高敬畏，更是对南丁格尔精神的生动写照。

创新发展　护理事业的开拓者

惟保守也，故永旧；惟进取也，故日新。在护理这片充满挑战与机遇的领域，唯有持续的创新之光，方能照亮前行的道路。杨敏以创新的精神，引领护理服务的变革和发展，为患者带来了实实在在的福祉。

开创之举，温暖患者心房。2002 年，杨敏以一颗匠心独运之心，在省内护理领域开创性地成立了首个造口患者联谊会，培养了医院首位伤口造口专业护士（ET 师），并开设了伤口造口门诊，为造口、压力性损伤患者带去了温暖的阳光。2004 年，她又在院领导的大力支持下，建立了山东省首个静脉药物集中配置中心，如同守护神一般，解决了用药安全、抗生素合理使用和护士职业防护等关键问题。她还率先开设了山东省首个“糖尿病健康教育门诊”，由糖尿病专科护士提供个性化的教育服务，为糖尿病患者点亮了自我管理的明灯，提升了他们的生活质量，充分展现了护士的专业特色和社会价值。

优质护理，提升服务艺术。杨敏在本院建立了“优质护理服务示范病房”，她将患者的需求放在首位，强化了基础护理，改革了工作模式和排班模式，完善了护理质量体系，深化了护理专业内涵，整体提升了护理服务的艺术性与专业性。她对全院护士实施绩效考核，充分体现了“多劳多得”的按劳分配原则，使全院护理实现了“同工同酬”，显著提高了护士的奖金水平，激发了临床一线护士的工作热情与创造力，凝聚了人心、汇聚了力量，为医患关系和护患关系的和谐谱写了一曲动人的乐章。

勇于担当，展现专业风采。在 5・12 汶川地震、SARS（严重急性呼吸综合征）等重大突发事件中，杨敏带领齐鲁医院护理团队，如同勇敢的战士，不负重托、不畏艰难、勇挑重担，圆满完成了任务。她的辛勤工作和卓越贡献赢得了众多荣誉：她带领的团队先后获得青年文明号病房 12 个，山东省护理技术比赛一等奖等集体荣誉；她个人荣获“山东省优秀科技工作者”称号，并荣立三等功；获评山东省医院管理先进个人，山东大学优秀共产党员，2004 年荣获山东大学抗击非典先进个人，2012 年被评为“山东省十大杰出护理部主任”。杨敏主任如同璀璨的星辰，照亮了齐鲁护理事业的天空。

诲人不倦　甘做护理后生的引路人

在护理的田野上，杨敏如同一位辛勤的园丁，她不仅播撒知识的种子，更以满腔的热情和无尽的耐心，灌溉着这片充满生机的土地。她的足迹遍布山东大学的每一个角落。从专科护士培训基地的建立，到山东大学护理学科与护理专业的建设发展，每一步都凝聚着她的心血和智慧。作为骨干力量，她为山东大学护理一级学科博士点以及博士后流动站建设作出了突出贡献。

她不仅是护理学科的建设者，更是那座连接理论与实践、过去与未来的桥梁，让护理学的光芒照亮了更多人的道路。在她的笔下，30 余篇优秀论文如同璀璨的星辰，照亮了护理学的天空；4 部书籍则如同坚实的灯塔，指引着护理学子们前行的方向。她所承担的课题，如同她手中的画笔，一笔一画勾勒出护理学科的宏伟蓝图。

2005 年，她被赋予了护理学硕士研究生导师的重任，成为山东省首位临床护理硕士生导师。在她的指导下，19 名护理研究生如同初升的太阳，照亮了护理学科的未来，为全省的护理事业蓬勃发展作出了突出贡献。她不仅是她们的引路人，更是她们心中的灯塔，照亮了她们前进的道路。

2014 年，杨敏（左三）与毕业的硕士研究生合影

竞争上岗　建立护理科学管理制度

在医院改革的宏伟画卷上，人事制度的革新无疑是那一抹最亮丽的色彩。在医院党委的引领和支持下，2002 年，杨敏建立了齐鲁医院护理管理岗位的竞争机制。这一机制如同一盏明灯，照亮了选拔和培养护理管理人才之路。它不仅是医院改革中的一次大胆尝试，更是每一位护士生命中的一次重要转折点。在这场没有硝烟的战斗中，护士们以自己的才华和智慧，展现着自身的价值，如同璀璨的星辰，在竞争的夜空中熠熠生辉。这样的竞争不仅激发了护士们的进取心，更增强了医院的凝聚力，如同一股股清泉，汇聚成江河，推动医院向着更加团结、更加奋进的方向前进。在竞争上岗的春风中，齐鲁医院的护理事业如同破土而出的幼苗，茁壮成长，展现出勃勃生机。护理管理队伍的管理水平也在这场改革的洗礼中得到了质的飞跃，如同凤凰涅槃，浴火重生。

2012 年，杨敏（左三）荣获“山东省十大杰出护理部主任”荣誉称号

2019 年，杨敏在山东省第三次护患安全管理学术会议上发言

后记

在岁月的长河中，杨敏以其四十三年如一日的坚守和奉献，为齐鲁医院的护理事业倾注了无尽的心血和汗水。她不仅改革了护理工作模式，更在优质护理服务和科学管理的征途上，留下了深刻的足迹。她以开拓者的姿态，拓展了护理服务的疆域，填补了省内护理领域的空白，建立了一套相对完善的护理体系。杨敏对护理研究和教育十分重视，为山东大学护理学科与专业的发展作出了不可磨灭的贡献。

“护理工作琐碎而繁忙，非常辛苦。”杨敏总是这样语重心长地说，“我希望社会各界能够更多地关心和支持护理工作者。”她认为，护理学作为一门一级学科，在临床、教学和科研中有着无限的发展潜力，应该继续提高护理学科的地位，积极发挥护士的专业技能和专科特色，充分体现护士的社会价值。

杨敏退休后始终关注着齐鲁医院护理事业的发展。看到医院在各个方面飞速发展，领导对护理工作的重视、关心和支持，护理队伍在曹主任的带领下不断壮大，优质护理服务的内涵不断深化，护理事业迎来了跨越式、创新性的发展，她感到无比的喜悦和欣慰。她殷切地希望齐鲁护理人能够时刻铭记“惟勤惟谨　务精务诚　向善向爱　求实求新”的护理精神，期望齐鲁护理能够走在世界的前列，广泛弘扬“博施济众，广智求真”的齐鲁精神，让护理的光芒照亮每一个角落，温暖每一颗心。

（曹英娟　张海先）

志洁行芳多善事 君子养心莫于诚

——记山东大学齐鲁医院护理前辈王志君

“树责任为旗，立奉献为帜。”

【个人简介】

王志君，出生于1952年9月，祖籍河北省，后定居于沈阳市。1971年7月参加工作，毕业于山东建设兵团二师卫生院培训班。1972年被分配到原山东建设兵团二师医院担任护士。1974年至1976年7月在山东医学院附属医院卫生学校进修。1976年至2001年于眼科病房任护士、副护士长、护士长。2001年至2002年于眼科门诊任护士长。2005年至2007年调教育处，分管内科教研室工作至退休。1973年7月加入中国共产党。1988年至1991年于山东省成人教育专业证书班学习毕业。1996年至1999年于山东党校干部业余班毕业。1990年至2000年任山东省五官科护理专业委员会秘书、眼科支部组织委员。

【学术成果】

参与编写《医院护理管理与临床实践》《各科疾病护理常规及技术操作规程》《临床实用护理的操作规程》等。

生命之花在困境中绽放

即使在今天，王志君的传奇故事依旧笼罩着一层神秘的面纱，未曾完全揭开。在与这位令人尊敬的前辈交流时，我们不禁被她那博大的爱心和无私的精神深深触动，仿佛被无形的力量吸引，穿越时空，回到了那个波澜壮阔的年代。我们怀着崇敬的心情，回顾王志君那辉煌的历程，她的护理理念至今仍闪耀着时代的光芒，历久弥新。在我们眼中，王志君就像汪洋大海下的冰山，蕴藏着无尽的智慧和财富，等待着我们去探索和学习。

1971 年 7 月，正值青春年华的王志君毅然决然地投身于祖国的建设大潮中。她有幸在山东建设兵团二师卫生院接受培训，与志同道合的伙伴们共同学习，共同进步。在那个艰苦的岁月里，王志君似乎忘记了自己还只是一个不到 20 岁的少女，她以坚韧不拔的意志和不懈的努力，不仅在知识的海洋中获得了丰硕的成果，更在精神和意志上实现了自我超越。老前辈曾说，那些年的奋斗就像脚下的砖石，是她亲手一块块堆砌，用汗水和毅力牢牢黏合的，坚不可摧。

经过近一年的奋斗，王志君在 1972 年终于实现了自己的梦想，被分配到原山东建设兵团二师医院，成为一名她一生奉献并为之自豪的护士。在山东建设兵团二师医院的护士生涯中，她获得了前所未有的成就感，也获得了源源不断的信心和动力。每当我们翻阅王志君的手信，那股自豪和激动之情

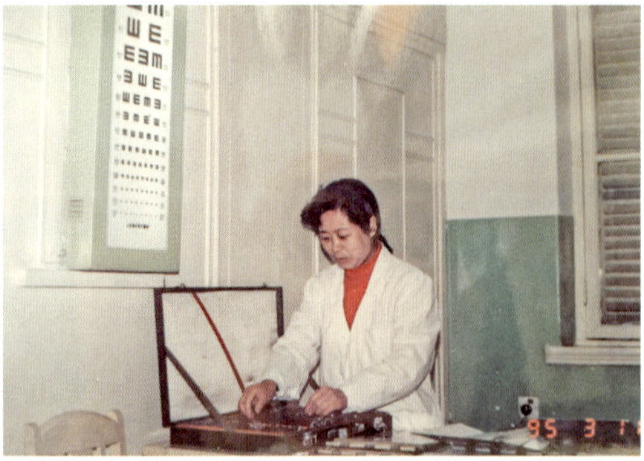

1995 年，王志君在病房验光室整理镜片

仍跃然纸上，仿佛能感受到老前辈当年突破自我、茁壮成长的喜悦。

1976 年，凭借出色的能力和不懈的努力，王志君被分配到山东医学院附属医院工作，并有幸参与医务处的抗震救灾工作。这段经历不仅激发了她深厚的爱国情怀，更坚定了她无私奉献的精神。从此，王志君老前辈得以将她的才华和热情充分展现。抗震救灾之后，她被分配到眼科病房。在这里，她从护士到副护士长，再到护士长的身份，不断攀登职业的高峰。没有人能够完全了解老前辈付出了多少辛勤的汗水，她那充满热情和毅力的眼神是我们终身学习和感悟的宝贵财富。

2001 年，王志君以其在岗位上的辛勤付出、无私奉献和卓越才能，再次被赋予了新的使命——担任眼科门诊的护士长。她深情地表示，眼科不仅是她工作的地方，更是她的家、她的生命、她的根。在她的话语中，我们可以感受到她对眼科事业的深厚情感。她眼中闪烁的光芒，仿佛凝聚了眼科护理发展的全部历程。

2005 年，王志君结束了她辉煌的临床生涯，被调往教育处，担任内科教研室的管理工作，直至 2007 年光荣退休。她是眼科护理发展的见证者和推动者，她的付出和努力不仅赢得了护理行业的广泛认可，更在无数患者和同行心中留下了不可磨灭的印记。

书痴者文必工　艺痴者技必良

“工欲善其事，必先利其器。”这句古训在王志君的身上得到了生动的体现。她知道，要想在专业领域内取得卓越成就，必须不断充实自己的专业

1995 年，王志君（前排中间）与眼科护士在病房合影

技能和知识。1974 年，王志君毅然决然地踏上了求学之路，前往山东医学院附属医院卫生学校深造，开始了她专业技能的充实之旅。两年后，1976 年 7 月，她以优异的成绩毕业，获得了专业证书。从学校步入社会，对于许多人来说或许只是一步之遥，但要从繁忙的社会生活中重返校园，却需要付出难以想象的努力和毅力，克服来自自身和外界的种种压力。然而，王志君不仅做到了，而且以卓越的表现完成了学业任务。正是这份不懈的努力和坚持，让她得以在山东医学院附属医院开启她传奇般的职业生涯。王志君曾深情地说，她的护理生涯在山东建设兵团启蒙，于山东医学院附属医院卫生学校生根发芽，最终在山东医学院附属医院绽放光彩。这一切的成就，都源于她对知识不懈的追求和对学习持之以恒的坚持。

“磨刀不误砍柴工。”王志君深知这一智慧谚语所包含的真谛。1988 年，她听从内心的呼唤，毅然参加了山东省成人教育专业证书班的学习。在繁忙的工作之余，她牺牲了宝贵的休息时间，全身心投入培训中，以弥补自身的不足，提升自己的专业能力。她的目标明确而坚定：不仅要适应日益增长的工作压力，而且要以更强大的能力，将工作做到尽善尽美，实现自我价值，践行自己的承诺与梦想。为此，她全力以赴，不断进取。1991 年，随着学习班的圆满结束，王志君的辛勤付出终于结出了丰硕的果实。她的能力得到了广泛的认可，所有的努力和牺牲都转化为了实实在在的成就。她的职业生涯就像一棵枝繁叶茂的大树，结出了累累硕果。王志君的人生就像一朵永远向着阳光生长的向日葵，无论遇到何种困难和挑战，她总能保持积极向上的姿态，不断追求光明和希望。

人生在勤　不索何获

1996年，为响应医院的号召，王志君前往山东省党校干部业余班深造，以更高的标准和更广阔的视野，迈出了她人生中的重要一步，攀登至事业的巅峰。1999年，学成归来的她，带着满腔的热忱和丰富的知识，重返临床岗位，大展宏图，将她的所学、所感、所悟无私地倾囊相授。在她看来，个人的力量虽有限，但汇聚起来却能推动整个护理行业的发展。她不仅关注自身的成长，更寄希望于年轻护理人才的培养和行业整体的进步。她期盼着年轻一代能够以满腔的热情和专业精神，将护理事业推向一个新的高度。

任职期间，王志君共发表了20余篇学术论文，参与编写了多部专业著作，为后来人留下了丰富的宝藏，在汪洋的知识大海上留下明灯，指引着我们的前进之路。然而，面对如此巨大的贡献，王志君却谦虚地自嘲，认为自己不过是海洋中的一滴水，海面上的一朵小浪花，不敢与深海的暗流相提并论。她的自嘲更让我们深刻感受到她那不求名利、只求奉献的高尚精神。王志君的内心纯净而透明，即使在古稀之年，她对护理事业的热爱和献身精神依旧不减。她就像太阳一样，那炽热的光芒不仅照亮了我们的眼睛，更温暖了我们的心灵，激励着我们在护理的道路上不断前行，永不停歇。

不要人夸好颜色　只留清气满乾坤

在历史的长河中，有些英雄的事迹如同璀璨的星辰，永远照亮和激励后人。1976年，正值青春年华的王志君，刚刚完成了在山东医学院附属医院卫生学校的学业，便被命运之手推向了人生的第一次大考——唐山大地震。面对这场突如其来的灾难，王志君没有犹豫，没有退缩，她毅然决然地投身于抗震救灾的第一线，与一群热血沸腾的爱国志士并肩作战。当谈到面对余震不断、危险重重的威胁时，王志君的话语铿锵有力：“我要是害怕就不去了，去了哪还有心思害怕！”这话语透露出她坚定的意志和无畏的勇气，她将所有的心思和精力都投入救助伤者的伟大事业中。1978 年，王志君再次展现了她的大爱无疆。她自愿加入医院的医疗队，在半年的时间里，她的足迹遍布了无数的灾区，从死神手中夺回了无数条生命。她的事迹如同繁星点点，数不胜数，但在她口中，这些只是她应尽的职责，微不足道。2003 年，非典疫情肆虐，王志君再次挺身而出，不顾个人安危，在隔离病房中坚守了三个多月。面对病魔，她镇定自若，展现出了医者的大爱和奉献精神。她的勇敢和坚持，成为抗击疫情的坚强后盾。

2003 年，王志君在隔离门诊留念

岁月流转，王志君虽然已经退休多年，但她的精神和影响力从未减退。每年都有患者和家属前来探望，感激之情溢于言表。王志君的无私和大爱换来了人们的尊重和爱戴，她的名字和事迹成为护理事业的传奇。

后记

在护理事业的光辉历程中，每一位前辈都是一盏明灯，照亮了我们前行的道路。她们以满腔的热情和无私的奉献，诠释了“有一份热，发一份光”的崇高理念。在她们看来，付出是理所当然，是生命中不可或缺的一部分，她们的生活就是对这一信条最深刻的践行。退休并不意味着她们的贡献就此结束。老前辈们的光辉岁月如同璀璨的星辰，永远闪耀在我们的记忆之中。她们的经验、智慧和精神是护理事业宝贵的财富，激励着我们不断前行。如今，她们最开心的事莫过于看到我们的成长和进步，因为这代表着她们所珍视和牵挂的护理事业正在蓬勃发展。我们将怀着对护理事业无比的热爱和坚定的信念，将南丁格尔精神继续传承下去，用我们的双手和智慧为人类的健康和福祉贡献毕生的力量。

（骆中誉　吕　军　李　静）

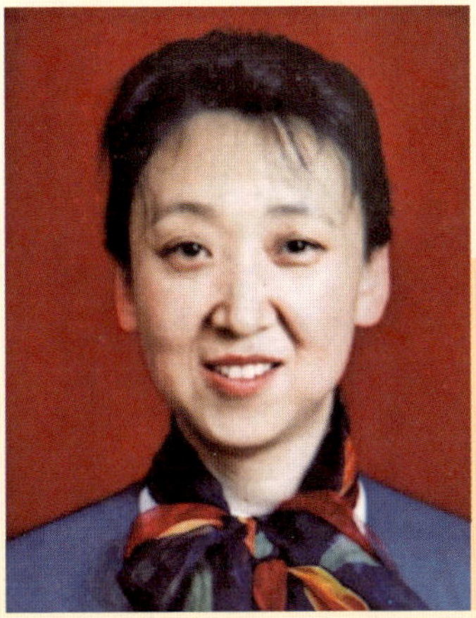

诚意正心即致远
和风润物起青萍

——记山东大学齐鲁医院护理前辈刘远萍

"踏踏实实做人，认认真真做事。"

【个人简介】

刘远萍（1956年至2023年），出生于1956年1月25日，祖籍山东省荣成市镆铘岛刘庄。1975年7月毕业于山东医学院附属医院卫生学校，被分配到山东医学院附属医院。1975年至1992年任护士。1993年至2002年任干部保健门诊护士长，2003年至2013年任干部保健科科护士长。2013年至2016年于医院保健办公室工作。2016年退休。1993年4月加入中国共产党。

2002年参加山东省第一期保健护理培训班。2003年参加全国干部保健专业培训班。2004年参加全国干部保健专业培训班。2004年参加山东省第二期保健护理培训班。2005年参加中国老年保健医学研究会第十二届全国老年保健医学培训班。2006年赴北京医院、301医院学习。2007年参加全国心血管疾病中西医诊疗新技术高级培训班。2007 年参加山东省第四期保健护理培训班。2010 年参加山东省护理学会老年病护理新观念、新技术学习班。2013 年参加全国肺血管病进展学习班。

曾任山东省微量元素科学研究会理事，山东省心功能研究会理事，山东省老年护理专业委员会副主任委员。

【学术成果】

曾在《现代医疗器械与临床应用杂志》《实用护理杂志》《齐鲁护理杂志》等杂志发表科技论文《运用体外反搏技术治疗老年失眠症初步探讨》《老年人习惯性便秘的饮食护理及防治》《老年糖尿病患者治疗与护理中应注意的事项》等 40 余篇。

参与编写《实用护理与技术》。

【获奖荣誉】

《实用护理与技术》获山东省教委三等奖。储压喷瓶获国家实用新型专利。《脑血管疾病常见病——椎－基底动脉系统缺血防治及护理》获第九届全国十佳科普期刊优秀作品二等奖。曾获医院先进工作者（四次）、优秀共青团员、防非典先进个人、十佳护士、山东省卫生厅保健工作先进个人（四次）等荣誉，荣立二等功一次、三等功二次。

人间天使

时光荏苒，春回大地，万物复苏，一切美好似乎在瞬间绽放，又在不经意间悄然消逝。她宛如人间的天使，平凡而伟大，以她那璀璨的光芒照亮了周围的世界。

1975年7月，刘远萍以卓越的成绩毕业于山东医学院附属医院卫生学校，随后被分配至山东医学院附属医院工作，成为一名光荣的白衣天使。她先后在神经内科、手术室、内科内分泌病房、保健病房工作，通过不断学习和成长，积累了丰富的医疗经验。

为了改善农村的医疗条件，响应党中央的号召，1976年10月，山东省委组织干部下乡支援农村工作。刘远萍毫不犹豫地在医院报名参加，被派往齐河县华店公社张博士村，担任为期一年的农村医疗工作。在那里，她不仅负责全村的合作医疗工作，还积极参与妇女工作和生产队的日常工作。她深入田间地头，与村民们建立了深厚的友谊，用实际行动赢得了群众的信任和尊敬。她真抓实干，为群众解决了一个又一个实际问题，做了许多实实在在的好事。她的努力和付出得到了广泛的认可，在年底被评为医院先进工作者和优秀共青团员。

保健工作，细微之处见匠心

1977年10月，刘远萍结束了在农村的医疗工作，回到医院，被调至干部保健门诊，开启了新的职业征程。为了进一步巩固自己的专业基础，从1981年到1983年，她在二南心脏内科和三南消化泌尿内科病房工作了两年。1984年1月，她被派往医院在山东省政府设立的保健室，负责省级领导的日常保健工作。

刘远萍以高度的责任感和专业精神，每天主动巡诊，确保医疗服务的及时性和准确性。她从未出现过误诊或漏诊，赢得了大家的亲近和信任。20多年来，她对每位领导的身体状况都了如指掌，协调医护人员实施及时、主动、不间断的医疗保健，赢得了大家的普遍赞誉。她经常加班加点，没有节假日，曾连续三个春节放弃了与家人团聚的机会，坚守岗位，为患糖尿病的领导注射胰岛素。她的这种强烈的事业心和使命感，得到了省级领导的高度赞扬，被誉为“生命的守护神”。

1993年，刘远萍担任干部保健门诊护士长，2003年因工作突出担任干部保健科科护士长。干部保健科承担着全省6000余名领导干部的医疗保健任务，工作性质特殊，责任重大。她对老年人有深厚的感情，遇到行动不便的老年人总是主动搀扶，指导就医，帮助划价取药。她的高尚医德、良好人品、热情周到的服务和勤勤恳恳的工作精神，感动了许多常年在此就诊的老年人，他们将她视为亲人。

干部保健科还承担着国家领导人及外国元首来我省视察的外出保健任务和省内大型会议的保健任务。每次接到任务时，刘远萍都认真组织协调，对所需携带的医疗器械、药品反复检查清点，防止遗漏，并多次承担了多位国家领导人来鲁视察的随行保健任务。在执行任务时，她沉着果断，协调有序，业务技术精湛，与有关人员密切配合，多次圆满完成任务。

2006年春节，刘远萍本打算去看望病重昏迷不醒正在医院抢救的婆婆，突然接到保健任务，她毅然放弃了回家看望病危亲人的机会，主动承担并圆满完成。她根据自己多年来无数次担负外出保健任务的亲身经历，写下了《外出随行保健应该注意的几个重要事项》，在山东省保健骨干培训班上演讲，受到与会人员的高度赞扬。

身为保健科科护士长，她处处严格要求自己，以身作则，率先垂范，注意协调好保健门诊与保健病房、医生与护理人员、医护与患者及家属的关系，多次化解医患纠纷，并协助科主任做了大量科室管理工作。她每天第一个到岗，最后一个离开，遇到危重患者总是积极参与抢救，多次挽救过危重患者的生命。她努力做好"传帮带"，以高尚的人格魅力带动科室护士认真学习时事政治、学习业务知识，不断提高护理人员的思想觉悟和护理水平。

为了提高服务质量，方便保健患者就医，干部保健科又陆续开设了口腔科、眼科、糖尿病科、神经内科、消化科、呼吸科、中医科等专业门诊，引进了许多大型医疗检查设备。为了让护理人员尽快掌握各科相关知识，刘远萍及时组织护理人员认真学习，虚心请教医生及技术人员，查阅有关资料和书籍，使护理人员在短时间内掌握了仪器的操作使用及维护方法，保障了专业科室的开诊，极大地提高了保健科的医疗质量。

随着年龄的增长，一些慢性病已给她带来不适，可她从未耽误工作。一次夜间突发颈椎病造成椎动脉供血不足，出现头晕恶心的症状，早上吃了药她就带病来到门诊继续工作。她的这种拼搏精神激励着年轻护士。她作为护士长对护士爱护有加，许多年轻的护士正在读夜大和自考，为了不耽误她们的学习考试，在排班时总是与她们协商，做到工作学习两不误，使她们顺利毕业。科室工作人员或家里亲人病了，她都会关心、慰问，安排好休息治疗，使她们感受到科室大家庭的温暖，以更大的热情投入工作。在她的带动下，大家相互关心，互相帮助，以工作为重，从不计较个人得失，形成了良好的工作氛围，使干部保健科成为一个战斗的集体，多次被医院评为先进科室。刘远萍用自己的行动诠释了“保健工作细微之处见匠心”的深刻内涵，她不仅是医疗保健领域的佼佼者，更是我们心中永远的美丽天使。

学术深耕与生活哲思

在繁忙的工作之余，刘远萍并未停歇，她以笔为刀剑，以文字为载体，认真总结自己的工作经验，撰写了40余篇学术论文，这些成果在多家专业杂志上发表，展现了她深厚的专业素养和不懈的学术追求。除了专业论文，刘远萍还以笔触细腻、情感真挚的散文，记录和传达了对生活的感悟和思考。《写在母亲节》《工作着是幸福的》《没有硝烟的战场》《一分耕耘，一分收获》《秋的遐思》等作品，不仅彰显了人性的真善美，更传递了积极向上的人生态度。她的文字如同春风化雨，润物无声，给人以启迪和力量。刘远萍没有惊天动地的壮举，她的言行朴实无华，始终如一。她以认真做事、踏实做人的行动，默默地诠释着一名共产党员的誓言。她无私奉献的精神和昂扬向上的活力，深深感动着干部保健科全体医护人员，激励着大家心往一处想，劲往一处使，共同前进。

刘远萍老师（第一排左五）2010年参加山东省护理学会老年病护理新理念、新技术学习班合影

刘远萍老师生活照

后记

刘远萍老师的一生，时刻牢记党全心全意为人民服务的宗旨，牢固树立无私奉献的思想，深深地热爱护理事业，以高度的责任心、强烈的使命感、精湛的业务技术、顽强拼搏的精神，在平凡的工作岗位上彰显了崇高的思想品德和职业道德。她把“为他人活着”作为毕生的座右铭，办事情、处理问题总是站在别人的角度考虑，而她又最不愿意麻烦别人。她的人格魅力影响和感动着身边的人。她数十年如一日，始终把对党、对父母的感恩之心用在日常工作中，视患者如亲人，急患者之所急，帮患者之所需，做到服务细致周到、真实，用朴实无华、始终如一的真情温暖人心，深受患者及家属的信赖和尊敬。虽然刘远萍老师已经离我们远去，但她的敬业精神永远是我们心中不灭的灯塔。

（曹英娟　王清燕　邢介霞）

夙夜思绪常在公 护理生涯当撷英

——记山东大学齐鲁医院护理前辈郭公英

“人的最高品质之一，是对真理的追求，并为之奋斗。”

【个人简介】

郭公英，出生于1951年8月12日，籍贯山东省日照市。1968年至1970年下乡知青。1970年至1972年在眼科、口腔科工作。1972年至1975年在普外科病房工作。1975年至1977年在小儿外科病房工作。1977年至1978年在普外科病房工作。1978年至1990年在骨外科病房工作。1990年至1992年在外科门诊工作。1992年至2005年任骨外科病房护士长。2005年至2006年在医保办工作。2006年10月退休。

1979年在山东医学院附属医院卫生学校学习2年，获中等教育专科学历。1988年在山东医科大学护理系成人高等教育护理专业学习2年，获高等教育专科学历。参加数次培训班学习，报培训班学习英语与日语。

【学术成果】

参与编写《常见骨科伤病300问》《临床实用护理与技术》《实用护理学》《骨科疾病护理常规与技术操作规程》。

【获奖荣誉】

《老年期创伤骨折的护理》获山东省第二届优秀学术成果奖二等奖。《带肌蒂髌骨重建股骨髁康复护理》获山东省自然科协三等奖。多次被评为院级优秀护士、院级先进工作者。1995年被评为山东医科大学附属医院文明职工。2001年被评为山东大学齐鲁医院优秀护士长。

下乡巡回医疗受益良多

时光荏苒，岁月如梭，转眼间，30多年的光阴悄然流逝。从1970年踏入医院的大门，到2006年10月退休，郭公英的人生日历已经翻过了30多页精彩纷呈的篇章。回首那段护士生涯，她心中充满了无尽的感慨与怀念。时间是位慷慨的赠予者，赋予了前辈丰富的人生体验和成长。

郭公英是1968年的下乡知青，在返城后被分配到山东医学院附属医院——如今的齐鲁医院工作。她首先在山东省人民医院接受集中培训，随后来到了山东医学院附属医院，并在山东医学院附属医院卫生学校接受了专业的培训。经过系统的学习，郭公英加入了医院的下乡巡回医疗队，队伍由来自各科室的医生、教授、护士、检验人员以及药房药师组成，全队共计70余人。大家来到了莘县俎店医院，受到了俎店医院职工以及当地乡亲们的热情欢迎。他们的热情深深触动了郭公英，让她暗下决心，要全力以赴，以救死扶伤为己任，为乡亲们带去健康与希望。在巡回医疗队的日子里，郭公英老师在各科轮转，得到了专业老师的悉心指导。在他们的教导下，她迅速掌握了各专业的理论知识和操作技能，学会了开处方、针灸等临床技能，为日后的护理工作打下了坚实的基础。她不畏风沙，穿梭在乡间的小路上，为乡亲们进行诊疗，送去药品。在这一过程中，她也亲眼见证了专家们的敬业精神和对生命的尊重，同时深刻体会到了贫困地区乡亲们的艰难生活。他们的双手粗糙，眼中充满了对健康的渴望。每当郭公英与他们握手，感受到他们含泪的感激时，内心都充满了力量和决心。她告诉自己，必须不断努力，成为一名真正的白衣战士，为更多的乡亲们带去健康和希望。

在温暖和感动中成长

三个月的巡回医疗结束了，郭公英如期回到了医院，正式开始了临床护理工作。她被分配到了眼科、口腔科病房。由于当时医院的各个医疗梯队都缺人，郭老师除了进行护理知识学习和护理技术操作外，还要时常和手术医生上台担任手术助手，跟着做过青光眼、白内障、上颌骨切除等手术。印象深刻的一次是上手术台时发生了晕台。当时早晨没来得及吃早餐，可能是手术紧张，发生了低血糖，她一下子就晕倒在手术台下面。这可把手术医生吓坏了，大家七手八脚地把她抬到床上，有人给拿糖吃，有人建立静脉通道静推高渗糖。带教老师拉着她的手，嘘寒问暖，让郭公英感动至极。可爱可亲的各位带教老师还教会了她进行球结膜下注射、小伤口的清理和缝合，让她成就感满满。

每天早交班时都有教授进行讲课培训，工作期间遇到特殊案例或问题时老师们会随时进行讲解，使郭公英受益匪浅。那时的她就像吸水的海绵，如饥似渴地学习，天天在病房里跟着医生学习，回宿舍后认真查看专业书籍，科室里的每位医生、护士都认真耐心地教她。她了解并掌握了眼科、口腔科常见疾病的临床表现与简单的治疗原则。郭公英说，那时候医护、医患关系特别融洽，大家都成了特别好的朋友，一起包饺子，其乐融融，真的怀念那时年轻纯真的同事，怀念那个大家共同成长的年代。

1972 年，郭公英（前排左一）和同事们合影

1972 年，郭公英在心、胸、泌尿外科工作，临床护理工作十分繁忙，但是忙碌并快乐着，所有的开心快乐都源于自己的努力付出、患者的认可与鼓励。每逢节假日，在护士长的带领下，全体医护人员自发去为患者表演节目，给患者送去快乐，减轻患者的痛苦，促进患者尽早康复。年轻的郭公英负责每周更换一次黑板报，介绍一些常见病的科普知识，引来同事和患者们的驻足。自己的付出得到同事们和患者的认可，使她的工作充满了更大的动力。这是她最开心快乐的一段时光。1974 年至 1992 年，郭公英分别辗转了普外科、骨外科、小儿外科、外科门诊，积累了各科室各专业疾病的理论知识和操作技能，极大地丰富了临床的护理经验。

营造团结向上的科室氛围

1992 年，郭公英回到骨外科病房担任护士长。骨外科具有创伤急症患者多、牵引内外固定患者多、截瘫卧床不能自理患者多等特点。患者饮食、排泄等都在床上，很容易发生压力性损伤、坠积性肺炎、深静脉血栓等并发症，危及患者的生命，各项护理技术操作难度高。当时护理人员人力资源严重不足，部分患者尚不配合。为了减轻患者的痛苦，避免各种并发症的发生，她根据骨科病房的特点，以患者为中心，建立完善了骨科疾病的各项规章制度和专项护理技术操作流程；创新了 24 小时五次床头交接班制度，严格检查卧床患者的皮肤，按摩受压部位皮肤，帮助患者改变体位，帮助患者咳嗽咳痰等；大胆管理，严格要求，从而杜绝了各项医疗护理差错事故和不良事件的发生；要求各班护士，尤其是责任护士，深入病房，仔细观察患者情况，严格执行查对制度，认真完成各项护理技术操作，掌握患者的病情变化，了解患者的思想变化以及各项需求，做好相应的心理护理。那时骨科年轻人多，患者中年轻人占比较大，急症患者多，突发受伤的患者情绪易激动，工作中医护之间、医患之间、护患之间发生摩擦的概率较其他科室明显增加。郭公英老师自从担任科室护士长以来，为了做好科室工作，减少和避免矛盾发生，提前将各项工作考虑周到，及时了解同事们的需求，及早做好相应处理。比如经常更换医护休息室的床单被套并保持清洁，及时更换夏季和冬季的被褥等。无论是同事之间的矛盾，还是同事们的家中事情，均能够及时热心帮助解决，创建骨科团结一心的科室氛围。每逢节假日，全科医护人员一起欢歌载舞，热闹非凡，激发了科室人员的集体荣誉感，增强了科室的凝聚力，全科气象焕然一新。

无须扬鞭自奋蹄

随着医疗技术的飞速发展，骨科新技术新手术的不断开展，手术日趋复杂，难度增大，围手术期的护理难度明显增加。为了提高护理质量，适应不断发展的医疗护理需求，郭公英带领全科护理人员认真向手术医生请教学习，不断克服困难，以保证各种新手术的顺利护理。日常工作中鼓励科室人员积极钻研专业理论知识，积极撰写护理科研论文，带头撰写各项骨科相关护理论文 60 余篇，其中核心期刊 30 余篇，在科室里形成了一股争抢写学术论文的风气。每年都有数篇论文在全省或全国护理学术论文大会上交流，并有数篇刊登在核心期刊和护理杂志上。

在工作中，郭公英认真带教，严格要求，认真备课讲课，指导年轻护理人员认真完成各项护理技术操作。她还承担了山东医学院护理系本科生的课堂授课，以及临床护理系本科、大专、中专、实习生、见习生、进修人员的临床带教、理论授课与教学查房，受到了师生的一致好评。

郭公英非常热爱所从事的天使般的护理事业，工作认真负责，积极主动，受到同事们和患者的多次表扬与好评，数年年度考核均为优秀，多次被评为先进工作者、文明职工、优秀护士长。

2006年光荣退休后，她积极参加离退休老干部处组织的各项文体活动。如每年的职工运动会等，她还参加山东省卫生厅组织的全省文艺汇演比赛，数次获得一等奖、二等奖、三等奖的好成绩，为医院赢得了荣誉。对于社区活动，她也积极参与其中，参加了数次济南市、历下区、市中区、电视台举办的各种比赛，均斩获一等奖。

后记

在岁月的长河中，郭公英走过了30多年的护理之路，这是她人生中一段宝贵的成长与收获之旅。在这段旅程中，领导的关怀如同春风化雨，同事间的友谊如同冬日里的暖阳，患者与家属的支持与配合更是她前行道路上的坚实后盾。这些宝贵的记忆如同烙印一般，深深地刻在郭老师的心中。郭老师一再提起，要感谢齐鲁医院，是医院培养了她，让她在医护的道路上不断成长。同时，她也要向一代又一代的齐鲁医院人致敬，是她们的不懈努力与拼搏，铸就了医院的辉煌。大家秉承着“医道从德　术业求精”的理念，不断追求卓越，以精湛的医术和高尚的医德服务每一位患者。展望未来，衷心祝愿我们的齐鲁医院能够继续蓬勃发展，迎来更加辉煌的明天。

（曹英娟　吕孝娜）

洒向齐鲁都是爱 寸心许家亦许国

——记山东大学齐鲁医院护理前辈宁爱国

"一枝独秀不是春，百花齐放春满园。"

【个人简介】

宁爱国，出生于1951年3月1日，祖籍山东省青岛市即墨市（现为即墨区）。1974年7月毕业于山东医学院附属医院附设护士学校，分配至山东医学院附属医院。1974年7月至1975年3月在注射室工作。1975年4月在急诊科工作，1976年担任急诊科副护士长——成为医院最年轻的护士长。1976年9月加入中国共产党，成为一名光荣的共产党员。1978年至1999年任护士长，其间在供应室、普外科病房、小儿内科病房、小儿外科病房工作，脱产半年学习英语口语。1990年通过非脱产学习获得成人高等教育专科证书。1999年任外科门诊护士长。2000年至2011年任妇产科门诊护士长，直至2011年5月退休。

1979年在山东医学院附属医院A超室学习1个月。1980年参加全省护士长专业学习班 3 个月。1984 年至 1986 年参加电视节目《医用英语》，业余学习 2 年。1986 年参加出国医疗队脱产学习英语口语 6 个月。1987 年参加心电图操作与诊断学习 1 个月。1988 年至 1990 年参加高等教育专业学习 2 年。

曾任山东省儿科学会秘书。

【学术成果】

曾在《现代护理杂志》《山东医药》《河北护理杂志》《齐鲁护理杂志》《当代外科》《现代妇产科进展》等杂志发表论文 20 余篇，包括《青霉素假阳性干扰因素的探讨》《外伤肝破裂休克患儿的监护体会》《肠浆肌层膀胱扩张术后治疗神经源性膀胱护理体会》《选择性脊神经后根切断治疗小儿脑瘫的护理体会》《自制膀胱扩张水囊临床应用体会》等。

【获奖荣誉】

《青霉素假阳性干扰因素的探讨》曾获山东省自然科学优秀学术论文三等奖。主持院级小儿外科护理科研课题，承担“小儿大小便失禁功能重建及康复”科研项目。1991 年获院级“先进工作者”称号，1998 年获院级“优秀护士长”称号，1999 年获院级“先进个人”称号。年度考核年年为优秀。

无悔奋斗的青春岁月

宁爱国老师，出生于 1951 年 3 月 1 日，祖籍山东省青岛市即墨市（现为即墨区）。1974 年 7 月，她带着满腔热血从山东医学院附属医院附设护士学校毕业，随即被分配至山东医学院附属医院，开始了与护理事业不解的情缘。1990 年，通过不懈努力，以非脱产的方式获得成人高等教育专科学历，这不仅是对她专业能力的肯定，更是对其学习精神的褒奖。宁爱国的职业生涯起步于注射室，短短数月后，就被调至急诊科，肩负起了更为艰巨的任务。那时医院已经 8 年没有新毕业的护士加入，她是第一届毕业生。医院正处在护士紧缺时期，宁爱国的加入为医院的护理队伍注入了新鲜的血液，年轻、有活力，工作热情高，胆大、心细、能干。1976 年 4 月，宁爱国在 25 岁时担任了急诊科副护士长，彼时成为医院最年轻的护理管理人员，浑身充满了干劲。但是面对比她年长的同事和繁重的急诊科工作，年轻的宁爱国心里十分忐忑不安。同年 9 月，她加入了中国共产党，成为一名光荣的共产党员。

最难忘的是急诊科工作的 4 年。急诊科患者多，抢救条件差，这些恶劣的条件锻炼了宁爱国，也成就了她。她练就了抢救患者的技术本领，无数次用自己的双手，通过心内注射、胸外按压，为患者建立静脉通道，使患者得到及时救治。当时的成就感至今还会一次次浮现在眼前，温暖感动着宁老师。是党培养了她不怕困难、勇挑重担的品质，是党教给她责任与担当。

在急诊科工作期间，宁爱国熟练掌握了急诊患者的抢救及护理知识，同时深知只有扎实的基本功才是一切工作的根本。在工作中有成功的喜悦也有失败的沮丧，她认为最可贵的是经验的积累。由于当时处在“文化大革命”末期，老护士长们都有顾虑，不敢大胆管理，她自己也曾在工作中遇到困难而萌生退缩的想法，但是当时支部书记对她说：“小宁啊，共产党员不但不能‘撂挑子’，还必须捡‘重担子’挑起来！”就是这看似很轻却重于泰山的一句话，让宁爱国一生铭记。

迎着各种困难和种种压力，宁爱国把自己锻炼成护理操作及急救技术的“专家”，把自己从一个唯唯诺诺的小护士锻炼成一个干练且具有胜任力的护士长。当时产假非常短，顺产 54 天，难产 70 余天，因此宁爱国的儿子才 2 个多月大就被送去了托儿所。老护士长把自行车借给她去喂奶，但抢救患者哪有准确可控的时间，宁爱国经常工作忙得顾不上孩子，把孩子饿得嗷嗷叫，同事们都开玩笑说她是个“后妈”。

勇担重任中流砥柱

1979 年 2 月至 1984 年 6 月，宁爱国被调入普外科病房（中二病房）任护士长，在普外科病房参加了护士长两个半月的脱产学习，还在心电图室学习了一个月。在普外科工作期间，多次被借调为危重患者特护人员，配合胸外科护士长，多次帮助外院危重患者做锁骨下静脉穿刺。在当时此技术为新技术，因此加班加点是常事，经常下班晚了来不及去托儿所接儿子，阿姨只好将孩子带回自己家中，待她去接。对孩子的亏欠是宁爱国心中永远的遗憾。

1984 年 6 月至 1987 年 1 月，宁爱国被调入小儿外科担任护士长，脱产半年为参加出国医疗队学习英语口语。1987 年 1 月至 1990 年 6 月任小儿内科护士长。1990 年 6 月至 1999 年 3 月又回到小儿外科病房任护士长。2000 年 5 月至 2011 年任妇产科门诊护士长，直至 2011 年 5 月退休。

20 世纪 90 年代，宁爱国（左三）与小儿外科同事们春游踏青时的合影

自 1976 年至 1992 年以来，宁爱国一直坚持在各科参加三班倒的工作，上白班时还要承担一些护士长管理事务。1992 年，已经 40 多岁的她才不再上夜班。不管在哪个科室，大年三十或初一她都会参加值班，其他节日也是一样。年轻护士因为值班不能回家过年，她总是会请她们到家里过年，把科室同事视为自己的姐妹。

兢兢业业　一丝不苟　专业　敬业　传帮带

在工作期间，宁爱国一共撰写护理相关专业的各类学术论文 20 余篇，分别发表在《现代护理杂志》《齐鲁护理杂志》《山东医药》《河北护理杂志》《现代妇产科进展》《当代外科》等学术期刊上，多次被评为优秀学术论文。多次参加全省或全国学术大会交流。主持院级护理科研课题 1 项、参与编写《各科疾病护理常规及技术操作规程》，参与编写中国医药科技出版社出版的《孕产妇保健与育儿指南》。1998 年被医院评为优秀护士长。自医院开始年度考核以来，年年被评为优秀。

自宁爱国毕业后在本院工作至退休共 30 多年时间里，因工作需要，她服从护理部的安排，共担任了八个科室的护士长。工作中她学习到了各专业的护理理论及操作技术知识，以火车头的精神带领同志们一起完成了各项疑难患者的护理工作，还努力给科室的年轻护士争取各种锻炼机会，因为宁爱国深知“一枝独秀不是春，百花齐放春满园”的道理，带领全科一起发展。

宁爱国从一个胆小的姑娘被磨炼成了干练的长者，真是酸甜苦辣咸五味俱全，特别是由成人外科向小儿外科的护理转变。小儿年龄小，又无家长陪伴，病情变化快，语言表达能力差，较成年患者护理起来难度大，护理人员一定要有爱心、细心才能做好儿科护士，而小儿内科疾病和小儿外科疾病护理方法则又不同，作为护士长，每到一个科室都必须亲自干，这样才能发现护士实际工作中的问题，护士长的工作才能抓在点子上。

现在的护理理念和护理技术越来越发达，对护士的各项要求也越来越高，但是宁爱国相信，只要肯干、肯学、肯思考，一切以患者为重，没有什么能难倒我们齐鲁医院的护士。

2007 年，5·12 护士节宁爱国（左二）与妇产科护士长及护士姐妹表演舞蹈

2008 年，七一党的生日宁爱国（前排右三）与妇产科老教授及同事们参加合唱

后记

宁爱国护士长的教导与关心一直鼓励着年轻人，温暖着年轻人。宁老师手把手地教我们巨结肠清洁灌肠、髋脱位术后患儿翻身、尿道下裂患儿的会阴护理、小儿静脉穿刺要点等，她一再叮嘱，时刻要认真仔细。如今，我们当代的小儿外科护理人、卓越的齐鲁护理人，肩负着前辈们赋予的重任和使命，几度风雨，几度春秋，我们始终坚守岗位，以匠心精神深耕细作，为医院的高质量、跨越式、超常规发展奉献我们的青春和力量。

（曹英娟　吕孝娜）

金声玉振才学到 澧兰沅芷屹心尖

——记山东大学齐鲁医院护理前辈秦振兰

“以心为灯，愿做生命的守护天使。”

【个人简介】

秦振兰，出生于1951年12月21日，祖籍山东省泗水县泉林镇。1972年7月毕业于山东省滕州市卫生学校护理专业，同年被分配到山东医学院附属医院神经内外科工作。1972年至1982年任护士一职。1982年至1991年任副护士长。1987年7月加入中国共产党。1991年至2007年任护士长。2007年至2012年在教育处工作至退休。2008年参加全国三级医院临床教学管理学习班（桂林举办）。2010年参加临床实习医生教学质量评估管理学习班（贵阳举办）。

【学术成果】

在《中国临床医药研究》《现代护理杂志》《山东医药》等杂志发表

《13pQ- Ⅱ型与 GXY-IA 血液净化量子治疗急性脑梗塞疗效观察》《运用群体动力理论指导病区护理管理的探讨》《癫痫持续状态的护理》等文章。参与编写《神经科疾病护理》《临床实用护理与技术》等著作。

这里不是浴血奋杀的战场，却也有着刀剑相向的火花。这里没有硝烟，却充斥着刺鼻的酒精气息，仿佛是在吹响胜利的号角。她身披素衣，在微风中飒飒作响，化身天使，执掌仁爱之剑，披荆斩棘，无畏病魔，目光坚定，救患者于水火，为一个个小家筑起一道道高墙。

鞠躬尽瘁　身体力行

回首从事护理工作的 40 年，曾经的艰辛与努力都化为了宝贵的回忆。1972 年，秦振兰被分配到全院护理任务最繁重的神经内外科病房（现在健康楼北一病房）工作，这是她记忆最深刻也是最艰难的时期。20 世纪 70 年代，医院床位少患者多，神经内外科共用一个病房，走廊里挤满了患者，收住的都是危重患者，例如脑疝、急性颅内损伤、颅内占位、脊髓肿瘤等。神经内科收住的患者多患有病毒性脑膜炎、吉兰 – 巴雷综合征、脱髓鞘疾病如多发性硬化以及重症的脑血管疾病等，症状多表现为神志不清、昏迷、偏瘫、截瘫、四肢瘫痪、大小便失禁、呼吸困难，气管切开的患者需要吸痰、鼻饲流食的比较多。特别是吉兰 – 巴雷综合征的患者，发病人群多为青少年，神志虽清楚，但四肢不同程度的松弛性瘫痪，吞咽肌、呼吸肌完全麻痹，需要及时行气管切开术吸出气管内分泌物促进二氧化碳排出，气管切开后安置 Y 形管以便吸痰和人工气囊辅助呼吸。采用人工气囊辅助呼吸可以达到控制及调节每次的换气量和吸入气的压力、温度、湿度、流量、氧的浓度等目的，需要密切观察。急性期的患者不仅要做好基础护理，更要做好患者的心理护理，关心体贴患者，使患者树立战胜疾病的信心。用一颗善良的心去温暖患者，用熟练的护理技术减轻患者的痛苦，尤其是在语言沟通上，一句体贴入微的问候能使患者得到极大的安慰。

在秦振兰任护士期间，护理的患者多数都是四肢瘫痪、气管切开不能说话但神志清醒的。每次她都观察患者的眼神，通过患者的眼神透露出来的信息，了解患者的心理需求并给予恰当的护理，患者都会露出满意的神情。每每这种时刻，患者需求的眼神都会深深触动她作为一名白衣天使的心。

1983年，秦振兰（后排左三）在上海瑞金医院学习

救死扶伤，是秦振兰作为护士的职业使命，她带着这种使命感在护理工作中任劳任怨，兢兢业业，受到领导及同事们的好评，2次被评为先进工作者。在此期间，她不仅巩固和熟练地掌握了基础护理知识和护理技术操作，还熟练掌握了专业护理技术，例如腰椎穿刺的护理、静脉切开的护理等。

精益求精 勤耕不辍

每年都有下级医生来齐鲁医院学习进修，科室安排专家给进修医生授课，授课时间为晚上7~9点。秦振兰利用自己的休息时间来听课，努力学习，充实自己的专业理论知识，坚持不懈地听了几年，进而在颅脑解剖、中枢神经系统解剖与生理学、神经系统疾病学等方面有了很大提高，疾病的治疗和抢救知识与心脏复苏抢救技术也有了非同一般的提升，为之后护理管理工作奠定了良好的基础。

在护理管理的征途上，秦振兰前辈始终铭记护士的神圣宗旨，全心全意地为患者服务，致力于提升医疗护理的质量和水平。在这条道路上，她不断自我完善、自我提升，以严格的标准要求自己，大胆管理，勤勤恳恳地工作，展现出实干精神。即使护理工作繁忙，也始终将科室能力的提升作为首要任务。秦振兰前辈曾两次承担起病房的搬迁和筹建工作，几十年如一日，不畏艰辛，不惧疲劳，致力于使病房管理更加规范化、系统化。

秦振兰以患者为中心，深切关注他们的需求和感受，用真心、爱心、耐心和细心去呵护每一个生命，为患者提供安全、高效、热情的护理服务。根据护理部领导的要求和科内的工作安排，她加大了考核力度，确保年度有计划、月月有重点、周周有安排。每天早晨，她总是提前到岗，检查夜间医嘱的执行情况，关注危重患者的康复进程，随机抽查护理工作的质量，并及时解决发现的问题。

秦振兰不断完善和落实病房的各项规章制度以及护理操作规程，注重基础护理的重要性。对于危重患者进行皮肤压力性损伤风险评估，并根据评估结果采取相应的皮肤护理措施，以身作则，亲自为患者翻身更换体位，并传授护理人员相关的技巧，确保翻身后受压部位得到适当的护理，防止压力性损伤的发生。她及时更换床单，保持床铺的干燥和整洁，为患者创造一个舒适的卧床环境。得益于多年的临床护理经验，她成功地解决了本专业护理中的诸多疑难问题，多年来病房患者未发生一例压力性损伤。

在安全管理方面，秦振兰严格执行查对制度，杜绝了重大差错事故的发生。她不断指导和培训护理人员，提高他们的安全意识，确保每个人都能熟练掌握各种抢救仪器的使用方法。这些努力显著提高了护理团队的抢救水平。多年的辛勤耕耘，使其所在的神经内科病房（原西八病房）成为一个具有强大战斗力、团结一致、专业水平高、技术过硬的护理团队。大家的努力也得到了认

1993 年，秦振兰（后排右一）与同事在西八病房治疗室合影

可，1997 年和 1998 年分别获得了医护配合重大成果奖。

秦振兰真诚待人，关心每一位同事和患者。她始终相信行动的力量胜过千言万语。几十年来，每逢节假日，尤其是春节，她总是坚守在岗位上。除夕夜会亲自准备好年夜饭，让家人将其送到值班护士手中，确保她们能够感受到节日的温暖。大年初一，她会提前进入病房，为夜班护士带去热腾腾的早餐，让她们在新年的第一天就能感受到关怀和温暖。

后记

秦振兰是一位具有敬业精神和深厚专业素养的护理工作者。她专业执着，在护理领域工作 40 年，她对护理工作的热爱和执着体现在她对每一个患者的精心照料和对护理工作的不断追求；她勇敢无畏，面对病魔，秦护士长展现出了战士般的勇气和决心，以坚定的目光和行动为患者筑起安全的屏障；她积极进取，利用休息时间参加专业课程学习，不断提升自己的专业知识和技能；她领导力强，在护理管理方面展现出了出色的领导能力，大胆管理，严格要求自己和团队，确保了护理工作的质量和效率；她情深义重，对同事和患者的关心体现在日常生活中，用自己的行动传递温暖，尤其是在节假日，她的关怀让值班的护士感受到了家的温暖；她是榜样，她的行为和精神成为护理团队的榜样，她的事迹激励着后来者，传递护理工作的正能量，值得我们每个人学习和尊敬。

（骆中誉　郑立学　李　静）

解茧为丝梳万绪 制机成锦有瑰杰

——记山东大学齐鲁医院护理前辈孙绪杰

"人生最大的价值就是选择成为美好的自己。"

【个人简介】

孙绪杰，1974年毕业于山东医学院附属医院附设护士学校后，被分配到山东医学院附属医院工作。1990年毕业于山东医科大学护理系专科培训结业班。1974年至1984年任护士一职。1984年至1992年任护士长。1992年至1993年任门诊部省直公费医疗管理科副科长。1993年至2001年任大外科护士长。2001年至2012年任护理部护士长。2003年至2011年任山东大学齐鲁医院工会副主席（兼）女工委员会主任（兼）。2002年为山东省医疗事故技术鉴定专家库成员。

【学术成果】

在《实用护理杂志》《国外医学护理学分册》《当代护理杂志》《山

东医药》《齐鲁护理杂志》等杂志上发表20余篇论文。担任《实用护理与技术》副主编，参与编写《责任制护理》《直肠癌》《现代肿瘤学》等著作。

【获奖荣誉】

1990年被山东省卫生厅授予“‘三学三创’标兵”称号。1993年被山东省卫生厅授予“全省卫生系统社会主义劳动竞赛先进个人”称号。1995年被山东省妇联、山东省人事厅、山东省劳动厅、山东省卫生厅授予“岗位巾帼明星”称号。1995年被山东省妇女联合会授予“山东省三八红旗手”荣誉称号。1997年被山东医科大学党委授予“优秀共产党员”荣誉称号。1998年被中华全国妇女联合会授予“全国三八红旗手”荣誉称号。

电话里传来孙绪杰爽朗干净的笑声，依然是那个干脆利索的性格。抱着特意为她定制的鲜花推门而入，孙绪杰笑颜盈盈地站在门口。激动地握手，热情地拥抱，见到护理老前辈，心情难以描述，孙绪杰更是亲切地欢迎我们。阳台上的君子兰向着太阳舒展着枝叶，旺盛生长。与孙老师谈起护理工作，过去的点点滴滴，一幕幕的回忆，在我们眼前逐渐清晰起来。

受益终身的教诲

1974年，孙绪杰踏上护理岗位，进入山东医学院附属医院，成为一名外科护士。多位护理老师在这个平凡而高尚的岗位上帮助她、教育她，给了她终身受益的教诲，使孙绪杰在30多年的临床护理工作中始终积极乐观，努力工作。她心底一直坚信，护士就是来自人间的天使。人们在自己生命最

孙绪杰（前排左三）和同事们合影

需要帮助的时候，无论男女老幼，无论卑贱尊贵，都渴望从护士身上获得关爱。人们希望护士是美丽端庄的，人们希望护士的声音是温柔甜美的，人们更希望护士能祛除自己身上的病痛，能抚平自己心灵的创伤，这一切的一切，是人们对护士寄托得太多太多的希望。从老师们身上她学会了很多，每天只要穿上洁白的工作服，就对自己充满了信心，承担起对生命的责任，对工作严肃认真而又充满热情，用心呵护患者的健康，燃起患者对生命的希望。

孙绪杰的第一位老师是护士长姜绪敏。她那瘦弱的身体从不停息地工作着，像上满弦的时钟，每天不停地摆动着。她不善言语，却用自己的行动为每一位护士树立了学习榜样。虽然无法用语言表达，但是会让人有深刻的感受，不由自主地在心底升起一种责任感，体会到护士职业的内涵。护理工作是需要用心灵去呵护的职业。

还有很多老师，同样用一颗慈母般的心帮助这些年轻的护士，让他们终身受益，促使他们在平凡而高尚的护理岗位上努力工作，并体验着护理工作带来的幸福和快乐。

主动服务与被动服务

在护理工作中，如果能把规定的内容转化为主动服务的意识，其服务效果在人的心理上将会产生不同的影响。主动服务与被动服务产生的心理作用，不仅仅是对被服务的对象而言，同时对提供服务的自己也会在心理上留下深刻的印象，甚至会使自己终生难忘。

在 1976 年唐山大地震时，孙绪杰所在的病房收治了一位年轻的下肢截瘫患者。她长着一双水汪汪的大眼睛，但是眼神总是充满了忧伤。护士们想方设法满足她的各种需求，尽管如此，从来没有见过她的笑容，护士们希望她能够高兴起来。在她过生日那天，问她有什么要求，都会尽最大努力帮她实现。她用期望的眼光看着孙绪杰，轻声说想去看看闻名天下的趵突泉。那时的病房没有现在的设备齐全，没有轮椅。经医生同意患者外出后，孙绪杰老师和两位同事利用中午时间，用自行车把患者推到了趵突泉。

孙绪杰生活照

她们站在那古老的观泉亭边，微风轻拂，带来一丝丝凉爽与惬意。眼前，那三股清泉就像是大自然最得意的作品，它们不知疲倦地跳跃着、翻腾着，仿佛是三个欢快的精灵，在欢快的舞蹈中诉说着千年的故事。“咕嘟咕嘟”，那声音清脆悦耳，就像是泉水在欢笑，在歌唱，它们汇聚成一股股细小的溪流，绕过石块，穿过草丛，最终汇聚成一条清澈见底的小溪，欢快地流向远方。在这里，清澈透底的泉水仿佛真正缓缓流入患者的心底，她终于露出了灿烂的笑容。多年过去，每当看到与那位姑娘在趵突泉的合影时，孙绪杰依然能够感受到那种源自自己心底的快乐。

注重利用语言和恰当地使用肢体语言做好与患者的沟通

2000 多年前人们就认识到语言在治疗疾病和医患沟通中有着非常重要的作用。医学之父希波克拉底说过，医院有三大法宝，一是语言，二是药物，三是手术。语言沟通是人与人之间信息传递最直接的方式。护士与患者之间从互不认识到相互信赖，语言交流是建立良好护患关系的重要工具。

孙绪杰提高了护士对语言沟通重要性的认识。护理人员与患者之间的有效语言沟通是做好护理工作的重要环节。留下良好的语言沟通的第一印象，这将使患者及家属产生信任感，积极配合医疗护理工作。要善于抓住与患者交流的机会，在各种操作前、巡视时要表述出来，让患者感受到。因人而异，采取不同的沟通方式，注意对患者开展个体化语言沟通。恰当地使用肢体语言，会提高语言沟通的表现力和感染力。一个搀扶的动作会体现出护士的关爱；当患者伤心落泪时，及时递上一张纸巾；当患者高热时，询问的同时用手触摸一下患者的前额；当晚上经过病床时，顺手帮患者盖被子等，都能体现出护士的关心与关爱。当患者大声喧哗影响其他人时，用手指压唇的手势，会比斥责批评更容易被患者接受。这些小小的动作会拉近护士与患者的心理距离，能有效地改善护患之间的关系。

严格要求护士与关心爱护护士同样重要

孙绪杰认为，护士们的两只肩膀，一只承载着患者的希望，另一只背负着工作和生活的重担。现实中她们和所有人一样有痛苦、欢乐、悲伤、追求，有自己的爱好和梦想，她们的家庭中也有年迈的双亲需要照顾，有幼小的孩子需要哺育，有忙碌的丈夫需要关爱。在工作中，一方面她们负担着沉重的体力劳动，面对无数的危重患者，必须付出自己全部的心血和精力，才能挽救患者生命，恢复患者健康。另一方面，面对飞速发展的医学，护士们在工作之间还要挤出时间去参加各种培训，以适应飞速发展的医学需要。在严格要求的同时，护士们也需要温暖的关爱。

被爱感动

孙绪杰说，有时护士的一个小小善举，也会给自己带来强烈的感受，在帮助患者的同时也会深深感动自己。即使我们付出的只是一句问候、一个眼神、一把搀扶、一杯热水，也可以如春风化雨般地温暖着别人的心，感动着自己的心。在医院的每一个角落，护士们身着洁白的制服，穿梭于病房之间，用她们那双温柔而坚定的手，为病痛中的患者带去安慰与希望。她们每一次的悉心照料，每一句温暖的话语，都是对生命尊重的体现，也是对患者康复之路的默默守护。然而，正是这些看似平凡却又伟大的患者，才是护士们成长道路上不可或缺的导师和伙伴。他们的坚强与乐观教会了护士们面对困难时的勇气与坚持，他们的感激与信任让护士们感受到了职业的价值与荣耀。在与患者的相处中，护士们学会了倾听、理解与共情，这些宝贵的经验不仅让她们的专业技能得到了提升，更让她们的心灵得到了升华。患者的故事如同一本本生动的教科书，让护士们在实践中学习，在感悟中成长。每一个康复的笑容，每一次战胜病魔的喜悦，都是对护士们辛勤付出的最好回报。正是这些点点滴滴的积累，让护士们逐渐成为更加成熟、更加专业的医疗工作者。

后记

护理工作是一项神圣的工作，值得我们一辈子用心去做。有时在护理工作中，我们会碰上很多年都不能忘记的事情，这些事情会在以后的工作中不时警示自己，改变自己，成为工作中永远的心痛。患者的心理承受能力差别很大，有些职业的患者心理比较敏感，不经意的一句话、一件小事情都可能会使他们心理受到伤害，也在自己心里留下抹不去的痛。孙绪杰总结自己几十年护理工作的体会就是：平凡的护士，山一般的责任。

（曹英娟　吕孝娜　韩　萍）

桂华曾照病床前
芳芷惟播爱满园

——记山东大学齐鲁医院护理前辈刘桂芳

“以天使的名义担负起救死扶伤的道义。”

【个人简介】

刘桂芳，出生于1952年1月12日，祖籍山东省淄博市周村区。1968年至1970年下乡当知青。1970年被录用于山东医学院附属医院。1970年至1989年任护士一职。1989年至2008年于干部保健科任护士长。2008年至2012年在干部保健科特检室工作至退休。1986年加入中国共产党。

1977年至1979年于山东医学院附属医院卫生学校中专学习结业。1984年参加北京医学院附属人民医院主办的骨髓移植与白血病化疗学习班。1988年至1990年获山东大学高等护理专业证书。1994年至1997年参加山东省高等护理专业自学考试毕业。2002年参加山东省卫生厅在滨州主办的全省保健护理培训班，并承担授课任务。工作期间曾多次参加中华护理学会组织的学术交流。

【学术成果】

在《实用护理杂志》《护士进修杂志》《山东医科大学学报》《解放军护理杂志》《现代妇产科进展》《山东医药》等杂志上发表《白塞氏病的护理》《妊娠急性脂肪肝的护理》《健康观念再论》等论文20余篇。

【获奖荣誉】

《健康观念再论》获山东省科协优秀学术成果三等奖，《妊娠急性脂肪肝的护理》获山东省科协第二届优秀学术成果二等奖。

朗日在空，万里征程，遥望历史长河，却数不尽繁星，星光点点，映射着过去的辉煌。俯身脚下，已然走过无数沟壑。她是行业楷模，亦是开荒息壤，身负重担，不忘前方；她是学业泰斗，亦是学子标杆，行可行之事，举血汗大旗。她从不委屈，从不回头，高耸入云是她的品德，脚踏实地是她的准则。她没有三头六臂，却能只手撑起那片天；她没有宽厚臂膀，却能为千万人释放温暖。她就是兢兢业业为护理事业披荆斩棘的刘桂芳，一位朴实无华的老人。至少，在我们第一次见到她的时候是这样觉得的。

“没有什么比患者更重要。”这是刘桂芳对我们说的第一句话。那时，我们看着她的眼睛，仿佛透露着光，那种自然的神情，让人坚信刘桂芳前辈的无悔、自豪以及强烈的使命感。那一天，刘桂芳并没有过多地阐述自己的丰功伟绩，在她看来，她所做的这一切都是职业赋予她的责任和义务，是每个人都应该努力做到的小事。相反，刘桂芳说的却是在她护理生涯中和患者发生的小故事，令她难忘的一幕又一幕，仿佛这些才是让刘桂芳自豪的事情。

刘桂芳老师认为，护理行业是一份令人心潮澎湃的行业，她不在乎社会上消极的风言风语，而是用一种极其认真且负责的语气对我们说：“当你们真正地将护理行业放在心里，而不仅仅把它看成一种职业的话，你们才能真正看清南丁格尔存在的意义，才能看到你们以后的路该怎么走。”刘桂芳的境界已经超脱于世俗，她的护理精神已然不再拘泥于表面，但是，想要达到这种境界得有多少路需要走啊！

命运的回望　必然的路途

1970年，包括刘桂芳在内的一群人，失去了升学的机会，但命运使然，刘桂芳被医院录用了，成为一名光荣的护士。在刘桂芳看来，她是幸运的，但这未尝不是必然的安排。刘桂芳就像光一样照亮整个天空，投身于国家社会主义建设和医院高速快速发展，她燃烧自己，创造了属于她自己的辉煌。

刘桂芳说，她没有资格评价过去，她觉得她这一生有出彩也有不足，有太多太多的遗憾留存在她心中，久久不能忘怀。说到此，刘桂芳不禁黯然神伤，想必她内心闪过的种种场景若是能遇上现在的自己，就不会再留下太多遗憾了吧。

在这条护理人生旅途中，刘桂芳结识了对她职业生涯产生莫大影响的同伴、老师、前辈，得以让刘桂芳取长补短，更加积极地丰富自我，更快速地成长为一名合格的临床护士。当然，上山的路必然是荆棘丛生，在这一切的背后，还有些许不为人知的冒险旅程。

兰香傲枝头　必有寒风处

刘桂芳虽然失去了宝贵的升学机会，但未曾有过一声怨言。刘桂芳说这是上天的安排，既有机遇，也有挑战。或许在她看来，这也仅仅是挑战的一部分吧。前期乏力，那就奋起直追。刘桂芳前辈坚信，哪怕她用尽这一生的每一分钟，也要在这条道路上更进一步，让自己的能力得到充分的展现，让这世间少一个悲伤的家庭。

于是，一场热血激昂的奋斗在刘桂芳前辈的讲述下浮现在我们脑海，浓浓的敬意油然而生。1970 年，刘桂芳前辈便开始了第一阶段的学习。这一阶段更多的是自学，以及在同事、老师的指导、教导和耳濡目染下成长。在这期间，刘桂芳前辈废寝忘食，在出色完成工作的同时把基础夯实。不积跬步无以至千里，不积小流无以成江海。刘桂芳前辈深知自己在起跑线上停留的时间太久，她需要找“捷径”来缩短与理想的距离，想到就要千方百计去做到。

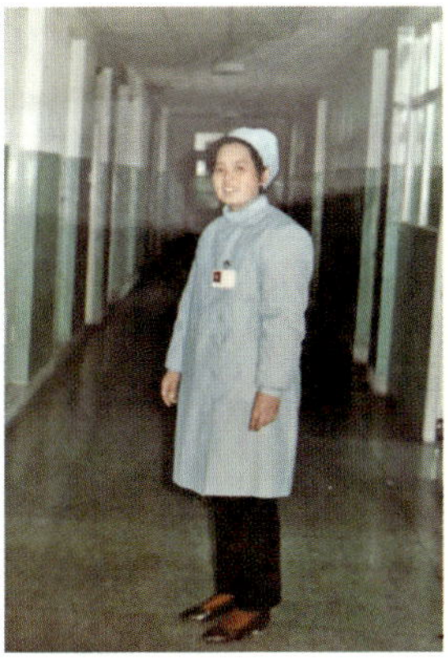

1984 年，刘桂芳在三南病房的工作照

20 世纪 80 年代，刘桂芳（前排中间）与三南病房医护合影

就这样，刘桂芳顺利于 1977 年进入山东医学院附属医院卫生学校，经过长达两年的规范学习，于 1979 年中专学习结业。此后，刘桂芳前辈在工作上更加如鱼得水，能力提升了一大截，也为以后的成长道路奠定了基础。1984 年，刘桂芳受邀参加北京医学院附属人民医院主办的骨髓移植与白血病化疗学习班，进一步提高了自己的专业性，并结识了一群志同道合的朋友，从此追梦的路上不再孤单。1988 年，刘桂芳报考山东大学高等护理专业，并被成功录取。1994 年至 1997 年参加山东省高等护理专业自学考试本科毕业。

正所谓“宝剑锋从磨砺出，梅花香自苦寒来”。刘桂芳前辈用不屈的意志和无数的汗水，赢得了身边人的尊敬，这不仅是对她过去 10 余年的肯定，也是对她无私待人、将护理刻进骨子的高度赞扬。她是美丽的天使，她是南丁格尔的化身，在她的身上始终流淌着一种高尚情怀，一种视患者为自己亲人的理念，能够让所有的治疗手段都事半功倍。

天道酬勤，刘桂芳前辈的不懈努力使她在人才济济的齐鲁医院脱颖而出。2002 年，刘桂芳前辈参加了山东省卫生厅在滨州举办的全省保健护理培训班，并承担授课任务。刘桂芳在担任护士长期间，曾多次发起科室内改革之风，组织学术讲座，誓将雨露洒向全体护士队伍。因为她深知独木不成林，一花不成春，医院护理事业的发展是靠大家一步一个脚印走出来的，所以她要将自己的一切回馈给自己所爱的医院。

高处不胜寒　凡事两难全

刘桂芳说，在她的心里总有一杆天平，它虽不倾斜，但支点却在医院那边，而另一边就是她的家庭。刘桂芳这一生都奉献给了医院的大家，而唯独自己的小家被深深地埋在心底。她知道，她的家人是能够理解的，是能够在关键时刻站在自己的身后默默支持的。对于家庭，她有愧，但无悔。如今，已经退休的刘桂芳前辈心里的天平支点终于能够向中间靠拢了，她也终于能离自己的家人近一点了。能够看得出来，这一刻的刘桂芳的心里很安定。

刘桂芳说，她的启蒙老师是她在这条路上最重要的人，是她的老师将她引领到正确的道路上，教给她调整心态、行事准则、待人处世等，同时还有各种临床护理知识和技能。尤其是在事业前期，在她心灵匮乏、急需滋养的时候，是她的老师填补了她心灵的空缺，才有了后来的刘桂芳。

当我们问刘桂芳前辈，有没有要特别感谢的人呢？刘桂芳说，有一位是她的启蒙老师，另一位就是她的护士长。她做护士长时的各种灵感都是受那位护士长的启发，也是因为她，刘桂芳才能将“爱患如亲”的理念传承至今，才能和科室里的姐妹们打成一片。随着能力和眼界的不断提升，刘桂芳对护理含义的理解有了进一步的提高。

1989 年，刘桂芳在保健科十一楼办公室

20 世纪 90 年代，刘桂芳（左四）参加保健门诊党员活动

后记

时至今日，刘桂芳前辈也说她并不孤独，她的身边有无数个志同道合的人，包括在她之前身先士卒、开拓疆土的前辈，还有在她之后奋不顾身、用爱发电的后来者，这都是我们整个护理行业的财富。刘桂芳前辈的精神难以用寥寥数语表达清楚，她的眼神已经说明了一切，而笔墨却永远无法呈现。刘桂芳前辈说，她的过去算不得什么，后来者才是时代的“弄潮儿”。护理行业千变万化，但总离不开一个“爱”字，心中有爱，路就不会太远。

（骆中誉　吕　军　李　静）

春阳抚照漫齐鲁 兰心蕙质永济世

——记山东大学齐鲁医院护理前辈孙春兰

"以天使的名义担负起救死扶伤的道义。"

【个人简介】

孙春兰，出生于1953年9月30日，祖籍山东省寿光市。1973年3月加入中国共产党。1973年8月至1975年9月在寿光市田马镇南夏小学任教师。1975年9月至1977年7月于山东医学院附属医院卫生学校学习，毕业后被分配至山东医学院附属医院。1977年7月至1989年11月在神经科工作。1989年12月至1999年2月任神经外科护士长。1999年2月至2013年10月任门诊部科护士长，副主任护师。2013年10月退休。1985年在北京天坛医院神经外科护理专业进修学习。1989年至1991年在山东医科大学护理系护理专业函授班学习并获得成人高等教育毕业证书。

2001年任山东省护理学会护理科普委员会副主任委员。2004年为山东省激光医学会会员。

【学术成果】

发表的专业学术论文20余篇，其中，在核心期刊上发表论文4篇，在统计源杂志上发表专业论文10篇，在专业杂志增刊上发表专业论文6篇。

参与编写《脑内移植》《各科疾病护理常规及技术操作规程》《实用护理学》。

【获奖荣誉】

1992年获山东医科大学附属医院“先进工作者”称号。1994年获山东医科大学附属医院“文明职工”称号。1996年获山东医科大学附属医院“先进护士长”称号。1999年获山东医科大学附属医院“先进护士长”称号。

美在何处？在道阻且长、行则将至的行动里，在脚沾泥土，手撷芬芳的灵魂里，在筚路蓝缕、艰苦奋斗的信仰里。人生之美在于一页卷帙浩繁，执笔落笔都是自己。在孙春兰老师的这一页里，我们看到了起笔是医者仁心、患者平安，落笔是美美与共、时代标杆。她舍弃了半生最美的时光，将大爱留在齐鲁，从广智亭到华美楼，从少女到白首，她守住南丁格尔的薪火，传承齐鲁百年的星光，开辟了护理事业未来的道路。三十余载的风雨兼程，一腔热爱，心归之处是齐鲁。

1977年进入医院后，孙春兰便嫁予一袭白衣，三十余载未曾远离。平凡又忙碌的护理工作，她一做就是半生，亲历了医院发展的日新月异，目睹了齐鲁纳新的岁岁年年，更见证了无数的生命在这里起起落落。进入神经科成为护士的那一刻起，梦想的种子也悄悄种下了，于是三十余载花开花谢，几代人春来秋往，她熬过了最黑的夜，也守住了最初那微弱的光。

1977年7月至1999年2月，20多年的沉淀，博观约取，孙春兰经历了由护师到主管护师的成长、由护士到护士长的蜕变。20多年的积累，化茧成蝶，她积蓄了由稚嫩到沉稳的力量；20多年的蕴蓄，积跬步至千里，成就了一代齐鲁护理人的坚实榜样。在业务学习上，她虚心向前辈、同事请教，深谙“三十功名尘与土，八千里路云和月”的坚定，将这种踏实渗入每一次护理工作中。在与患者的沟通中，她持续输入各种心理学知识，始终秉承“以患者为中心”的服务理念，赓续中国共产党的红色血脉，以爱党爱国爱人民的情怀，实现了护理工作与沟通能力的完美融合。“穷理以致其知，反躬以践其实。”基层护理工作既是传道授业的课堂，也是干事创新的舞台。孙春兰学以致用，致广大而尽精微，紧跟时代发展，走好新时代长征路上的每一步，为后来人树起了一面永不褪色的旗帜。

山高水长，不改赤诚初心；斗转星移，不变如磐信念。因工作业绩突出，工作能力有目共睹，1999年2月至2013年10月，孙春兰老师被调往门诊部，任门诊部科护士长、中共门诊党支部委员，并晋升为副主任护师。在门诊部的工作中，她将护理与管理工作深度融合，把临床经验与行政经验协调统一。随着医院华美楼的启用，门诊量与日俱增，与此同时，更多患者的投诉与不解一起向门诊部涌来。孙春兰老师凭借多年的临床经验，带动门诊行政与护理同事，同进步、共发展，改善服务方式、提升服务质量、丰富服务内涵，在门诊管理工作和提高患者满意度方面有着举足轻重的影响。

她忙碌而充实的30余年，给医院带来光的同时，更是引导着一代代齐鲁人让这道光薪火相传、绵延不绝。

万象人生　坚守自我

20世纪80年代，齐鲁医院百废待兴，从管理制度到资源调配，从护理理论基础到临床工作实践，从科室建设到医院发展，无不等待一场焕然一新的进步。1989年，为配合医疗工作，孙春兰积极开展神经外科病房独立工作。在没有经验可借鉴、没有领路人可指导的环境中，孙春兰带领团队不断摸索经验，总结教训，在一次次困难中锻造了不服输、只前进的勇毅精神，在步履维艰的道路上打造了一支新生的神经外科病房护理团队。

孙春兰（前排右一）和神经外科同事合影

在异常艰难的学习工作条件下，孙春兰一直坚守初心，以身作则，承担起科室沉重而又艰巨的任务。她坚持举一反三的工作方式，开展全新的带教模式，不拘泥于形式、不局限于定式，配合临床医师顺利进行小脑移植手术，首创了口鼻蝶入路垂体腺瘤切除的护理新方法，临床工作期间配合临床医师完成科研任务 8 项，配合临床医师开展新手术 10 项，参与临床抢救急危重症患者 200 余例。

20 世纪 90 年代初，医院首次参加三甲医院的创建评审工作。孙春兰诠释了老一代护理人笃行不怠、踔厉奋发的坚强品格，带领科室护理团队强理论、练操作，在三甲迎评期间，作为临床护理团队代表迎接检查，得到评审专家及同行的高度评价，助力医院顺利通过了三甲创建评审工作。也以此次评审为契机，她将护理团队的业务操作、理论知识形成规范化、标准化模板，在全院甚至全省进行推广应用。然而对于这些情景，孙春兰总是谦虚地一摆手：“那些都不值一提。”轻松一句话，就将那段峥嵘岁月说得云淡风轻。

在 2012 年三甲复审中，孙春兰作为门诊部的科护士长再一次“应战”。基层工作、临床经验、管理能力，无论从哪方面来说都是水到渠成，但她仍然事无巨细，耐心指导年轻一代同事，全心传授工作经验，与时俱进，在完善制度建设、行业规范设计、制订质量控制手册、组建志愿服务队伍、接待来访投诉等多项工作中，追求完美、力求精进，门诊护理工作及管理工作在迎接三甲复审时，表现优异，为齐鲁品牌建设再添新彩。

这种艰苦、创新、奋进的精神，直到今天，仍激励着一代又一代的齐鲁人昂首前行。作为护理工作的领路人，孙春兰老师一直关注最新护理技术，以齐鲁门诊引领行业发展；作为行政管理老前辈，无论是工作还是学习生活，她都以家长的身份，教导一代又一代的新生力量，引导后生前进的步伐始终铿锵有力。

初心不泯　人生不息

回顾漫漫护理路，孙春兰始终坚守“医疗安全，重于泰山”这不变的信念，因为肩负的是国家、社会和人民的重托。为确保医疗安全，便于对术后患者进行集中护理，1993年，她组织筹备创建神经外科监护室。监护室创建之初，从一无设备、二无人员、三无制度的“三无”状态起步，凭借着惊人的速度与力度，承载着决心与信心，一步一个脚印，创建了医院外科系统内第一个监护室。神经外科监护室的成功创建，为医院外科护理专业监护室的创建提供了经验与范式，是医院外科护理专业发展的重要里程碑。

孙春兰兢兢业业，从容走过了医院生涯的三十余载，经历着从无到有、从弱到强、从小到大的开拓发展历程。“以患者为中心”的服务初衷历久弥新，“以患者所需为己任”的服务理念熠熠生辉。

在门诊部工作期间，孙春兰鞠躬尽瘁，将职业生涯的最后一班岗站到了极致。她积极组织联系医院退休职工，鼓励退休职工重返岗位，发挥余热，让资源流动起来，让门诊力量壮大起来，让服务质量提高起来。退休职工的回归，让门诊工作有了较大改善，患者满意度显著提高，志愿者们更是对此大加赞扬：“我觉得做志愿者让我又年轻了，也充实了退休生活，非常感谢医院提供的这种机会。”“志愿服务既能服务患者，又能实现自身价值，很感谢医院为我们提供一个平台，能在退休后做力所能及的事，帮助到有需要的人。”孙春兰对志愿者统一管理、培训，合理安排岗位，志愿者们的工作状态、服务热情、敬业精神感染着许多人，得到患者和家属的一致赞誉。退休职工志愿者作为门诊区域志愿服务的重要组成部分，成为缓解门诊就诊压力、维护医患和谐发展的中坚力量。此举开创了门诊与志愿服务深度融合的先河，并多次以标杆模板接受各兄弟单位的参观学习。

孙春兰在每一班岗位上都有着一股力量，指引着行业的前进方向，更像一种希望在照亮着后人前进的路。

白衣执甲　重拾锦缎

2013 年，孙春兰从门诊部光荣退休，但她退休不褪色，离岗不离心。原本可以享受天伦之乐，但她仍时刻关注着医院的变化与发展，割舍不下的是对医院、对她培养起来的年轻一代的深深牵挂。2022 年新冠病毒感染疫情席卷泉城，面对社区医务人员不足、工作压力大等现状，她毅然决然穿上了白色防护服，参加了社区志愿服务，并带动一批医院退休职工参与进来，大大缓解了社区工作压力。

疫情控制住之后，她回到了离别多年的工作岗位。穿上了一别十年的白大褂，套上志愿者的蓝马甲，似乎又回到了退休前。那些工作仍然信手拈来，对待患者仍然亲切如初，远远看去，她眼中的光依然坚毅，她与人的对话仍是温柔。这哪里是一位年近古稀的老人，分明是后来人明晃晃的一支火把，是门诊人的一粒定心丸，是患者的一颗特效药。内心锦缎四射，她选择身穿白衣，再出发。

后记

雪虽融，水已浸；花虽落，香犹在。这是对孙春兰老师最好的评价。如今，她带着齐鲁老门诊人的身份回归，亲眼看着自己当年心疼的小女孩们长大，亲身经历当年搭建好的平台壮大，亲口说出“我爱齐鲁”那句绵长久远的情话。在她身上，齐鲁人终身的担当和奉献、护理人毕生的心血与牵挂，都凝聚为一袭白衣再执甲。

（曹英娟　邱春兰　范　弘）

秀外慧中强业务 荣盛人谦是品格

——记山东大学齐鲁医院护理前辈仲秀荣

"护士职业非常辛苦，为患者健康而付出我无怨无悔。"

【个人简介】

仲秀荣，1975 年于山东医学院附属医院卫生学校毕业，被分配到山东医学院附属医院耳鼻喉科从事护理工作。1973 年加入中国共产党。1977 年应邀到广州中山医院指导人工喉训练三个月。1978 年至 1982 年调动至麻醉科工作。1983 年至 2006 年被调回耳鼻喉科工作。1986 年到南京铁路医学院参加全国护理部进修班学习半年。1990 年毕业于山东医科大学护理系专业证书班。1985 年任耳鼻喉科病房护士长。2002 年晋升为副主任护师。2003 年任五官科科护士长。2007 年任职工保健科负责人。

2003 年当选山东省五官科护理学会主任委员。

【学术成果】

参与编写《实用护理与技术》。

【获奖荣誉】

2001 年“保留喉功能的喉癌、下咽癌手术后临床护理研究”获得山东省科学技术进步三等奖（第一位）。

工作忘我　病房的当家人

仲秀荣（右二）和同事们合影

仲秀荣从一上班就被分配到耳鼻喉科，多年来对耳鼻喉科的工作倾注了很多心血，对科室有着深厚的感情。她曾经多次说过：“把自己当成耳鼻喉科的主人，科里的事就是自己的事。”为了科室工作，她常常夙兴夜寐，不计得失，任劳任怨。无论是工作日还是休息日，无论是白天还是夜间，随时随刻，只要病房有需要，她就立即赶往病房。有一次正吃中午饭，住院患者突发意外危急状况，她放下碗筷，立即赶往科室参与组织抢救。还有一次患者夜间因病情危重死亡，患者家属在病房里吵闹，并将患者遗体停留于病房中。她知道后，半夜急忙从家里赶来。被情绪激动的家属围堵纠缠，她临危不惧、镇定自若，一边安抚家属情绪，进行解释，一边协助值班医生完善医嘱、病历等有关资料，彻夜未眠，最后事件得以快速圆满解决。

小儿静脉输液一直是个难点，年轻护士不能成功穿刺输液时都会找护士长。在大家眼里，护士长是全能手，没有护士长处理不了的难题，没有护士长协调不了的矛盾。

仲秀荣的主人翁精神在工作中处处体现，就如一位教授曾经说过的：“你们科有一道亮丽的风景线，就是病房一有风吹草动，一马当先的总是仲护士长。”

技术精湛　患者的守护人

仲秀荣兢兢业业，在耳鼻咽喉科临床护理工作中辛勤耕耘，事无巨细，亲力亲为，拥有丰富的临床护理和护理管理经验。她一生致力于耳鼻咽喉科临床护理、护理教学和护理管理，对护理新理论、新技术、新知识有着敏锐视角。她带领护理团队用专业的护理技术为患者解除痛苦，帮助患者早日康复。

科室发展新业务新技术，护士长都身先士卒，率先垂范。2000 年，心电监护仪刚刚在临床使用，她在派出护士学习的同时自己也参加了培训，对监护仪的使用和故障排除得心应手，科室新进的输液泵、注射泵也是她首先摸索应用，把方法经验传授给大家。2003 年，医院信息系统（HIS）上线，她没用多长时间就掌握了使用要领，经常在护士繁忙的时候帮助记账、出院审查、医嘱查对等。

还有一件事至今经常被提起。有一位患者术后出现呼吸衰竭，重症监护室没有床位，无法转科，仲秀荣向呼吸科借了呼吸机，现场向呼吸科护士长学习并记录操作要点，操作正确后，又手把手教给各责任护士，患者得以顺利渡过危险期。护士长敢作敢为、不畏困难、迎难而上的工作作风令人敬佩。由于耳鼻喉科的特殊性，鼻饲插管操作非常多，护士长练就了一身置管技巧，闻名整个医院，其他科室有疑难置管的患者，经常请她会诊。仲秀荣用她精湛的护理技术和辛勤付出为患者服务，和气热情周到地与患者交流，她与许多患者成了知心朋友。很多年后再遇到患者，患者还清晰地记得当年住院得到她帮助的情景。

仲秀荣善于在临床工作中发现问题、解决问题并进行总结。2001 年，她主持的“保留喉功能的喉癌、下咽癌手术后临床护理研究”项目获山东省科学技术进步三等奖。这是山东省第一次护理人员的科研成果获奖。有一次在北京参加学术交流活动，正碰上一位被分配至北京工作耳鼻喉科培养的研究生上台演讲，讲完课她看到仲秀荣在台下，就跑过来对她说："要早知您在台下听，我都不敢说了。"仲秀荣精深的专业修养得到了医护同仁的广泛认可。

严谨缜密　工作的带头人

仲秀荣工作非常严谨。因为随着科室业务发展，手术做得越来越大，所以需要在病房建立单独的监护室。仲秀荣亲自当责任护士，与各专业组教授一起梳理护理流程——输液、吸痰、鼻饲等，用一个月的时间摸清了人员合理配比，向医院申请增加护士，把病房监护室顺利建立起来。有了仲秀荣的开路引领，监护室的工作进展非常顺畅。经常有麻醉师说："耳鼻喉科护士接手术最麻利，最到位，患者苏醒到了耳鼻喉科我们麻醉师都非常放心。"

记得我们初进科室，作为护士长的仲秀荣为我们演示如何铺无菌吸痰盘，用无菌持物钳将无菌物品一一放入，并介绍为什么用这些物品，提问我们无菌盘使用时间。随后为我们演示如何进行气管切开吸痰，用无菌持物钳将吸痰管送入套管适当深度，然后一边旋转吸痰管一边松负压将痰液吸尽。我们当时看得目瞪口呆，只见过用手将吸痰管边捻转边吸引，还没看过用持物钳夹持吸痰管能将痰液吸引干干净净，简直是赏心悦目，一项护理技术操作让护士长做得既专业又有艺术性。在她的带领下，耳鼻喉病房多次赢得技术操作比赛的一等奖。

仲护士长火眼金睛，我们都怕她检查我们的工作。除了日常早、中、晚三次跟随交班外，护士长每天上午和下午都会进入病房进行护理查房。每次我们都担心自己做得不到位而被护士长检查到，因为只要稍有松懈，护士长就能看出来。记得有一次上大夜班，我们忘记打扫窗台的卫生，护士长一早进入办公室就说："怎么没擦窗台呀？"我们心里想："护士长真厉害，真的是不能心存侥幸，我们就这次没做这项工作，她一眼就看到了。”以后任何班次，我们都会把工作做到位，不然有任何疏漏，都会被护士长的火眼金睛立刻发现。

仲护士长常说，科室医护一体。她对年轻医生、进修医生和研究生的培养也非常重视，对他们的要求也非常严格，从纪律规章到业务处理都很严格。很多人都对她的指导和帮助心存感激，耳鼻喉科的教授经常说：“找到了护士长，就有了主心骨。”

热情周到 同事的贴心人

仲秀荣性格爽朗，富有亲和力。大家心里有什么事，都喜欢和她吐露。仲秀荣视科室如家庭，视同事如家人，谁家有困难，她都伸手解决，为大家排忧解难。有的家庭小两口闹矛盾了，仲秀荣会骑着自行车到她家里去调解。有的家里老人去世了，仲秀荣帮忙操持。仲秀荣有用不完的精力，公事私事一起操心，为的是大家在耳鼻喉科这个大家庭里融洽工作。

因材施教 团队的建设人

仲秀荣善于塑造团队，调和矛盾，营造积极向上、团结奋进的护理队伍。耳鼻喉科患者病情重，往往护理工作又脏又累，但是大家在这个大集体里都能愉快工作，各项工作流程非常顺畅，都能自觉互相补位，协同合作。在耳鼻喉科，一个新护士工作不到位，不仅新护士会受到批评，带班老师和搭班护士也会受到批评，因此大家都形成了强烈的集体观念，一荣俱荣，一损俱损。

仲秀荣善于发现护士的特长，根据特长有倾向性地分配任务。技术过硬、善于沟通的，着重培养成临床护理能手；善于统筹、精于合作的，着重培养成护理管理人才；善于梳理思路、文字功底好的，着重培养成论文科研人员。当有相关的培训时，她都会重点推荐相关护士参加。在她的领导和培养下，已经为医院培养了6名护士长。其他人员也成为耳鼻喉科和其他科室的护理骨干。在她们身上，都有仲秀荣严谨、奉献的精神。

后记

往事依依，如今，虽然仲秀荣已经离开了工作岗位，但她依然在热情地发挥着自己的余热。退休不褪色，离职不离心，她仍然时刻关注着齐鲁医院的发展，关注着耳鼻喉科的发展，关注着护理团队的发展。我们经常收到她的信息，对我们的工作进行指导，对我们每个人给予关心、关爱和鼓励。

“云山苍苍，江水泱泱，先生之风，山高水长。”我想，这是她们一代护理人对医院的忠诚、对护理事业的忠诚这一崇高理想和信念吧！我们不但要学习仲护士长的业务能力，也要继承她的伟大人格，将南丁格尔精神继续好好地传承、发扬下去。

（曹英娟　张瑞兰）

不负韶华守初心
白衣天使担使命

——记山东大学齐鲁医院护理前辈石花婷

“用善良、纯洁、汗水、责任搭建通往健康的阶梯，用真诚和爱心搀扶患者迈向幸福。”

【个人简介】

石花婷，出生于1955年6月7日，祖籍山东省日照市安东卫东街。1973年高中毕业。1973年至1977年任安东卫东街党支部委员、安东卫中心小学代课老师、安东卫东街小学任课老师并兼任校长。1979年毕业于临沂卫生学校莒南分校，被分配至山东医学院附属医院。1979年至1989年任心胸外科护士。1989年至1994年任胸外科护士长。1994年至2000年任烧伤整形科护士长。2000年至2011年任胸外科护士长。2011年至2013年任华美楼综合办主任。2013年至2015年任科员至退休。1976年加入中国共产党。

1994年4月到北京大学第三医院、北京积水潭医院学习。1994年6月到上海交通大学医学院附属瑞金医院、上海长海医院、上海长征医院学习。1995 年 8 月至 1999 年 1 月在山东大学成人教育学院护理专业学习 4 年毕业。2003 年 9 月至 2005 年 7 月在山东大学网络教育学院护理专业学习 2 年毕业。

【学术成果】

在《齐鲁护理杂志》《当代外科杂志》《山东医药》等杂志发表《对烧伤患者侵袭性感染的观察与护理》《高龄食管癌术后合并呼吸窘迫症的护理》《对胃肠道造瘘患者的护理体会》等 20 余篇文章。参编《现代瘢痕学治疗》《现代内科护理学》《各科疾病护理常规及技术操作规程》。

主创“移动式浸浴器的研制与临床应用研究”“移动式清创车的研制与临床应用研究”厅级课题研究，获移动式浸浴器和移动式清创车专利。

【获奖荣誉】

1992 年被评为山东医科大学附属医院先进工作者。1992 年被山东省卫生厅评为“三学三创”活动标兵。1992 年被《工人日报》记者多次专题采访，并报道。1995 年被评为山东省卫生厅“三学三创”活动标兵。1998 年被评为山东医科大学附属医院先进护士长。2000 年被评为山东医科大学附属医院先进护士长。2001 年被评为山东大学齐鲁医院优秀共产党员。2002 年被评为山东大学三八红旗手。2005 年被评为山东大学工会积极分子。2006 年被评为山东省妇联巾帼建功岗位明星。2007 年被评为山东大学工会积极分子。2007 年被评为山东大学齐鲁医院先进工作者。2009 年被评为山东省妇联三八红旗手。2009 年被评为山东大学齐鲁医院先进工作者。2009 年被评为山东省卫生厅“两好一满意”示范标兵，记三等功。1992 年《结肠上颌咽喉全食管重建术的护理》获山东省护理学会第二届优秀论文。1998 年参加院级抢救成功病例获特等奖，个人名次第二。2004 年参加院级危重患者抢救获三等奖，个人名次第四。2005 年“移动式浸浴器的研制与临床应用研究”获山东省第八届专利奖三等奖。2005年“移动式清创车的研制与临床应用研究”获山东省第八届专利奖三等奖。2010年获山东大学齐鲁医院护理新技术奖。1992年以来胸外科多次被医院评为先进科室，被护理部评为护理管理优秀病房并获“山东省护理管理示范病房”荣誉。

甘于平凡　追求卓越

她没有创造出什么惊天动地的奇迹，但用青春书写着生命的温情与感动；她将朴素的笑容绽放，用真挚的爱心为患者拂去满身的伤痛；她将青春定格在燕尾帽下，用奉献丈量着生命的长度；她在平凡的工作岗位上默默吐露着芬芳，散发出一股不怨不艾、坚贞高洁的气质。她就是山东大学齐鲁医院原胸外科护士长——石花婷。

1979年12月，石花婷以优异的成绩毕业于临沂卫生学校莒南分校，随后被分配至山东医学院附属医院工作，开启了她作为白衣天使的光辉旅程。她对待工作勤勤恳恳、兢兢业业，刻苦钻研专业技能、精益求精。十年如一日的临床一线工作，既磨砺了她的意志，也成就了她的事业。1989年，石花婷被任命为胸外科护士长，从此在管理岗位上砥砺前行，长达二十余载。在她的领导下，胸外科护理团队不断优化服务流程，创新管理模式。她推行的建章立制、以评促建、问题呈现、弥补短板等护理管理方法，不仅大胆改革，更推陈出新，使胸外科在医院病房管理评比活动中屡获佳绩，多次荣获第一名。

石花婷的卓越表现和无私奉献，赢得了众多荣誉和认可。她曾先后获得医院“优秀护士长”“先进工作者”“优秀共产党员”称号，被评为山东大学三八红旗手，山东省卫生厅“三学三创”活动标兵、“两好一满意”示范标兵等。

百舸争流千帆竞　勇立潮头敢为先

一个科室要发展，一定要在服务质量上下功夫，而最根本的问题就是服务理念的转变。秉持这种理念，石花婷率先开展优质护理服务模式，以患者为中心，在尊重、理解、关怀患者的基础上，带给患者温馨、周到的人性化服务，最大限度地满足患者的生理及心理需求，方便、快捷、热情、周到地为患者带来最优质的护理服务。

石花婷（前排右二）及其他护士长分组到胸外科参观学习

置身须向极高处。在石花婷的带领下，在全科护理人员的共同努力下，经过不断探索、挖掘、创新，实践初见成效，胸外科成为首批优质护理服务示范标杆科室。前来学习的护士长们接踵而至，一时间，胸外科成为全院管理学习的标杆。然而，新理念的实施举步维艰。在优质护理服务启动初期，石花婷也为优质护理服务的具体实施方案而彻夜难眠，通过查找相关资料、咨询专家、反复思考，定计划、写措施，并根据护理部部署的“优质护理示范工程”试点病房开展的方案和具体指导思想，利用每天晨会时间，反复强化每一位护士的服务意识，转变护士“重专业，轻基础；重技术，轻服务”的思想，加强对护士的技能培训，从一点一滴的细微工作入手，为患者提供全程无缝隙的人性化服务，实施责任护士包干患者的方法，明确每个护理岗位的职责和工作标准，责任护士全面负责所护理患者的入院宣教、生活护理、治疗措施、病情观察、专科护理、心理护理、健康教育，确保患者得到全面连续安全的护理服务。

石花婷被齐鲁医院护理人誉为“一朵深谙管理之道的铿锵玫瑰”。如今，年近70岁的她，虽已退休近10年，但她培养的铿锵玫瑰们仍在践行着优质护理服务的理念，而胸外科优质护理标杆病房的护理精神和品牌光环也仍在熠熠生辉。

左右开弓　齐头并进

医学是一门永远追求进步，不断要求发展的学科。“一名好护士的标准不仅仅是打好针、发好药，还应具备扎实的理论知识和实践能力，护理、教学、科研要统筹兼顾、协同发展。”石花婷说。

从事护理工作30多年来，石花婷始终以身作则，恪尽职守。在业务上，她刻苦钻研，虚心学习，拥有扎实的医学理论基础和丰富的临床护理经验。通过多年的临床磨炼，她尤其擅长融会贯通、学以致用，把学到的新理论、新观念及时运用到护理工作的具体实践中，并掌握了一套独特的肺部听诊、咳痰、吸痰方法，极大地促进了患者康复。

护理科研是推动护理专业发展的重要动力，也是不断提升护理质量和水平的关键所在。在科研方面，石花婷尤其注重对护士的科研意识和能力培养。通过制定激励机制营造学术氛围、组织加强学习交流，邀请医生、研究生等人员进行针对性培训等形式，提升护士的科研素养和能力。在工作中，她以身作则，注意观察、善于思考、刻苦钻研，注重解决临床护理难题，并及时总结，先后发表专业论文20余篇。作为编委，参编《现代瘢痕学治疗》《现代内科护理学》《各科疾病护理常规及技术操作规程》等著作。承担厅局级科研课题2项，获国家级专利2项，切实做到了发挥引领带头作用。在教学方面，石花婷承担山东大学护理学院讲课任务20余年，设立专题讲座“天使风采”并被山东大学护理学院聘为临床带教老师，此外，每年还负责为新入院护士进行培训讲课，并连续多年在教学评比中获护理专业总分第一名，得到了学生的广泛好评。

质量管理是医院永恒不变的主题。石花婷创新质控模式，细化质控标准，在科室创立了多个质控考核小组，明确小组分工，打造了病房事事有人管，人人有事做，大家既是护士又是管理者，也是落实各项制度监督执行者的新局面。自开展“两好一满意”活动以来，全科护理人员在她的带领下，立足岗位，高标准、创造性地出色完成了繁杂的护理工作，受到领导和患者的广泛赞扬。

大医精诚　大爱无声

作为一名优秀的医务工作者，不但要有精湛的技术，还要有良好的医德修养。南丁格尔说：“护士必须有一颗同情心和一双愿意工作的手。”石花婷护士长尽心尽职，身先士卒，视患者如亲人，受到了患者的一致好评。数年来，石花婷在平凡的岗位上践行着一个白衣天使的誓言，她以自己的实际行动和出色的工作，感染和引导着自己的护理团队。

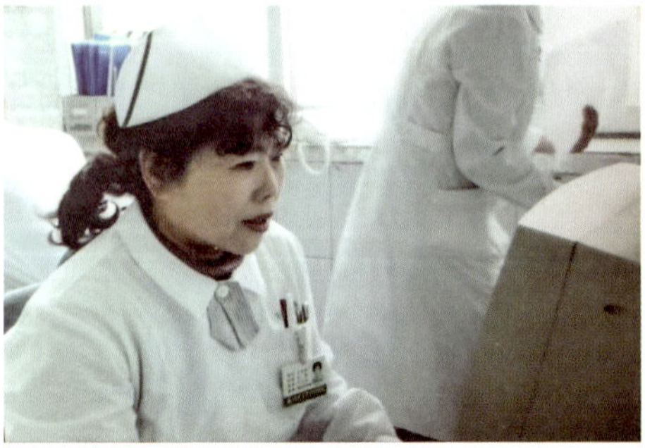
石花婷过节值班

大医精诚，大爱无声。石花婷用优质的护理服务给人民交上了一份满意的答卷，却欠自己家人一份及格的答卷。辛苦而琐碎的护理工作，既没有固定的节假日，也没有固定的休息时间，寒来暑往，连她自己也记不清曾经多少次错过了对家人的承诺和陪伴。她经常说，等孩子长大了应该能够理解她。然而，除了孩子，她觉得最对不起的还有自己的母亲。石花婷从小就没有了父亲，在她年幼时就暗下决心，等自己有能力了一定好好孝顺母亲。但是当母亲重病卧床时，石花婷却因为工作，不能陪伴在母亲身边。母亲做了截肢手术，在术后3年里需要戴假肢进行训练，她也没有因此请过一天假耽误工作。

后记

默默的奉献、辛勤的努力，三十余年的护理工作，使石花婷品尝了患者感谢时的甘甜、愧对家人时的心酸、工作繁忙时的苦累、被患者责难时的辛辣。尽管如此，但她对护理工作的热爱和为患者服务默默奉献的精神从未改变。

孔子曰："知之者不如好之者，好之者不如乐之者。"自石花婷投身护理工作以来，她始终以满腔热情热爱自己的职业，并在工作中找到乐趣，这正是她不断进步的动力源泉。她自谦为一名普通的护士，认为自己在众多的护理人员中只是沧海一粟。然而，正是这些无数的一滴水，汇聚成浩瀚的大海，滋养了无数患者的心田。石花婷的事迹是每一位护理工作者的缩影，她们以无私的爱和专业的技能，为人类的健康和福祉默默贡献力量。在她们的平凡中，我们看到的是非凡的坚持和勇气，是对生命的尊重和对职业的热爱。让我们铭记这些在医疗战线上默默付出的英雄们，她们是人间的天使，是健康的守护神。

（曹英娟　战玉芳）

洪涛江海注华美 芝艾齐生斗病魔

——记山东大学齐鲁医院护理前辈王洪芝

“护理工作伟大而平凡，伟大在于她的无私奉献，平凡在于她的繁忙且事无巨细的人文关怀。”

【个人简介】

王洪芝，出生于1957年3月21日，祖籍山东省临沂市兰山区。1980年毕业于山东医学院附属医院卫生学校，被分配至山东医学院附属医院。1980年至1990年任心内科护士一职。1990年至2003年期间分别任消化科、呼吸科、内分泌科、泌尿科、内科门诊护士长。2003年在非典办公室工作，非典过后筹建抽血中心。2012年6月退休。

【学术成果】

任职以来，撰写论文20篇，其中第一作者13篇，6篇在杂志上发表，14篇在全国及全省护理学术会上交流。1995年氧疗单吸控制装置获国家专利局实用型专利证书。参编《临床实用护理与技术》《各科疾病护理常规及操作规程》《护理学原理与实践》等专业书籍。

人们都说，时间是最锋利的刀，割在身上，划出一道道深深的沟壑，以此来彰显它的威严。但有一种东西，任时间千锤百炼，肆意妄为，也不能伤及分毫，那就是存在于眼睛深处最美的光。它是信仰，它是希望，能调动身上的每一处毛孔，为它呐喊。王洪芝让我们再次看到了它，从她的眼神中迸射出来的光，让我们看到了属于她的光彩人生。我们感同身受，感受着王洪芝老前辈的自豪与深爱，就像迎风摇曳的旗帜，肆意昂扬。

1980 年，王洪芝以优异的成绩在山东医学院附属医院卫生学校毕业，后被分配到山东医学院附属医院工作，开启了她不平凡的职业生涯。人海茫茫，30 余年来，王洪芝兢兢业业，勤勤恳恳。据她自己所说，自己学识浅薄，能力尚微，只能付出百分之百的努力，在实干中拼了命地提高自己，只为了能让护理行业接受更好更优秀的她。在这几十年间，她几乎把自己“开发”到了极致，无论是在工作上，还是在继续学习上，她都表现出了极大的潜力。功夫不负有心人，经过不懈的努力与付出，王洪芝前辈在护理道路上走出了自己的路，实现了自己最初的梦想。

1980 年 3 月，王洪芝来到心内科，她就在心底描绘出了自己的未来。这里是她的启蒙地，她怀着伟岸的理想，在这里学习工作了 10 年。在这期间，她虚心向老师求教，在工作中突破，努力地完善提高自己，即使是闲暇时光也在学习、提高。就这样，在努力和奋斗的交响曲下，王洪芝完成了蜕变。从 1990 年 3 月起，王洪芝开始了她的护理事业辉煌之旅。

之后的 13 年间，王洪芝分别被调任消化科、呼吸科、内分泌科、泌尿科、内科门诊等科室担任护士长，任职期间统筹各项工作，将护理质量放在首位，同时不忘继续提升自己的知识素养，结合各科临床解决了很多疑难问题。她

1993年3月，王洪芝（左一）与呼吸科、内分泌科专家合影

将自己在学校和医院学到的护理知识以及前辈们传授的专业临床技能，毫无保留地、夜以继日地服务于广大的患者。

2003年，国内非典肆虐横行，一时间人心惶惶。王洪芝前辈顾全大局，救人民于水火，为全国抗非典行动献出自己的绵薄之力。她接受了医院的调任，前往非典办公室工作，站在了抗“疫”前线。2003年11月非典过后，受院领导的信任和委托，她再次响应医院的号召，在院领导和各位同事的协同努力下，策划并筹建了抽血中心。她改造了旧的空针采血模式，在省内首家创建真空采血针的临床应用，降低了血细胞的再次破损和注射器的经济支出，提高了工作质量和效率，制定各项规章制度并与各门诊和实验室进行沟通协调，解决了医院多年来抽血及取报告难的混乱局面，收到了较好的经济和社会效益，省内多家医院前来参观学习，受到各级领导及相关医疗单位的一致好评。

王洪芝说，她得到的一切都是医院、护理事业给予的，这些也终将回报给她所钟爱的医院。提到这，她的眼睛顿时清亮起来，仿佛又迸发出了无限的活力，就像年轻时候一样，将自己的所有都毫无保留地奉献给了她的梦想和她热爱的高尚事业。

千磨万击还坚劲　任尔东西南北风

王洪芝介绍，在20世纪80年代的医疗背景下，基础理论薄弱，没有更好的学习机会，只能百般尝试，在实干中学习。王洪芝坚信，学如逆水行舟，不进则退。因此她把闲暇时光都充分利用起来，工作之余跟随每届进修生听课，参加各种疑难病例讨论来充实自己的知识。在频繁跨专业的工作中，在护理部和各内科专业教授的医学技能熏陶下，她获得了更多的理论知识，并应用在临床护理的工作中。闲时自己去图书馆寻找相关书籍。对王洪芝来说，学习就是不断地发现各种临床问题，再去积极地寻找答案，最后解决的过程。在这个过程中，学到的不仅仅是相关的知识，更是在艰苦环境中向上奋进的精神。

宝剑锋从磨砺出，梅花香自苦寒来。艰难的学习工作生涯并没有打击王洪芝的积极性，反而激发了她的斗志，经过不断努力，她所达到的成就不输于任何人。不止于此，王洪芝还经常将自己在学习工作中的感悟分享给他人，在她追寻的护理道路上，从来都不是一个人，而是千千万万个护理同仁一起努力。她的一切都是护理人给的，她也要把她的一切都奉献给护理人。任职以来，王洪芝前辈共撰写论文 20 篇，其中第一作者 13 篇，6 篇在杂志上发表，14 篇在全国及全省护理学术会上交流。1995 年氧疗单吸控制装置获国家专利局实用型专利证书。参编了《临床实用护理与技术》《各科疾病护理常规及技术操作规程》《护理学原理与实践》等专业书籍。

王洪芝说，她学识浅薄，能力低微。其实却不尽然，她是真正的博学者，通过自己的不懈努力，完成了从无到有的过程，其中的艰辛哪怕说上三天三夜也难以道明。对王洪芝而言，每当触动到那深深的回忆，应该都是欣慰和幸福吧。是啊，有着自己喜爱的工作，追逐着自己的梦想，身边无数有志者同行，岂不幸福？

尽小者大　慎微者著

护理工作最主要的就是细节，能够在症状发生前将其消灭在摇篮里，是护理工作者一直致力于达到的境界。扁鹊三兄弟治病，长兄优之，因其治病于发作之前。据王洪芝分享，她在工作中能够凭借多年的知识储备和临床经验，对疾病症状及时作出正确的反应，减少患者的就医时间和痛苦。在紧急情况下，仍能保持清醒的头脑和进行冷静的判断，及时协同医生对患者的疾病和症状进行快速准确的处理，获得了患者及家属的称赞，真正诠释了优质护理精神。

1990年，消化病房收治了一位患者，因脐周疼痛难忍，值班医生下医嘱：阿托品0.5毫克肌内注射。当时，王洪芝依靠自身丰富的心内科护理经验，立即为患者做心电图，显示急性心肌缺血。她立即告知医生，马上停用阿托品，更换营养心肌的药物。有效的救治使患者很快转危为安，护理价值的体现得到医生与患者、家属的一致赞誉。

1998年，一位糖尿病患者突然出现抽搐，意识丧失，头颈部不受控制的震颤摇晃，正在和他聊天的家属不知所措大声呼救，王洪芝在休息室闻声赶到，并开始组织抢救。她快速作出判断为低血糖并立即建立静脉通道，及时保护头颈部避免受伤。遵医嘱急查血糖，静脉应用50%的高渗糖10毫升后，患者渐渐停止了抽搐并恢复了意识，在场的家属和其他病员目睹抢救过程后拍手夸赞，称赞护理人员的抢救及时、专业。事后王洪芝前辈自我总结反思。首先，该患者十一点注射12单位胰岛素后，因朋友来探望没能及时进行饮食，可能处于低血糖状态。其次，急查血糖报告只有2.9 mmol/L得到验证，该患者确实出现严重低血糖。最后，该患者抽搐得十分厉害，家属心急如焚，王洪芝第一个念头是立即缓解患者的症状，做好抢救记录，向医生汇报。

王洪芝注重观察病情，在她看来，很多时候一个细小的方面没有考虑到，就会对疾病的把握方向产生偏差，尤其是在病情变化的紧急时刻。所以，她在教导后辈时，着重强调关注患者的细节，只有不断提高护理人员自身的临床素养和处理紧急状况的能力，才能做到处乱不惊、有条不紊。

落红不是无情物　化作春泥更护花

王洪芝回忆这段经历时，眼睛里流露着辛酸。她将自己最美好的年华、最炙热的热血都奉献在护理事业这片土地上，她为自己的信仰献上了全部的热忱，她的内心包含了对医院、对护理工作殷切的期盼。但埋藏在王洪芝前辈心底的还有一份愧疚，是她对家人尤其是女儿欠缺的那一份陪伴。王洪芝说，她年轻的时候以病房为家，一天 24 小时几乎都在医院度过，即使休班在家，也是在学习各种医学知识。她说，自己欠女儿的太多了。女儿在中学作文中写道："我小时候过春节，妈妈说，其他阿姨因为年龄大了，春节的时候需要休息；我长大了过春节，妈妈又说，年轻的阿姨要回家陪老人过年。年复一年，我的妈妈什么时候能陪我过个年呢？"读完这段文字，任何人都会忍不住鼻尖一酸。这样一位尽职尽责的前辈，用满腔的热爱与坚定的信念秉承初心与使命担当，值得被我们永远爱戴与尊重。

王洪芝老师生活照

后记

零落成泥碾作尘，只有香如故。起跑线上看未来茫茫一片，冲刺后回首过去一纸烟云。感叹着护理工作发展日新月异，心底还是牵挂着，期盼齐鲁护理人培养全科化综合能力，不断提高自身业务素质，开拓思维，勇于创新，将学历价值转化为工作价值。愿天下所有的护理人员心手相连，共同踏上这条充满挑战与希望的护理之路，以坚定的步伐迈向更加辉煌的未来。

（骆中誉　吕　军　李　静）

凤翥森林立乔木 英姿常伴无影灯

——记山东大学齐鲁医院护理前辈马凤英

“在平凡的岗位上成就不凡业绩！
爱与奉献是白衣天使永恒不变的主题！
爱与奉献是白衣天使无悔的选择！”

【个人简介】

马凤英，出生于1957年10月16日，祖籍山东省聊城市冠县，中共党员。1977年8月毕业后被分配到山东医学院附属医院工作。1977年8月至2013年3月在山东医学院附属医院手术室工作。1985年至2013年任第二手术室护士长。1988年8月至1990年7月在职攻读山东医科大学护理系，并取得高等教育专业证书。1992年担任山东医科大学卫生学校“手术室管理”讲课老师。2006年至2013年3月兼职麻醉科手术室党支部书记。2011年6月在浙江大学医学院附属邵逸夫医院进修一个月。2011年至2013年3月任山东大学齐鲁医院手术室科护士长。2013年4月至2017年10月在山东大学齐鲁医院护理部工作，负责督导各单元护士培训落实工作。2017 年 11 月退休。

【学术成果】

参编《临床实用护理与技术》《各科疾病护理常规及技术操作规程》《中国临床医药临床医学与护理学科研究》。主编《现代手术室护理》。

【获奖荣誉】

主编《现代手术室护理》一书并获山东高等学校优秀科研成果三等奖。1993 年被评为山东医科大学附属医院先进工作者。1996 年、1999 年、2000 年分别被评为齐鲁医院先进护士长。1999 年、2001 年分别被评为齐鲁医院优秀共产党员。2005 年被评为山东大学齐鲁医院十佳护士。

四十年如一日，马凤英老师以坚定的步伐丈量着手术室的方寸之地。在无影灯下，她以专业与热忱守护着生命的希望，将这份坚守化作永恒的灯塔。手术台旁，镌刻着她无悔的青春、执着的梦想、不懈的奋斗，以及无数个日夜凝结的汗水与泪水。她始终怀着满腔赤诚，将心血倾注于这份挚爱的护理事业，用温暖与专业书写着医者仁心的动人篇章。

新兵快速成长记

1977 年，马凤英踏入了山东医学院附属医院的手术室，以一名手术室护理新兵的身份开始了她的职业生涯。她以勤奋学习、深刻钻研的态度，面对当时艰苦的学习条件。马凤英不惧困难，加班加点，时刻准备着观摩各种手术。对于未曾见过的手术，马凤英一边担任巡回护士，一边认真学习。她通过实践与学习相结合的方式，迅速提升自己，使自己能够独立承担巡回及

1978年，马凤英（前排左一）和同学们合影

上台的护理工作。每天工作结束后，即使回到宿舍已经晚上八九点，她仍不辞辛劳地将当天遇到的手术细节一一记录，从结扎血管的线号到切割手术部位的刀号，从血管钳的使用到缝合的具体部位，她都详尽地做好笔记。马凤英还不忘预习第二天的手术，熟悉主刀医生的习惯，使自己能够更加从容地配合手术团队，确保手术的顺利进行和患者的安全。她以惊人的速度掌握了心外科、胸外科、普外科、骨科、泌尿外科、神经外科、妇产科、五官科等各个专业领域的手术配合技巧，无论是术前准备、台上协作、台下巡回还是手术后的处理，她都能够熟练应对。在面对大型、复杂、紧急的手术以及危重患者的抢救时，马凤英更是展现出了卓越的专业技能和冷静的判断力，成为手术室中不可或缺的一员。

勇做学术带头人

马凤英严谨扎实、精益求精、严于律己、不断提升，于1985年被聘为手术室护士长，也是医院当时最年轻的护士长。

多手术学科专业水平的快速发展，尖端、微创手术的不断开展，进口仪器设备的不断引进，对手术室管理和护理质量提出了更高的要求。马凤英感到重任在肩，不仅要不断提高自己的管理工作能力，还要提升全科护理人员的专业知识水平，将其应用于手术中的患者，更好地保障手术患者的安全。她坚持每天进行交班前讲座，提问当日手术应做到哪方面物品、仪器、特殊器械准备，术中可能出现哪些问题，手术中容易损伤什么部位、血管、神经，患者术中体位应注意什么，应该做好哪些准备工作，等等。

对于上百种仪器的功能及操作程序，马凤英更是率先示范带头学习，不断请教专业技术人员，将上百种只有英文说明的进口仪器的功能、操作程序、注意事项等，结合实际编制成易懂、易掌握、图文并茂的中文流程，让所有护理人员在手术配合中提高了效率，缩短了手术时间，更减少了患者术后并发症的发生。

坚持以患者为中心

手术室工作的特殊性，在于它是多手术学科治疗抢救的重要场地，给患者提供一个安静、舒适、不紧张的环境至关重要。马凤英坚持手术前一日带领护士开展术前访视，了解患者情况，根据患者病情、体重、年龄制订手术配合方案。手术当日，为了更好地安抚患者，她总是提前半小时上班，走进每一个手术间与患者交流，安抚患者的情绪，介绍手术间的环境，回答患者提出的问题，分散患者注意力，消除患者在手术台上焦虑紧张的状态。就这样，她坚持了 30 多年。

马凤英始终坚持一切以患者为中心的护理理念，并落实到实践中。冬天患者躺在手术台进行皮肤消毒时需要将被子全部拿开，再加上消毒液是凉的，消毒面积大，患者就等于洗了冷水澡。针对这个问题，马护士长带领护理团队，不断画图剪纸、反复推敲，亲自躺在手术台上试用，最终做成了可以保护患者体温的手术护肩被、下肢被等。在不影响消毒面积的前提下，既减少了患者的暴露又做好了肢体的保暖，有效保护了患者的隐私，减少了手术低体温的发生。对于手术时间长、难度高的大手术，为防止患者术中压力性损伤的发生，她每次都提前做好预防工作，很早就定制各种手术体位垫，如肩垫、肩胛垫、足跟垫、俯卧位架、额头垫等，做好有效保护，几十年来马凤英所在的手术室从未发生患者术中压力性损伤的情况。

严谨认真做表率

加班加点是手术室的工作常态，往往需要根据患者手术的顺利程度决定

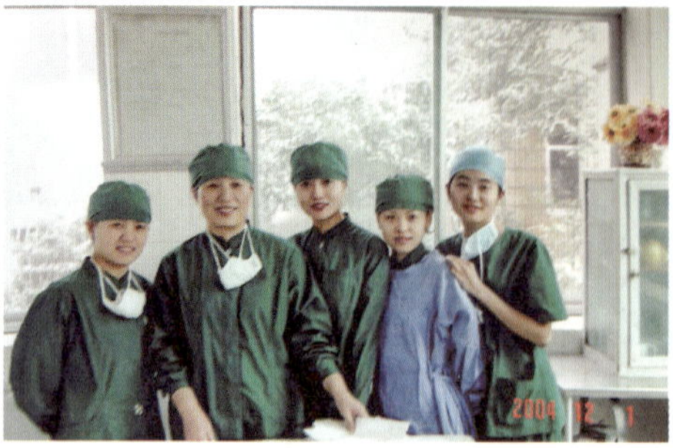

2004年，马凤英（左二）和同事们在手术室合影

下班时间。有一次，齐鲁医院首例“空肠代下咽”手术从早晨八点一直进行到晚上十一点半，共进行约16小时。在这段时间里，马老师站在手术台前聚精会神地配合手术医生进行每一步操作。患者手术顺利完成，生命体征平稳，安全回到病房。像这样的例子比比皆是，但马凤英从来都是无怨无悔，兢兢业业，一直坚持在临床第一线。

绩效改革做试点

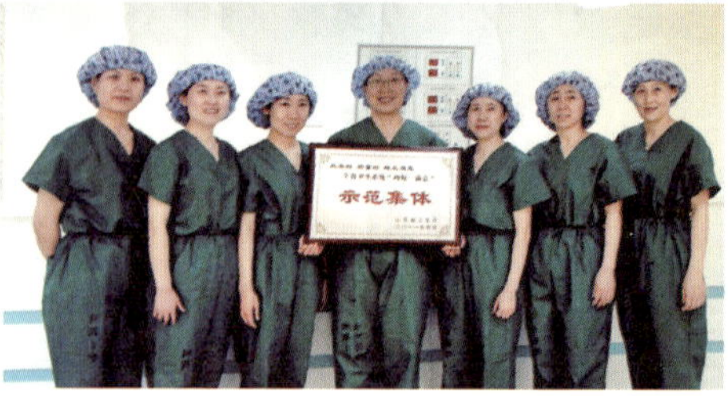

2011年，马凤英（左四）和同事们合影

医院实行绩效改革后，认真执行医院方针政策——绩效考核也是对护士长的考验。一是要考虑如何提升医院的床位周转率、手术台使用率，并且保证患者的安全和费用不受影响。二是怎样更好地调动大家的工作效率。经过调研，征求大家意见决定将工作量、手术时间纳入考核范围。通过无数次试点，反复推敲测算，不断推翻，不断改进，经过五六十次的测算，最终将奖金与工作量直接挂钩，这样不仅调动了大家的积极性，还提高了工作效率。第二手术室也是最早在医院实行绩效管理考核的部门，此测算方法一直延续至今。

坚强的家庭后盾

有人说，一个人在事业上有所成就，除了个人努力，离不开前辈指点、同事相助、家人理解和支持。马凤英就有一个幸福的家庭做后盾。由于工作的原因，手术室护士长常常无法在节假日与亲人相聚，休息时间也经常待命，以备特殊情况发生。为了给同事们更多节日团聚的机会，马凤英坚持每年大年三十上班，几十年没能够和家人一起包除夕饺子。一个夏天的周末，马凤英带孩子去游泳，孩子刚进入游泳池，寻呼机（BB 机）就响了：“有患者需要急救。”马护士长立即给孩子讲要回家，因为有很急的患者需要妈妈去救她，得去手术室。孩子含着泪水懂事地答应了。当马凤英急速回到手术室时，胎盘早剥的产妇刚进入手术室，值班护士早已做好应急准备。马凤英和同事们立即实施快速抢救，建立两条静脉通道，剖出婴儿，经清理呼吸道，婴儿终于发出了响亮的哭声，而产妇此时却处于休克状态，术中加压输血共 5000 毫升，经过救治最终患者转危为安，母子平安回到病房。一路风雨，一路彩虹，马凤英的家人一直在背后默默地支持着她，也成就着她。

后记

马凤英是一位非常敬业和专业的手术室护士长，她以勤奋学习、深刻钻研的态度，迅速成长为一名能够独立承担巡回及上台护理工作的精英。她不仅在手术室工作中展现出卓越的专业技能和冷静的判断力，而且在管理工作上也表现出严谨扎实、精益求精的态度。她坚持每天进行交班前讲座，提升全科护理人员的专业知识水平，并且能够将复杂的进口仪器设备的操作程序编制成易懂的中文流程，提高了护理团队的工作效率。作为科室护理领导与管理者，她认真执行医院方针政策，通过不断的调研和改进，提升医院的床位周转率和手术台使用率，同时保证患者的安全和费用不受影响。马凤英的成功不仅源于她个人的不懈努力，也得益于家人的理解和支持，她的家人是她坚强的后盾。马凤英是一位非常值得尊敬和学习的护理专家，她是楷模和标杆，指引着我们前进的方向。

（邢介霞　吕　军）

均平如水护苍生
美意延年济世长

——记山东大学齐鲁医院护理前辈王均美

“护理工作不仅是一份职业，更是一门艺术，它需要你不断地学习进取，以满足病患的需求。”

【个人简介】

王均美，出生于1958年12月27日，祖籍山东省日照市涛雒镇。1979年12月毕业于临沂卫生学校，被分配到山东医学院附属医院工作。1979年至1982年在小儿内科工作（老四南病房），任护士一职。1983年至1989年任护师一职，参与病房搬迁（小儿内科于1989年搬迁至新病房大楼济众楼）。1990年至2000年任小儿内科病房护士长。2001年至2011年任小儿内科门诊护士长。2011年至2017年在住院处床位管理中心工作至退休。2017年12月退休。1992年1月加入中国共产党。

1991年参加上海护士长静脉输液管理培训。2011年前往浙江大学医学院附属邵逸夫医院进修护理管理。曾任山东省护理学会儿科护理专业委员会副主任委员。

【学术成果】

撰写论文30余篇，分别在《中国实用护理杂志》《齐鲁护理杂志》等期刊发表。

参编著作《生儿育女900问》《各科疾病护理常规及技术操作规程》《临床实用护理与技术》《生儿育女1001问》《护理学理论与实践》《家庭育儿误区》6部。

【获奖荣誉】

《经心导管关闭动脉导管未闭的护理和小儿肾穿活组织检查的应用及护理》获山东省科技三等奖。

曾多次被评为山东大学优秀共产党员、齐鲁医院优秀共产党员、先进工作者、文明服务标兵、优秀护士长、抗击非典先进个人，2011年被评为山东省“两好一满意”示范标兵。

一袭白衣，圣洁无瑕，却将爱传递；一双脚印，悄无声息，却将生命牵系。我们的护理前辈们用辛勤和汗水在看似平淡的日常工作中默默奉献，为万千家庭带来健康和希望。

初识王均美，还是在25年前。年轻的我们怀着战战兢兢、忐忑不安的心情走进医院儿科，遇上一群团结、充满活力、充满爱心的齐鲁护理人，从此，择一事，终一生，开启了我们热爱的儿科护理事业。王均美作为儿科的护士长，也成了我们的第一任老师，在我们青春的路上给予我们指引和陪伴，并让我们看到白衣天使最美的样子。

学贵有恒　务实上进

王均美老师成长在海边城市日照，1979年于临沂卫生学校毕业以后就被分配到山东医学院附属医院小儿内科工作，从此，赶海的小姑娘变成了美丽的白衣天使。在当时那个山水相隔、交通匮乏的年代，遥远的海边家乡也成了回不去的奢望，她把心思都用在了学习护理知识和护理技术上。当时小儿内科是一个100%无陪护病房，患儿的家属为孩子办理完住院手续后就全部离开了，住院期间爸爸妈妈们每周探视孩子两次，直到出院。在这期间患儿的一切治疗、护理、生活起居全部都由医护人员来完成。对于一个刚刚毕业的学生来说，这些工作要做好是非常不容易的事情，很多工作在实习的时候也没接触过，一切都要从头开始。从给孩子喂奶喂饭、换尿布、洗澡到治疗护理，刚出校门的王均美老师一步一步地跟老师们学习，慢慢地就适应了工作环境，从此也爱上了儿科护理工作。这一干，就是30余年。

王均美说，在儿科工作期间，她得到了领导和老师们很多的关心和帮助，有些事情至今仍历历在目。例如，小儿静脉穿刺是一门较难掌握的技术，刚开始自己把握不住要领，老师就一遍一遍地教，自己也反反复复地练。有时候和同事互相对着在身上练，慢慢地就找到了技巧，为以后的工作打下了良好的基础。她顺利成长为儿科病房的护士长，于1990年开始承担病房管理工作。

至诚至善　用职业诠释母爱

儿童是生命之花，脆弱娇嫩，只有不断付出，才会不断绽放。王均美经常对我们说："要体会患儿父母的心情，每当面对承受着病痛折磨和心理压力的患儿和家属，我们除了帮助治疗疾病，应该给予更多的关怀和温暖。这种关怀不是单向付出，我们也能在患儿身上收获赞美、依赖和感动。"

王均美（前排右一）带领年轻同志到济南战役纪念馆参观学习

据王均美回忆，她工作的第一个大年三十，恰逢她值夜班，接班后做完了常规的治疗和晚间护理，就开始安排患儿睡觉。有一个五岁的再生障碍性贫血的小男孩比较调皮，用药后很亢奋，在病房里到处乱跑，就是不睡觉。安排好其他患儿后，王均美就把他抱到办公桌前给他讲故事，一遍又一遍，最后终于把他安抚睡了。那时已经是夜里十点多了，守着安静的病房，听着病房外过年的鞭炮声，她的眼睛湿润了，感慨思绪万千……自己不过是一个刚刚毕业离家工作的孩子，却因为肩上的责任早早地承担起母亲的角色。谁说不是呢？儿科病房的护理工作，一半是责任，一半是母爱。

多年的儿科工作，王均美积累了丰富的临床经验，家属的信任、患儿的依赖成了她工作的动力。据同事回忆，有一名患白血病的12岁女孩，反复多次的化疗让她对治疗产生抗拒，每次抽血或静脉注射都非常不合作，但只要王均美去了，她就非常配合。有一次王均美下夜班准备离开病房的时候，患儿的妈妈找过来，说孩子不让其他医护人员抽血做检查，让王均美过去看一下。于是，王均美又重新换上了工作服来到患儿床前，当患儿看到王均美时，就主动从被子里伸出小手，用信赖的眼神看着她。当王均美穿刺成功后，患儿被病痛折磨的脸上露出了一丝笑意，因为那时候她的病情已经到了晚期。当我们和王老师说起此事时，王均美说：“当时给患儿穿刺的时候，我内心也在鼓励自己，一定要用最精湛的技术，争取一次成功，减轻她的痛苦，不辜负孩子对自己的信任。”王均美说：“这样的事例还有很多，至今历历在目。有些孩子都上大学了，还跑来医院看我，问我还认识他们吗？哪里还能认识呀！那时候他们是备受疾病折磨的患儿，如今都成大学生了，而我依然是他们的护士阿姨。”

至真至诚　用责任培养后辈

每个人都希望在自己的人生路上，能遇到明灯一般的指路人，几句箴言就能指引自己前进。

记忆中，王均美总是既风风火火又稳中求进。对待年轻的后辈，不仅有生活上的关心，更多的是学业和学术上的鞭策和指导。王均美作为护士长，带头组织大家进行学业深造以不断适应医学发展的需要。给我们印象最深的是，大家利用休息时间返回科室围坐在一起学习，下了夜班去参加学业考试，大家精神饱满，快乐无比，互相打气。儿科团队的同事们都及早顺利完成后续学业深造，得益于那时儿科良好的学习氛围。

在学术上，王均美是山东省护理学会儿科护理专业委员会副主任委员，积极组织学术会议，指导大家撰写学术论文，提高学术修养。犹记得王老师指导我们一遍一遍写第一篇论文的情景，圈圈点点间望见她青丝中夹杂的白发，她的青春慢慢沾染了岁月的痕迹，而我们也渐渐成长为她的样子。

日月交替，星月同辉。不经意间悄然滑落的似水流年已去，也使我们渐渐明白：护理，关乎生命，关乎传承，关乎爱，春华秋实，任重道远！多年以后，她们就是我们，我们亦是她们。

不在能知　而在能行

王均美（前排左三）和住院处、床位管理中心的同事们在一起

由于工作需要，在王均美退休前的几年，她被抽调到住院处床位管理中心工作，继续发挥自己的光和热。从临床一线到床位管理中心，跨度还是蛮大的。王均美虚心学习、重新思考，结合自己多年的临床工作经验，协同医务处、护理部、住院处

积极协调床位管理工作，既方便患者就医，又提高了床位周转率，用责任和担当诠释了一名白衣天使职业生涯最后的辉煌。

岁月带走芳华　带不走那份热爱与敬畏

退休以后，王均美担任离退休第九党支部书记，带领支部党员群众积极参加社区志愿服务，荣获舜耕街道党工委颁发的社区共建优秀党组织、模范共建党支部等荣誉。芳华已逝，初心不改。王均美作为一名共产党员，时刻不忘党员身份，竭诚为大家服务，并于2022年山东大学齐鲁医院庆祝建党101周年之际荣膺优秀共产党员，受到表彰。

王老师在哪里，责任就在哪里。在新冠病毒感染疫情期间，她更是身披战甲，义不容辞地扛起责任，义务为社区居民采集核酸检测标本，用实际行动担负起了一名白衣天使的光荣使命，获得“最美抗疫志愿者”等荣誉称号。

后记

王均美给我们的印象，一直都是朴实无华、真诚热忱的。她说：“回想起来，自己还是太平凡，从事儿科护理工作30余年，护理了成千上万个孩子，培养了一批又一批的年轻人，我只是做了应该做的工作，做了最真实的自己。”然而，此时，我们想对她说，这就是您了不起的平凡之事，这就是值得歌颂的伟大！愿王老师永远眼含笑意，笑看十里春风，愿王老师永远满怀热忱，拥抱五彩的生活。

（盛桂梅　吕　军）

延医问道创新境
荣德流光启新程

——记山东大学齐鲁医院护理前辈李延荣

“桃李不言，下自成蹊。”

【个人简介】

李延荣，出生于1959年10月20日，祖籍山东省济南市历城区。1981年7月毕业于山东医学院卫生学校，被分配到山东医学院附属医院急诊科。1983年9月至1987年6月毕业于山东医科大学夜大学护理专业，获高等教育专科学历。1985年至1991年任急诊科副护士长。1991年至2004年任急诊科护士长。2005年至2019年任医保办科长。2010年至2013年任山东省医学会第一届医疗保险分会副主任委员。

【获奖荣誉】

1988年、1990年、1991年均获山东医科大学附属医院“先进工作者”称号。1989年获山东医科大学附属医院“优秀护士长”称号。1992年、

1993 年均被评为山东省卫生厅“三学三创”活动十佳标兵。1994 年被评为山东医科大学附属医院文明职工。1996 年、1997 年、1998 年均被评为山东医科大学附属医院先进护士长。2003 年被评为山东大学防治非典型肺炎工作先进个人。2003 年获山东省防治非典型肺炎工作、山东省人事厅三等功奖章。2012 年被评为济南市医保局医院医保管理工作先进个人。

在医学的广袤领域中，护理是一项不可或缺的工作，每一位护理人员都是一颗璀璨的星辰，用他们的专业与爱心，为病患点亮生命的希望。时光荏苒，岁月如梭，回想起在医院工作的日子，李延荣心中涌起无尽的感慨。那段时光既充满了挑战与压力，也洋溢着温暖与希望。

初心如磐　立志医护

李延荣出生在一个普通家庭，从小就对医护工作充满了憧憬与向往。在她看来，护士不仅是穿梭于生死边缘的白衣天使，更是以无尽温柔与坚韧编织着生命之网的织梦者，这份情怀如同初春悄然绽放的花朵，虽不起眼，却蕴含希望。怀揣着这份热爱，她毅然投身到护理事业中去，以期能够用专业的知识和技能为病患减轻伤痛，拯救生命。

1981 年从山东医学院卫生学校毕业后，李延荣进入山东医学院附属医院被分配至急诊科工作。急诊室的工作是繁重忙碌的，也正是在日复一日紧张的工作中，她不仅熟练掌握了各项护理技能，而且在实践中不断学习和成长。她深知，作为护士，不仅要有专业的技能，更要有爱心和耐心，去关心每一位患者，给予他们温暖和力量。回忆起年轻时初入护理行业的情景，李延荣的眼睛里总是闪烁着坚定的光芒。

辛勤耕耘　磨砺技艺

在日复一日的工作中，李延荣始终保持着对护理工作的专注和热情，忙碌的身影时常穿梭于急诊科的每一个角落。她不仅精通各种护理技能，还具备极强的沟通能力和人文关怀精神。无论是面对急危重症患者，还是复杂的医患关系，她总是能够沉着冷静，迅速应对。李延荣以她的勤奋和才华迅速脱颖而出，得到了医院上下一致好评和肯定，连年被评为医院先进工作者，并连续两年被评为山东省卫生厅“三学三创”活动十佳标兵。1985 年，李延荣被任命为急诊科副护士长，这激励着她在日后的工作岗位上更加兢兢业业，从而更好地去服务患者。在那一刻，她的心是激动的，却又是平静的，激动于自己多年的努力终于得到认可，平静则源于对这份责任的深刻理解与担当。一分付出一分收获，李延荣用努力丈量出一条属于自己的成功之路。

临危受命　矢志不渝

2003 年非典来袭，给公共卫生安全带来了严峻的考验。时任急诊科护士长的李延荣临危受命，挑起负责筹建医院发热门诊的重担。这是一项艰巨而复杂的任务，不仅需要极其深厚的专业知识，更需要卓越的管理能力和冷静的决策力。

李延荣深知，发热门诊的建立对于及时发现和隔离疑似病例至关重要，是防控非典疫情的第一道防线。她迅速行动起来，组织人员、规划布局、协调资源，每一项工作都井井有条，确保发热门诊能够迅速而有效地投入使用。当时李延荣前辈作为值守人员，需要 $N\times24$ 小时在岗，但是她毫无怨言，一心一意守好发热门诊这块重要阵地。在这个过程中，她不仅是一位出色的护士长，更是一名忠诚的共产党员。李延荣常说，作为一名护士长，她有着保障患者健康和生命安全的责任；作为一名共产党员，她更有义务在党和人民需要的时候挺身而出，承担起应对危机、保护人民生命健康的重要任务。她言行一致、以身作则，展现了一名医护工作者和共产党员的责任与担当。

在非典疫情期间，李延荣的领导和奉献精神不仅为医院发热门诊的顺利运行提供了坚强保障，也为抗击非典疫情作出了重要贡献。她的故事激励着每一位医护人员，用实际行动诠释了医者仁心和共产党员的先锋模范作用。李延荣前辈也因此获得山东省人事厅三等功奖章，这也是对她无私奉献和卓越工作的最高赞誉。

李延荣荣获山东省人事厅三等功奖章

无私奉献　培育新人

除了在临床工作中发光发热，李延荣还非常注重对新人的培养和传承。她认为，一个优秀的护士不仅要有扎实的专业技能，更要有高尚的职业道德和人文关怀精神。因此，她经常组织护士们进行业务学习和经验交流，结合工作实际与带教大纲要求，坚持每周布置两个具体学习内容，并用自己的亲身经历和感悟来激励和引导她们。一天下班后，刚在科里洗完澡的李延荣还未走出急诊科，就偶遇了因群体食物中毒而紧急入科抢救的民工们。李延荣心中一紧，立刻投入紧张的抢救工作中。她与同事们迅速分工合作，有的负责询问病史，有的忙着采集样本，还有的则开始为患者进行初步治疗，每个人的脸上都写满了严肃与专注。直至深夜，最后一位患者病情稳定后，李延荣才拖着疲惫的身躯走出医院。这种情况在急诊科屡见不鲜，医护人员因抢救危重患者，时常无法按时就餐，甚至需要加班加点工作。

在工作中，李延荣是严谨的领路人，但在情感上，她更是一位呵护幼辈的大家长。每年的新春佳节，当万家团圆、欢聚一堂时，护士长李延荣前辈总是选择坚守在医院，用她的行动践行着医者的责任与担当。连续 24 年，

山东医科大学卫生学校老师慰问临床教学老师（李延荣为前排左四）

她始终如一，春节期间从未离开过医院，把休班的机会一次次让给了年轻的护士们，让她们能够回家与家人团聚，感受家的温暖。李延荣的坚守，不仅是对工作的敬业，更是对年轻护士们的关爱与传承。她深知，春节对于每个人来说都意义非凡，尤其是那些刚刚步入社会的年轻护士们，她们或许还未曾经历过太多的离别与坚守，更需要在这个特殊的时刻感受到家的温馨与关怀。也正是因为她的这份举动，更激发了护理后辈对工作的热爱和对团队的归属感。

在李延荣的影响下，每一位急诊人都在用自己的实际行动诠释着医者仁心的真谛，也是在她的悉心指导下，一批又一批的年轻护士成长为医院的骨干力量。

一生守护　芳华无悔

回首 2005 年 1 月，那是一个充满感慨与不舍的时刻，李延荣告别了陪伴她数十载的急诊科，踏上了新的征程——医院医保办。对于李延荣来说，这个转变既是一个全新的开始，也是她职业生涯中的又一重要里程碑。在医保办的日子里，李延荣依然保持着那份敬业与热情。她积极学习新知识、新课题，不断提升自身业务能力，致力于确保医保基金的合理支出，保护医、保、患三方的利益，并为此不懈努力，赢得了各方的好评，她因卓越表现被济南市医保局评为医院医保管理工作先进个人。直到 2021 年 6 月，李延荣才正式从单位退休。

那一刻，她感到了一丝轻松与释然，但也充满了不舍与感慨。她回顾着自己的职业生涯，那些忙碌而充实的日子仿佛就在眼前，她感慨万分，也为自己能够坚守在医疗事业中而感到自豪。她用自己的行动诠释着医者的责任与担当，也传递着一份温暖与关爱。

“柔肩担重任，巾帼绽芳华。”李延荣前辈以女性的细腻与温柔，扛起了医疗事业的重担，展现了新时代女性的卓越风采。她所传递的温暖与希望，将激励着一代又一代的医护人员在医疗事业中勇往直前，为病患带来更多的希望与力量。

后记

李延荣寄语年轻的齐鲁护理人，在这个日新月异的时代，挑战与机遇并存，唯有不断自我提升，勇于探索未知，善于挖掘自身潜在的价值，才能在护理事业的广阔天地中立于不败之地。“打铁还需自身硬”，这是对护理工作者最质朴的告诫，扎实的理论基础和精湛的技术技能永远是护理职业的立身之本。希望每一位护理人都秉持初心，脚踏实地，勇于担当，在自己的岗位上大放异彩，为齐鲁护理事业的繁荣与发展贡献自己的青春与力量。

（刘　迪　韩　萍　邢介霞）

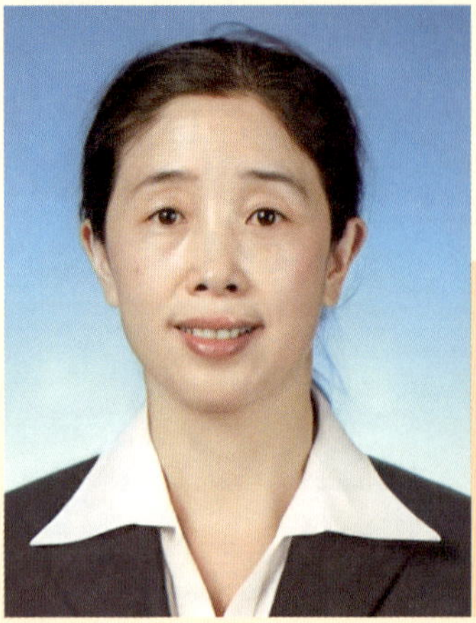

上善若水白衣行 风华不减济众情

——记山东大学齐鲁医院护理前辈李善华

“我热爱自己的护理岗位，热爱护理这个职业，也热爱护士这个称呼。”

【个人简介】

李善华，出生于1961年5月20日，祖籍山东省济南市历城区。1981年7月毕业于山东医学院卫生学校，被分配到山东医学院附属医院。1981年至1984年在内科病房进行护理工作（消化血液科）。1984年至1995年任心内科护士一职。1995年至2000年任肿瘤化疗科护士长。2000年至2011年任妇科病房护士长。2011年至2014年任妇产科门诊护士长。2014年至2021年任护理部质控科护士长。2016年至2017年担任山东省继续医学教育项目负责人，并举办国产营养新技术培训班。

1994年7月毕业于山东医科大学夜大学护理专业，获高等教育专科学历。2004年7月毕业于潍坊医学院护理专业，获本科学历。2011年4月于浙江大学医学院附属邵逸夫医院进修护理管理。

曾任山东省妇幼营养学会常务委员，全国孕产妇危重症评审专家，山东电视台爱贝果特聘专家。

【学术成果】

发表学术论文20余篇，参编著作5部。获得药物保留灌肠器专利，参与山东大学齐鲁医院院级课题，参与山东省医药卫生科技发展计划项目（模拟分娩训练对初产妇分娩结局影响的临床研究）。参与编写《心血管疾病诊治进展》《临床实用护理与技术》《妇产科临床常规医护手册》《妇产科基本技能》《中华妇产科护理三基训练手册》。

【获奖荣誉】

《腹腔镜及开腹手术治疗卵巢囊肿的疗效和卫生经济学评价》获省级三等奖（山东软科学优秀成果奖励委员会）。

泛黄灯光下的风骨，刻满了岁月肆意妄为的侵染，那坚挺的脊梁却也摇晃不了丝毫。夕阳一丝一丝地迸射进窗口，试图带走她最后的信仰，她却心如古井，不为所动，使得骄阳也露出疲态。在这场无声的战斗中，血染半边天，以完胜收场。记得她最后留在脑海中的那一抹笑容，夹杂着灵眸中闪烁着的光芒，恍惚间，好似看到了百年前的南丁格尔，提着灯。或许这一刻，像极了燃灯下的伤残士兵，仿佛他们看到了真正的天使。

不忘初心筑梦行　根植信念启新程

1981年7月，李善华毕业于山东医学院卫生学校，后被分配到山东医学院附属医院内科病房（消化血液科），成为一名光荣的内科护士。在李善华看来，当年一时的幸运选择了护理行业，就代表她将在这个地方起航。在此后的40年里，她用汗水和心血诠释了什么是齐鲁护理人，实现了她所追求的人生价值。在她的心底压着一份骄傲，时时刻刻、心心念念当年在求学时立下的誓言，为护理事业奋斗：救死扶伤，守护人民健康，真诚对待每一位患者。

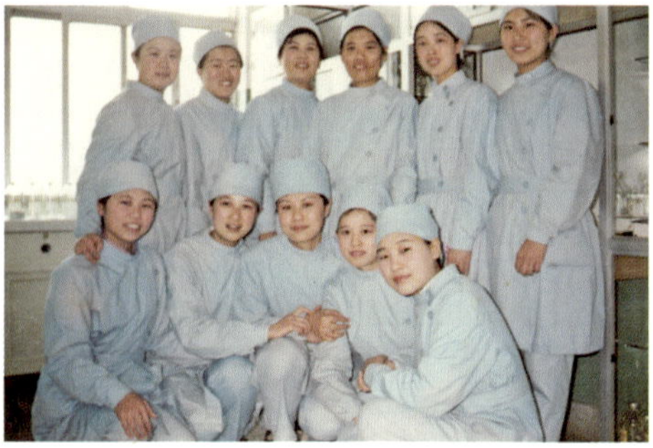
1989年8月，李善华（后排右二）在济众楼心内科与同事们合影

1984年8月，李善华被调往心内科从事临床护理工作。心内科患者病情变化快，急危重症患者多，专业性强，为尽快适应紧张快速的工作节奏，随时投入抢救患者当中去，她努力学习专业理论、心电图知识以及各种抢救仪器设备（如心电监护仪、除颤仪）的应用，并熟练掌握心内科各项抢救技能。在日常护理工作中严密观察，及时发现病情变化，抓住抢救时机，无数次使患者转危为安，她很快从一名护士成为科室的护理骨干、带教老师，在心内科工作期间多次被评为先进工作者。

1990年，李善华（前排左二）参加山东省护理教育学术会议

她的护理之路在此开启，点点滴滴的积累都源于此，从护士到护师，再到主管护师。李善华说，这段经历是她整个护理生涯中记忆最深刻的一段体验，因为这里是她人生的缩写，是她扬帆起航的码头。“合抱之木，生于毫末；九层之台，起于累土；千里之行，始于足下。”在这里度过的十个春秋，没有辜负她的辛苦付出，终究是结出了累累硕果。十年时间，她参编著作1部，发表学术论文10余篇。

1995年，医院筹建肿瘤化疗科，李善华因工作能力突出被调往肿瘤化疗科担任护士长。化疗科为医院新建科室，李善华当时对肿瘤化疗了解甚少。为了组建专业团队，她虚心向医生、同行请教学习，在短时间内，李老师将化疗药物的种类、作用机理、用药的注意事项整理成册，制订肿瘤化疗患者的护理常规，对护士进行培训指导。化疗科应用化疗药物对静脉穿刺技术要求高，血管选择不当会发生静脉炎，患者多次化疗会造成血管损伤，药物外渗会造成皮下组织坏死，静脉穿刺选择血管成为肿瘤患者应用化疗药物的拦路虎。为解决这一难题，科室从北京请来专家指导，最早开展了锁骨下静脉穿刺置管技术。李善华带领团队，从置管、维护到用药、护理，形成了一套完整的护理模式，为肿瘤患者顺利完成化疗提供了保障。当时肿瘤化疗科收住的患者多为癌症晚期，住院时间长，不仅承受躯体的病痛，还要承受巨大的心理痛苦。为了给患者创造一个温馨的病区环境，全体医护人员共同努力，将中心五病区创建为医、护、患一家亲的优质护理管理模式。患者感叹，来到中心五病区就像回到温暖的家，家中有爱、有温度、有依靠，更有信心！在中心五病区住院真真切切感受到护理团队全心全意为患者服务的真情厚意。李善华说，当年因工作需要离开化疗病房时与患者、同事、医生难舍难分的情景仍历历在目。

在肿瘤中心那些挥洒热血的日子里，李善华内心的护理信念愈发坚定。她立志不辜负领导、医院以及护理行业对她的深厚信任与重托，全力以赴，将个人的能量发挥到极致，为护理事业奉献自己的一生。在这里，李善华经历了心灵的洗礼，以一颗赤诚的心，坚守党的信仰，光荣地加入了中国共产党。同年，她荣获“先进护士长”荣誉称号，这是对她专业精神和工作成果的高度认可。2005年，李善华以其卓越的专业技能和敬业精神，被晋升为副主任护师，开启了职业生涯的新篇章。2011年，

1996年，肿瘤中心成立，李善华（前排左一）与其他护士长合影

她担任妇产科门诊护士长，出色完成了华美楼妇产科门诊的筹建和搬迁工作，展现了她的领导力和组织协调能力。2014 年，李善华调入护理部质控科，负责护理质量安全管理，将她的专业知识和能力无私地奉献给了医院的每一个角落，为提升医院护理服务质量作出了不可磨灭的贡献。

问渠那得清如许　为有源头活水来

自知者明，自胜者强。李善华深知自身的不足，更深知知识的重要性。她知道，只有不断学习和提升自己，与时俱进，才能在专业领域有所突破，更好地帮助患者，服务社会。

1996 年 5 月，李善华（前排中间）与肿瘤中心化疗科护士合影

20 世纪 90 年代初，李善华老师通过成人高考考取了山东医科大学夜大学护理学专业，大学四年她刻苦学习，成绩优秀，连年被评为三好学生、优秀学生干部，并于 1994 年 7 月顺利毕业，取得护理专业专科毕业证书。2000 年又通过成人自学考试，于 2004 年取得潍坊医学院护理专业本科毕业证书。通过不断学习，李老师增加了个人护理知识储备，提升了理论认知能力。在学习期间，她一直奔波于医院与学校之间，兼顾学习的同时勤勤恳恳地工作，高强度的节奏造就了所向披靡的她，让她在收获了硕果累累的理论知识的同时，也铸成了无坚不摧的意志。

2011 年 4 月，李善华被派往浙江大学医学院附属邵逸夫医院进修护理管理，这大大提高了她在护理管理上的造诣，为日后在护理部质控科的工作奠定了基础。在那里，李善华深刻地理解了护理管理者的责任和义务。回顾从业数十年来的点点滴滴，结合护理管理相关理念，李善华对护理行业的理解和认知有了质的飞跃，或许这就是她能将临床与护理融汇于心的契机。

万事须已运，他得非我贤。从业数十年，李善华老师从开始的懵懂无畏，在错综复杂、林林总总的际遇中成长，通过学习历练不断完善，逐渐强大，到后来运筹帷幄、砥行立名，深有感触。她说，她现在所拥有的都依赖于前人余荫，我们都是站在巨人的肩膀上看世界，护理事业不是一蹴而就的，也不是单打独斗的，而是要靠每个人添砖加瓦、竭尽全力。“雄关漫道真如铁，而今迈步从头越。”李善华老师坚定学习信念，努力工作，从业数十年，发表学术论文 20 余篇，参编著作 5 部，获得药物保留灌肠器专利，参与山东大学齐鲁医院院级课题，参与山东省医药卫生科技发展计划项目（模拟分娩训练对初产妇分娩结局影响的临床研究），《腹腔镜及开腹手术治疗卵巢囊肿的疗效和卫生经济学评价》获省级三等奖（山东软科学优秀成果奖励委员会）。以上经历和成果，均对她个人职业成长和护理行业的发展起到了鼓励和推动作用。

身为护理前辈，李善华还心心念念着护理新苗。她这一代的前辈们已经走在了时代前列，她们身上有着我们需要学习一生的东西，那就是信念。为了护理，她们可以抛弃一切，可以放弃舒适圈，可以忘掉烦恼，全心学习，忘我工作，只为对得起自己身上的一袭白衣。在此，向李善华老师致敬！

功不唐捐　玉汝于成

李善华的事迹是对护理事业无限忠诚与热爱的生动诠释。面对重重困难，她以坚定的信仰支撑自己，始终保持一颗赤子之心。在她眼中，所有的付出都是值得的。四十年如一日，无论是节假日还是周末，李老师始终坚守在临床一线，与患者共度每一个春节，这已成为她工作的一部分，成为一种习惯。李善华回忆说，在刚参加工作不久的一个春节，除夕值班时她有些想家，有些伤感。忙碌了一个晚上，大年初一早上巡视病房时，患者给她送上了春节最亲切的问候：“小李过年好，你辛苦了！”并且，还悄悄地给她送来了水饺。顿时，一夜的疲劳一扫而光，泪水在她眼眶里打转，内心无比温暖和感动，她觉得所有的辛苦和劳累都是值得的。

李善华说，正是有这么多可爱、有爱的患者们的支持和理解，让护理工作进展得越来越顺利，让护理人更加热爱自己的事业。据李老师回忆，5·12国际护士节在20多年前并不像现在这样宣传庆祝。她清晰地记得，在肿瘤化疗病房工作期间，5月12日早上她们像往常一样进行晨间护理时，走进病房发现房间干净清洁，床头桌上物品摆放整齐，床铺平整三折至床尾。患者齐声道："护士节快乐！你们辛苦了！"当时她们感到很吃惊，患者说："今天是护士节，我们自己动手整理好床铺了，不麻烦你们了，好好过节吧！"李老师说："护士节我们自己都忘记了，但是我们的患者还记得给我们过节，并送来真诚的问候。我们十分感动。要知道我们这些患者都是癌症晚期患者，是我们平时工作的点点滴滴感动了他们，我们的工作得到了患者的认可，这是何等的荣耀啊！这让我们更加坚定内心的信念，在护理工作中真诚地对待每一位患者就会得到患者的理解和支持，患者满意是我们护理工作的动力。我热爱自己的护理岗位，热爱护理这个职业，更爱护士这个称呼，因为能帮助到需要帮助的人。"

李善华说，她最庆幸的是与患者之间能有亲人一般的信任，当时的她并不知道自己一个小小的举动会给受伤的小心灵带来那么大的温暖，这影响着她的一生。2003年夏天，李善华像往常一样，提前半小时到病房查看夜间患者情况，了解病情。2号病房一位小女孩引起了她的注意——她的身边没有家属陪伴。经了解，这是西藏中学的一名13岁藏族学生，因"卵巢瘤扭转"急症收住院，学校的生活老师办理好住院手续并安顿好后就回学校照顾其他学生了。小女孩刚从西藏来济南不久，不会说汉语，又没人照顾，沟通需要笔和纸进行简单的书写。李善华说，这个小女孩和她的女儿一样大，当时就决定做小女孩的临时妈妈，给孩子温暖和陪伴。她从家里给小女孩带来衣服、书本，给她做可口的饭菜、炖营养的鸡汤，安排每班护士细心陪伴照顾她，直至痊愈出院。李善华说："出院时小女孩专门带来一套藏族服装让我穿上，亲手献上哈达，以藏族最崇高的礼仪表达感激之情并要求合影留念。以后，她成长的每一步，从初中到高中，再到大学以及工作结婚生子，都会来信告知。逢年过节，也会送来来自西藏的远方的祝福。”李善华老师的故事，让我们看到了护理工作的价值和意义，也让我们感受到了护理人员与患者之间深厚的情感联系。她用自己的行动演绎了什么是真正的护理精神。

后记

真诚待人，人自真诚以待。李善华用心工作，以善念示人，受到了病患及家属的万般赞扬。40 年的护理生涯，她以一颗无怨无悔、问心无愧的心，走过了一段段充满挑战与感动的旅程。虽然年事已高，虽然离开了抛洒热血的战场、离开了可爱的护理队伍，但退休多年的李老师依旧牵挂着齐鲁医院，牵挂着护理行业，这是她一生割舍不掉的牵挂。

李善华用自己平凡而又火热的人生，为我们树立了一位优秀护理工作者的典范。她激励着我们每一位后来者接过接力棒，勇往直前，为了人民的健康事业，尽情挥洒我们的青春和热血！

（骆中誉　吕　军　李　静）

其华灼灼声若日 珍雅秀美亘式穀

——记山东大学齐鲁医院护理前辈魏其珍

“人生如攀峰，只要肯攀登。”

【个人简介】

魏其珍，1962年4月15日出生，祖籍山东省济南市高新区。1996年2月14日加入中国共产党。1979年9月至1982年7月于山东医学院卫生学校学习。1985年9月至1988年6月于泰山医学院高护班学习，获全日制高等院校专科学历。2000年9月至2002年6月在山东大学夜大学习，获本科学历。1982年7月至1985年8月在山东医科大学附属医院眼科工作，任护士、副护士长。1988年7月至1989年9月任胸心外科副护士长。1989年10月至1990年9月任口腔科副护士长。1990年10月至2000年4月任普外科（西六病房）护士长。2000年4月至2012年11月任普外科（西五病房）护士长、外科总护士长、副主任护师、普外科党支部组织委员。2012年12月至2021年4月任山东大学齐鲁医院外科党总支书记。2021

年5月退休。

2012年3月参与全国万人护理人才培训项目。2012年9月参与第二期护理管理培训项目。

2015年任山东省护理学会外科护理专业委员会副主任委员。2017年8月任山东省研究型医院协会监事。2017年8月任山东省研究型医院协会外科分会护理学组组长。2019年9月任山东省研究型医院协会护理学分会主任委员。

【学术成果】

参与编写《各科疾病护理常规及技术操作规程》《实用护理学》。

【获奖荣誉】

1999年被评为山东医科大学附属医院先进个人。2005年、2006年被评为山东大学齐鲁医院工会积极分子。2005年被评为山东大学齐鲁医院十佳共产党员。2006年被评为山东大学齐鲁医院优秀共产党员、山东大学优秀共产党员。2010年被评为山东省卫生系统优秀女护士、山东省三八红旗手。2011年被评为全国优质护理先进个人。2012年被评为山东省巾帼建功标兵。2015年被评为山东省无偿献血优秀组织者。2016年被评为山东大学优秀党务工作者。2019年被评为山东大学齐鲁医院优秀党务工作者。

像一本陌生的诗集飘至眼前，印载了一首又一首未曾出版过的诗篇。诗的序言到后记，有近40年的重量了。这本无言无字的诗集，就是魏其珍跋涉过许多路，漂泊过不悔岁月汇聚而成的。近40年，绚烂了一代人的青春，花白了自己的鬓角，在细碎的时光中守护生命，在溯洄的时代里书写大爱。大公无私的默默奉献，以身作则的砥砺前行，南丁格尔的誓言无声，崇仁厚德的笃行不怠，在齐鲁这片热土上，阳光负责普照大地，她却只管滋润心灵。

心怀温暖　健康守护

1982年，魏其珍踏入医院的大门，从眼科开启了一生的护理生涯，也是从此时此刻开始，她埋下了“春蚕到死丝方尽，蜡炬成灰泪始干”的无尽奉献的种子。魏其珍聪慧好学，完成了泰山医学院高护班（高级护理班）全日制专科学业，并带着所学回归到工作岗位，以更加专业、更加完善的知识体系指导实际、结合实际。1985年被提拔为眼科副护士长。

自1988年至2012年，魏其珍担任护士长期间，经过胸心外科、口腔科和普外科等多个科室的历练，带领护理团队试行全新护理方案，提出“把患者当亲人，把病房当家”的工作理念，带动一批护理工作者积极学习、提升自我，收到源源不断的感谢信和点赞。她把“博施济众，广智求真”作为座右铭，在无数个日夜里，为来院患者及家属打造了温暖病房，把党和医院的关怀及时传递到每一位护士心中。在她的身上，我们能够清晰地看到“小人物”是如何经历了大时代，又如何顺应了时代下的大变革。她用自己的双手擦亮了医院温暖的底色，用双脚丈量了医院的每一个角落。魏其珍不停地接触着形色各异的患者，见证了无数生命的此消彼长。她始终对这世界有一个天真的梦，希望在哪一天，众乐齐响，余音绕梁，融化误解，消除隔阂，润泽你我。那时的她既是一名以热血赴使命、以行动践诺言的党员，又是一名扎根基层、以平常心持之以恒做平凡事的基层工作者，更是一名常驻患者之间、用点滴真情温暖他人的护理人员。她用无私的真情感动患者，以永不服输的精神探索新知，用平凡的坚守铸就心灵高地。

2013年，山东大学齐鲁医院护理部组织护理技术比武，外科荣获一等奖，魏其珍领奖

1985年至2012年，魏其珍由副护士长晋升为外科总护士长，由护师成长为副主任护师，并成为普外科党支部组织委员、山东大学齐鲁医院外科党总支书记。在此期间，她广泛开展基层宣讲，弘扬医者的高尚品德，持续厚植职工的家园情怀和共担意识，让责任与分享成为所待过的科室最广泛的价值认同，奋力建设温暖如家、共担共享的安心病房，为建设大爱齐鲁凝聚了强大的精神力量。

流年笑掷 未来可期

参加工作的最初时光，魏其珍面对的不仅是各项设备简陋、物资匮乏，还有诸多不被理解的惆怅。年轻的魏其珍要兼顾家庭与工作，她毅然决然地选择后者。她欠家人一次完整的晚餐，欠女儿一个温暖的拥抱，欠夜里一盏早归的灯火。

她充分认识到学习是精神传承之路、个人成长之梯、科室发展之要，并自觉把学习作为一种政治责任、一种精神追求、一种生活方式，内化于心、外化于行。同时，她用这种不竭动力影响着身边的每一位同事。她率先在医院建成一个帮扶小组，打造业务、生活、成长共进步、齐分享的“铁三角”模式。

2002年，她以优异成绩通过了山东大学的本科学习，边工作边学习，边实践边成长。2012年，她先后通过了全国万人护理人才培训项目和第二期护理管理培训项目的学习。她这种拼搏和执着的精神深深感染着后来的年轻一代。直至今天，她工作过的岗位，她管理过的科室，都一直盛行着“比、学、赶、帮、超”的向上、向善、向美氛围。2012年12月至2021年4月，她担任山东大学齐鲁医院外科党总支书记期间，始终坚持不懈学习党的理论知识，坚定马克思主义、共产主义信仰，在工作中坚持运用唯物史观和正确党史观解决问题、处理问题，积极将党史学习教育成果转化为实际经验引导年轻一代，增长智慧、增进团结、增加信心、增强斗志。带领整个外科系统学习党的路线方针政策和国家法律法规，结合工作需要提高学习的精准性，坚持干什么学什么、缺什么补什么，并要求大家带着问题学习，以患者为师，在深入临床一线中学习，在学习思考中创新方法，在总结经验中提高能力。

她始终置个人利益于不顾，至今却已是桃李满天下，花开遍齐鲁。如今她培养起来的护理新生代，延续了百年灯火，使南丁格尔精神薪火相传，这正是她想要的情景。

扈江离与辟芷兮　纫秋兰以为佩

技不在高而在德，术不在巧而在仁。魏其珍老师在工作中兢兢业业，一直坚守的是“救治的先是人后是病”，一直信奉的是“常常去安慰”。她坚持用温度赋能岗位，破除医患沟通传统模式，打开心扉拥抱患者，放下偏见跨越距离。患者给魏老师的感谢信里写的是“咱们的齐鲁”，陌生来、温暖爱、欢喜分开，患者都喜欢她的这种“不见外”。

在护理工作中，她遵循问题导向、目标导向。她看不得病床上无助的眼神，听不得痛苦的呻吟，她立志要以专业服务解除或者缓解患者的病痛。魏其珍参与编写的《各科疾病护理常规及技术操作规程》一书，便旨在以严格护理工作的每一步，衔接好护理流程的每一环，从客观操作上减缓患者的痛苦。她在一次次的护理实战中感受患者所需，在一日日的床旁宣教中思考工作所用，誓做患者的守护者，初心如磐的践行者。她在工作中创新，在创新中提高，参与编写的《实用护理学》一书，至今仍在护理工作者间传阅、学习。她更多关注的是患者的心理动向，医生治的是病，她护的是心。她申请主持的科研课题有“直肠癌结肠改道手术患者心理状况改变及其对免疫功能的影响”“结直肠手术前不同肠道准备方案的对照研究”等，在医学期刊发表专业学术论文20余篇，并在山东省医疗、护理专业学术会议上进行学术交流。

魏其珍屡获殊荣，从院级到校级，从市级到省级乃至国家级，但她从未将这些荣誉放在心上。对她而言，更在乎的是患者的健康，更在意的是她深深牵挂的护理新人，更在意的是齐鲁医院的繁荣与未来。她将这些荣誉视作过眼云烟，而将她的心和灵魂全部倾注于那些需要她的人和这个她深爱的医院。

2016 年，魏其珍（第一排右三）老师作为山东大学优秀党务工作者代表领奖

后记

少年时寻到光，青年时遇见爱，暮年到来，光与爱在她的眼里撞了个满怀。病房就是战场，辗转于病房、课堂和会议室，她跨越了患者与年轻护理一代的心灵，赢得了深深的敬意，这便是魏其珍老师一生最美的荣耀。如今魏其珍老师光荣退休，但她实现了在进取中超越，在人生的平凡中非凡。这是她的人生，更是她的荣誉勋章。

（李玉芹　赵　燕　吕孝娜）

巧手梳理好服务
慧心开创新篇章

——记山东大学齐鲁医院护理前辈刘巧慧

"人生如诗，不在于长短，而在于韵味与意境的深远。"

【个人简介】

刘巧慧，1984年7月毕业于山东医学院卫生学校，被分配至山东医学院附属医院。1984年至1986年在血液科和消化科工作。1986年至1988年在小儿外科工作。1988年至2004年在骨外科工作。2004年至2024年任骨外科护士长。2014年至2023年任骨外科、外科科护士长。2010年到浙江大学医学院附属邵逸夫医院进修。

曾任山东省创伤护理学会主任委员，青年委员会主任委员，山东省护理学会外科、骨科专业委员会副主任委员，山东省疼痛研究会理事，护理专业委员会副主任委员。山东省骨科加速康复联盟副主任委员，山东省医院感染管理专业委员会委员，山东省医学会血栓巡讲团讲师，中国残疾人康复协会、肢体残疾康复专业委员会委员，中国健康促进基金委员会委员，中国研究型学会骨科创新与转化专业委员会委员，中国医药教育协会加速康复外科专业委员会加速康复外科护理协作组委员，中国研究型医院学会护理教育专业委员会委员，中国研究型学会全国健康照护师培训师。

【学术成果】

在核心杂志上发表论文数篇，其中 SCI 论文 10 余篇。参与省级、厅级及院级的科研工作。

【获奖荣誉】

获山东省抗震救灾三等功、首届全国外科护理科普演讲大赛优秀科普使者奖。被评为山东省三八红旗手，校级院级非典防治先进个人，中国科协抗震救灾先进个人，省委组织部支援抗震救灾优秀共产党员，山东大学优秀共产党员，山东大学工会积极分子，山东省卫生计生系统巾帼建功标兵，山东省最美护士，山东省优秀护士，山东大学齐鲁医院三甲复审先进个人，山东大学齐鲁医院护理部优秀护士。

四十年，她循光而来，沐光前行，在蜕变与突破中不断成长、不断跨越；四十年，她从历史走向未来，栉风沐雨、提灯前行，择一事终一生，不为繁华易匠心，成为无数人心中的楷模。她，就是中共党员、山东大学齐鲁医院大外科原科护士长、骨外科二区护士长刘巧慧。

1984 年夏，刘巧慧以优异成绩从山东医学院卫生学校毕业，怀揣着满腔热忱踏入医院大门，开启了她护理事业的辉煌征程。从那时起，她便以无尽的责任心、崇高的职业道德、严谨的工作态度和卓越的管理智慧，守护生命的尊严，雕琢服务品质，搭建护患之间的温暖桥梁，为护理事业的每一个

刘巧慧工作照

细节都注入了温度，让爱与关怀在病房里流淌。

2004 年，凭借卓越的工作业绩，刘巧慧被任命为骨外科护士长。在临床工作中，她积极整合国内外前沿护理管理理念，凭借高效的执行力，打造出一个高水平、高质量的外科护理团队。在她的带领下，骨外科二区护理团队凝心聚力、攻坚克难，不仅护理成绩屡次蝉联全院第一，更助力骨外科二区病房成为齐鲁医院优质护理的标杆病房，为医院护理事业树立了新的典范。

坚守初心　奉献护理事业

承载生命，大爱无疆。每当旭日唤醒黎明，刘巧慧便开始她忙碌而充实的一天。一顶燕尾帽、一袭白战衣，是她不变的装扮，更是她无言的誓言与职业的象征。岁月悄然流逝，40 年的护理生涯，她见证了无数泪眼被微笑感化，痛苦被双手抚平，阴霾被温暖驱散。她用无数个日日夜夜的坚守，换来生命的延续和健康的回归。她的双手宛如美丽的白鸽，盛满人间的情意和生命的温柔，为患者带来希望和安慰。当患者在与病魔抗争、与痛苦抗衡时，刘巧慧护士长常常悉心安慰，热心开导，为他们在黑暗中点亮明灯，让他们在困境中重拾信心。她的付出化作额头的汗水，化成熟练的操作，化成那双带着笑意的眼睛，那是她最温暖人心的标志。

勇担重任　展现巾帼风采

博施济众，广智求真。2003 年，SARS（严重急性呼吸综合征）席卷中国大地，刘巧慧护士长主动请缨，前往发热门诊奋战了 30 余天。面对防护物资紧缺等难题，刘巧慧护士长率领团队克服重重困难，向组织交上了一份满意的答卷。

2008 年汶川地震，灾难骤降，生死攸关。在这场突如其来的浩劫面前，刘巧慧再次挺身而出，毅然决然地奔赴前线，投身抗震救灾的生死救援。她与无数同行并肩作战，勇担重任，用行动诠释着医者的担当与无畏。然而，家中传来消息，女儿第二天要做手术。那一刻，作为母亲的她，内心满是愧疚、牵挂与担心。但面对灾区急需救治的伤员，她深知自己的责任，毅然选择了坚守抗震救灾的前线阵地，义无反顾地投入救援工作。她知道，自己的责任不仅在于家庭，更在于这片土地上受难的同胞。在抗震救灾的同时，她内心默默祈祷着女儿手术顺利。赈灾救援献大爱，救死扶伤上火线。回首当年，刘护士长只淡然地说了一句：“这点小事算什么，没有国哪有家？”她的付出与奉献，得到了党和人民的高度赞誉。山东省三八红旗手、抗震救灾三等功、校级院级非典防治先进个人和省部级优秀共产党员等多项荣誉称号，是对她付出的肯定和褒奖，她用新时代的巾帼风采撑起了一片晴朗的天空。

山东大学齐鲁医院南丁格尔志愿护理服务队始终以南丁格尔为精神灯塔，以红十字精神为行动准则，秉承“服务百姓、生命至上”的理念，践行志愿服务担当。作为服务队副队长，刘巧慧以高度的责任感和使命感，积极组织并带领团队开展形式多样的志愿活动，涵盖科普宣传、义诊服务、入户关怀等多个领域。坚持不懈、科学有序地开展健康关怀服务，让爱心与汗水成为公益的见证，为“健康中国”贡献力量。

2003 年，刘巧慧（右二）在发热门诊奋力抗击非典

2008 年，刘巧慧（左三）参与汶川大地震救援

创新理念　护航百姓健康

为更好地满足人民群众多元化护理服务需求，进一步改善护理服务品质，深化优质护理服务内涵，切实推动护理工作更加贴近患者，刘巧慧护士长不断深化“服务至上，关爱如一”的理念，时刻践行“有时去治愈，常常去帮助，总是去安慰”的人文关怀，让护理带着温度，更贴近临床、更贴近患者。

近年来，随着医学观念的不断更新和整体护理模式的全面推行，现代医学模式对疾病的治疗及指导意义日益为人们所接受，这就要求护士的知识更加丰富，不仅要掌握医学、护理学知识，还要掌握护理心理学、社会学、人文学等多学科的知识。刘巧慧护士长积极组织科室护理团队开展系统学习。她创新性地引入“互联网＋学习模式”，借助微信、钉钉群等线上平台，打破时间和空间的限制，为护士们搭建了便捷高效的学习交流环境。通过线上课程、学术讲座、案例分享等形式，团队成员得以不断丰富知识储备，提升专业技能，整体专业素质显著提高。凝心聚力，组建创新团队，研发“多媒体宣教系统”“互联网＋加速康复”等多个创新项目，并荣获山东省护理技术创新二等奖等奖项，极大地提高了护理工作的科技含量，提升了患者满意度。

2020 年 6 月起，齐鲁医院护理部探索实施“优陪优护”优质护理模式，并在优质护理标杆病房骨外科二区病房开展试点。刘巧慧护士长创新服务理念，在不断的模式探索中，推出“优陪优护”新模式，不断健全管理制度，规范“优陪优护”管理标准，构建病区全方位、无缝隙、“五规范”陪护管理模式，实现精细化护理服务规范。同时，实施“严准入、严考核、严督导”管理方案，积极探索建立护理员分级管理机制，实行医疗护理员培训管理规范；为保证住院患者的家庭心理支持、为患者提供人性化的护理服务，基于医院 5G+ 网络，建立患者信息智能管理平台，实现云探视管理规范；基于无陪护管理团队对患者营养需求的调研，制订营养订餐流程，医生开具饮食医嘱，营养师查阅供餐明细，提供治疗饮食，实现饮食供餐管理规范，为患者提供“有温度”的优质、高效、便捷和人性化的服务，获得“医护患”的高度赞誉。

追求卓越　打造护理品牌

刘巧慧护士长不仅在临床工作中表现出色，更是护理学术研究与交流领域的杰出代表。她带领团队深耕质量改进领域，连续多次打造高质量的质量改进项目，凭借卓越的专业素养和创新能力，多次荣获省、全国乃至亚洲一等奖，将护理质量提升至国际先进水平。同时，她还担任山东省创伤护理学会主任委员以及多项国家级、省级学术兼职。她举办国家级学术会议，精心打造齐鲁护理学术品牌，为提升医院护理学术水平作出了重要贡献。在全省优质护理服务创新理念中，刘巧慧起到了引领示范作用，为整个护理行业树立了新的标杆。她不仅注重护理实践的提升，还积极参与学术研究和交流，将最新的护理理念和技术引入实际工作中，推动了护理工作的不断创新和发展。

在护理专业领域，专科护士正逐渐成为推动专业发展和创新护理服务的核心力量。刘巧慧护士长作为山东省护理学会骨科专科护士基地负责人，凭借其深厚的专业素养，在基地建设及人才梯队培养方面深耕细作，为齐鲁骨科专科护士的培养奠定了坚实基石。此外，她深入了解加速康复的理念和方法，将其与骨外科护理工作的实际相结合，制定出了一系列切实可行的措施和方案，同时在“优陪优护”方面也取得了显著的成果，为行业树立了榜样。凭借在护理专业领域的卓越贡献，刘巧慧护士长被评为三甲医院等级复核工作先进个人。这一荣誉不仅是对她个人专业能力的高度认可，更是对其在护理团队建设、学科发展、质量提升等多方面工作的全面肯定。

光辉的榜样　永恒的追求

刘巧慧用她的真心与耐心诠释着人生的真谛，用同情心与爱心呼唤着生命。她肩负使命、追求卓越，在护理事业的道路上不断前行。她的精神品质和成就不仅为我们树立了光辉的榜样，也激励着我们为齐鲁护理事业再续新篇。多年的临床一线工作，刘巧慧如同一位指挥若定的将军，她的身影总是那么坚定而专业。每当有重症患者被紧急送入病房，警报声响起的瞬间，她总是迅速而冷静地出现在现场，眼神中透着果敢与担当。她敏锐地观察着患者的每一个细微变化，无论是伤口的渗出、肢体的肿胀，还是患者脸上微妙的表情，都逃不过她的眼睛。她会迅速召集团队，用专业的术语和清晰的思路为大家布置护理任务。在她的指挥下，护士们分工明确，有条不紊地进行各项工作。她亲自示范操作，每一个动作都标准而规范，她的手势和眼神都透露出对专业的执着和热爱。在 2023 年即将退休之际，刘巧慧并未选择安逸的天伦之乐，而是毅然决然地踏上了持续推动护理质量改进与理论总结的光荣征程，被山东大学护理理论与实践创新研究中心、山东大学齐鲁医院护理部聘请为护理创新发展办公室主任，成为齐鲁医院首位退休返聘的护理人员。

后记

展望未来，刘巧慧那璀璨夺目的精神之光与深邃的智慧理念，无疑将成为我们追求卓越道路上的灯塔，照亮我们前行的每一步。她的理念不仅激励着我们，更将引领我们携手并进，共同绘制出一幅幅温馨而和谐的护理蓝图，共同构筑一个更加璀璨夺目的健康明天。

（曹英娟　隋丽丽　吕孝娜）

洒向人间都是爱
清如莲花淡如菊

——记山东大学齐鲁医院护理前辈李爱菊

"温柔耐心是你的特质，用心呵护着每一个受伤的身体；白衣天使是你的名字，真心把爱散播到每一个角落。"

【个人简介】

李爱菊，1963年2月22日生于山东省济南市莱芜市（现为莱芜区）。1982年7月毕业于山东医学院卫生学校，被分配到山东医学院附属医院。1982年至1985年于内科担任护理工作（呼吸、内分泌）。1988年至1995年任消化内科副护士长。1997年至2012年任干部保健科护士长。2013年至2023年任齐鲁医院妇儿神党总支书记。

1985年7月至1988年7月在泰山医学院首届高级护理班学习，获高等教育专科学历。1995年6月至1997年6月在新加坡陈笃生医院进修护理专业。2007年至2009年7月在山东大学继续教育学院学习，获本科学历、学士学位。

曾任山东省老年护理专业委员会委员，《齐鲁护理杂志》编委，山东省保健委员会特聘专家。

【学术著作】

发表A类核心期刊文章5篇，主持厅级课题2项。参编著作包括《护理医学问答》《各科疾病护理常规及技术操作规程》《高血压诊断与治疗》《消化性疾病饮食指导》《实用护理与技术》。

【获奖荣誉】

两次被评为优秀带教老师、先进工作者。多次被评为工会积极分子。荣获为山东省干部保健先进个人，荣立三等功。

1982年7月，李爱菊以优异的成绩毕业于山东医学院卫生学校，进入山东省医学院附属医院，成为一名光荣的护理工作者。此后的数十年里，她从一名见习护士做起，在学习上勤勉刻苦、虚心求教，在工作中兢兢业业、尽职担责，时刻谨记从医时立志救死扶伤的誓言，将自己的一生都奉献给了她所钟爱的护理事业。

孜孜不倦　守望相助　追求卓越永不停步

虚心好学、刻苦钻研是李爱菊在学习和工作中培养起来的好习惯。在临床工作中，她深知自己基础理论知识的不足，随着医学科学领域的迅速发展，如果不及时学习就会随时被时代所淘汰。刚参加工作，她以病房为家，病房、集体宿舍两点一线的生活节奏成了她年轻时代的全部。每天早晨7点之前准时来到病房，查看患者病情，根据所学的基础知识，观察分析每一位病患的身体变化，也常常帮助夜班护士完成工作。白天忙于工作，晚上自学文化课，每天坚持学习 3 小时。天道酬勤，1984 年，全院护士技术比武大赛，她积极报名，认真准备，取得了技术比武第一名的好成绩。1985 年参加成人高考，成功考入泰山医学院首届高级护理班，并于 1988 年毕业，获得高等教育专科学历。她在工作中发现，很多专业书籍、仪器设备是用英语标注的，为此，不断追求进步的她又开始学习英语。她仅仅是在卫生学校期间才开始接触 26 个英文字母，英语基础几乎是零，但她下定了决心，利用业余时间学习英语。她口袋里装着一本汉英小词典，下班路上、食堂就餐稍有间歇就随时查阅、背诵记忆，图书馆、自习教室里经常有她学习的身影。

1995 年，国家选派护士出国进修，经过山东地区选拔，李爱菊老师顺利入围。1995 年 4 月，她参加了北京理工大学为期 2 个月的集中英语培训。当时孩子才两岁，因为无法照顾，就送回了老家由父母帮助照看。为珍惜来之不易的学习机会，她把所有的时间和心思都放在了学习上，在北京学习期间没有游览过一次名胜古迹，如饥似渴地学习专业英语。功夫不负有心人，经过激烈角逐，她顺利通过卫生部组织的中国国际化人才外语考试（BFT）。1995 年至 1997 年，她赴新加坡陈笃生医院进修学习，学习了新加坡的系统化医院管理经验，亲眼目睹发达国家的风土人情和先进技术，开阔了眼界，英语水平也得到了很大的提升。李爱菊说，她非常感谢家人的大力支持。20 世纪 90 年代出国的护士不多，学成归来的更是凤毛麟角。回国后，她正赶上国内护理专业发展迅猛，学历层次不断提升。45 岁的李爱菊继续追求卓越，又报考了本科，2007 年至 2009 年在山东大学继续教育学院学习，获得本科学士学位。

勤勤恳恳，不计较个人得失，一直是她工作中的作风。任劳任怨、加班加点在工作中已经成为常态。多少年来的春节值班对她来说已经成了惯例。

1990 年，病房新大楼（现济众楼）启用，不满 30 岁的她因工作突出，被任命为东四消化内科病房代理护士长。她对领导的信任和鼓励倍加感激，

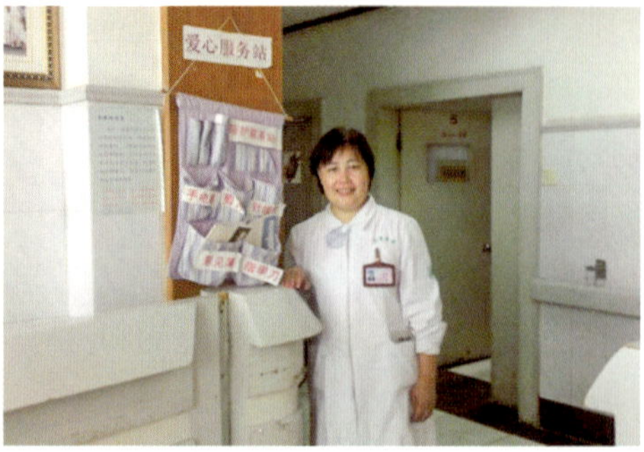

2011年，李爱菊在病房护士站的工作照

同时又觉得责任重大，内心忐忑。为尽快提升护理工作质量，她虚心向老同志学习，调动年轻护士的积极性，凝心聚力，倾注了全部的精力和热忱，踏实勤奋，把全部精力奉献给了她珍爱的工作岗位。凭借扎实的专业理论知识、创新敏捷的思维、科学化的管理和过硬的护理技能，她努力践行着护士长的职责，用先进的护理理念支撑起护理工作的新框架。在她的影响带领下，全体护理人员积极努力，消化内科病房在众多病房中脱颖而出，连续两年被评为医院优秀科室。

20世纪90年代，正赶上医院等级评审，创建三甲医院，李爱菊率先垂范，以身作则，把全部精力投入工作中。强化三基三严理论学习、练习技术操作、落实病房各种规章制度，加班加点是工作的常态。为解决年轻护士值班经验不足的问题，她常常夜间也来巡视病房，查漏补缺，确保工作中不出现任何差错。李爱菊对当时的现场评审仍然记忆犹新：各种书面材料准备充分，整齐有序排放，现场提问对答如流。当时护理评委是山东省立医院护理部主任，主任突然提了一个意想不到的问题——肝硬化的英文名词是什么？“Cirrhosis of Liver！”李爱菊脱口而出。当时的专家组成员纷纷竖起了大拇指。

李爱菊在呼吸内科、内分泌科、消化内科、干部保健科任职。经过30年的潜心磨砺和不断成长，她从护士、护师、主管护师到副主任护师，2013年，全院医护人员竞聘上岗，她脱颖而出，华丽转身，成为一名中层行政管理人员。

信守南丁格尔誓言　救死扶伤服务病患

“护士就像部队前线打仗的士兵、前哨。”依稀记得1981年来医院实习时，时任山东医学院卫生学校的教务处主任做战前动员时这样生动地描述护士。这个比喻，李爱菊用30多年的临床实践得到了验证。每天穿梭于病患之间，日复一日，年复一年，不分节假日，与患者接触时间最长，她们最先触摸到生命的疼痛，最先嗅到死神的气息。在与死神的较量中，她们最先建立起静脉通路，输氧吸痰，把无数患者从死亡线上拉了回来，挽救了无数个家庭。从刚走出校门如花似玉的小姑娘到双鬓染白的花甲之人，李护士长始终初心不改，忠于职守，默默无闻，敬业奉献。

20世纪80年代，医院开展责任制护理，护士8小时在岗24小时负责。护士除了完成日常工作外，还要承担患者的生活起居，熟悉本科室常见病、多发病的护理。在保健科工作期间，面对的都是七八十岁以上的老年人，他们多病共存，病情复杂、变化快，危重患者多，随时抢救患者是常有的事情。每天早晨一进科室，她就习惯性地看看走廊里有没有抢救车，如果抢救车在病房门口，二话不说立即更换隔离衣参与患者抢救。有时候晨会交班时，患者家属推门而入，报告患者情况紧急，医护人员会迅速赶到患者床前进行救治。等到情况基本稳定，交班已到9点多钟。一些保健患者身边子女少，有的子女出国定居，有的患者甚至临终时子女都不能回国料理后事，患者的一切事情就交给了陪护，这时护士还要承担着照护患者和与患者家属的沟通交流。真诚的付出得到了患者的肯定，家属感激不尽，无数热情洋溢的感谢信至今还保存完好，记忆犹新。

2012年，李爱菊在护士培训时的照片

创新护理服务模式 推进护理人文关怀

随着社会的不断发展，人们生活水平逐步提高，人们对健康的需求日益提高，这就要求护士们转变服务理念，护士要对住院患者实施全方位的身心护理，以患者为中心，即优质护理模式。从入院评估开始，根据患者的具体情况制订个性化的护理方案，包括生活自理能力评估、跌倒坠床风险评估、压力性损伤风险评估等。开展优质护理服务是当今医疗卫生体制改革的一项重要任务，在临床护理工作中不断探索，创新护理管理工作的新路径、新方法，不断完善各项护理规章制度、护理流程、护理质量考核标准。根据患者轻重缓急调整护理排班模式，护士弹性排班，合理调配人力资源，征求患者意见建议，每月进行考核评议，对存在的问题进行分析和整改。李爱菊重视专业知识学习，每月参加护理业务查房、护理疑难病例讨论，对一些护理棘手问题进行业务指导，鼓励护士善于发现问题，注意总结学习，勤思考、多钻研，查阅文献，参加学术交流会议，撰写高质量的护理论文。

病房年轻护士多，刚毕业的年轻护士大多是独生子女，生活条件优越，但是她们在医院要承担起照顾患者的责任，工作强度大，工作与生活之间的角色转变容易引发她们的思想波动。李爱菊经常和护士谈心，聊家常，她性格爽朗，富有亲和力，大家心里有什么事，都愿意向她吐露心声。她视科室如家庭，视同事如家人，谁家有困难，她都伸手帮忙，为大家排忧解难。有的家庭闹矛盾，李爱菊会亲自到家里去调解，是同事们的贴心人。她善于塑造团队，营造积极向上、团结奋进的和谐氛围。李爱菊循循善诱，鼓励护士树立正确的价值观，珍惜工作机会，热爱护理工作。她还善于发现护士的特长，为她们创造机会，培养她们的管理能力。在她的影响和带动下，一些年轻护士已成为护理工作的骨干力量，其中有 5 位护士已经晋升为护士长。

2020 年，李爱菊（左一）与女儿迎接第一批援鄂医疗队胡昭教授回家的全家福

后记

老牛亦解韶光贵，不待扬鞭自奋蹄。

李爱菊几十年如一日，以深沉的大爱和无限的眷恋，深耕于齐鲁护理这片沃土。十年的行政生涯，她与护士、护士长并肩作战，深刻理解护理工作的艰辛与不易，她以她的经验和智慧，为年轻护士们提供了无私的支持。她的目光始终追随着护理事业的青春脉动，见证着护理人才的蓬勃成长，感受着优质护理服务内涵的延伸拓展。齐鲁护理事业正迎来前所未有的跨越式发展和创新机遇，她的内心洋溢着难以言表的喜悦与自豪。如今，李爱菊老师即将告别她深爱的工作岗位，离开她拼搏奉献、挥洒汗水几十年所挚爱的护理事业，她非常留恋，依依不舍。

治学无止境，退休不褪色，余热映初心，奉献光和热。李老师现在仍然坚持每天学习，不断充实自己。她表示，将继续传承和发扬齐鲁护理的优良传统，不忘初心、牢记使命，为社会、为家庭尽一份绵薄之力。

（曹英娟　张海先）

德艺双馨齐齐生 灿烂炳焕佳美名

——记山东大学齐鲁医院护理前辈史德焕

“护理工作是一项平凡而崇高的事业，‘白衣天使’的美称不只是荣誉。”

【个人简介】

史德焕，1982年7月毕业于枣庄市第二卫生学校，被分配到山东医学院附属医院。1982年至1985年任助产士、助产师。1985年至1997年任产科副护士长。1993年2月加入中国共产党。1997年至2012年任妇产科护士长。2012年至2020年任内科党总支书记。2020年4月任医院党办督导专员。2024年2月退休。

1989年9月至1993年7月在山东医科大学夜大学习取得大专学历。1998年9月至2002年6月在山西省长治医学院参加自学考试取得本科学历。2007年9月至2010年3月在澳门公开大学取得工商管理硕士学位。2013年9月至2016年7月在山东省委党校学习，获公共管理硕士学位。

2009年11月至2013年6月任山东省护理学会妇产科专业第五届主任

委员。2013 年 7 月至 2024 年任山东省护理学会妇产科专业第六届主任委员。2012 年 3 月至 2024 年任中华围产医学会护理学组委员。2013 年 1 月至 2024 年任中华护理学会妇产科专业委员会委员。2011 年起任山东省卫生厅妇幼保健系统等级评审专家。2015 年 5 月至 2024 年任中国妇幼保健协会助产分会常务委员。2016 年 11 月至 2024 年任中国妇幼保健协会助产分会助产适宜技术专业委员会副主任委员。2011 年 1 月任中华护理学会妇产科专业委员会专家库成员。

【学术成果】

发表论文：《巨大儿对母婴的预后影响及对策》《护士工作压力现状的调查分析及应对措施》《妊娠期糖尿病患者抑郁状况及相关因素分析》等。

参编著作：《中华妇产科护理“三基”训练手册》《2009 年全国卫生专业技术资格考试辅导网络课程——护理学模拟卷（士、师中级）》《产科妊娠高危护理》《母婴床旁护理实务手册》《专科护理临床实用指导：妇产科护理》。

【获奖荣誉】

2012 年，《妊娠期糖尿病患者抑郁状况及相关因素分析》获山东医学科技奖科技创新成果奖三等奖第一位。2003 年，“孕期保健与正常分娩”获山东省医学会多媒体教学课件交流评比一等奖第一位。2005 年，《尿分子碱性磷酸酶测定对新生儿肾功能损害的早期诊断》获山东医学科技奖科技创新成果奖三等奖第七位。2002 年，《全产程无创性胎儿监护的应用研究》获山东大学齐鲁医院优秀新技术奖。1999 年，获评“全国青年岗位能手”称号。2000 年，获评山东大学齐鲁医院先进护士长。2001 年，荣获山东大学首届“十大杰出青年”称号。2005 年，被授予全国巾帼建功示范标兵称号，获评山东大学齐鲁医院十佳共产党员、山东大学齐鲁医院专项治理先进个人。2006 年，获评山东大学优秀党员。2009 年，获评山东大学工会积极分子。2011年，获评山东大学优秀党员。2012年，获山东省“百佳护士”称号。

指尖流过的文字，像极了天边倾泻的暴雨，夹杂着清晨的暖阳，和着云边的清凉，扑进我的左心房，顺着滚烫的血液流淌，遍及上下各个地方。情怀夹杂着奉献，抱负畅想着未来，了解史德焕老师的职业生涯，才知何为护，何为生。透过字间的缝隙，一位朝气蓬勃、以护天下为己任的前辈正在挥毫，洋洋洒洒写下了自己不平凡的职业生涯。

木耸入云　植根艰土

1982年，史德焕踩着朝阳踏出校门，来到心心念念的山东医学院附属医院。在她走进大门的那一刻，身后的光辉便开始闪耀。史德焕在心中许下了一个愿望，要在这崇高的事业中，实现自己生命的价值。今天回看，史德焕做到了，并且取得了不菲的成果。用史德焕自己的话来说，到此，也已不负此生。

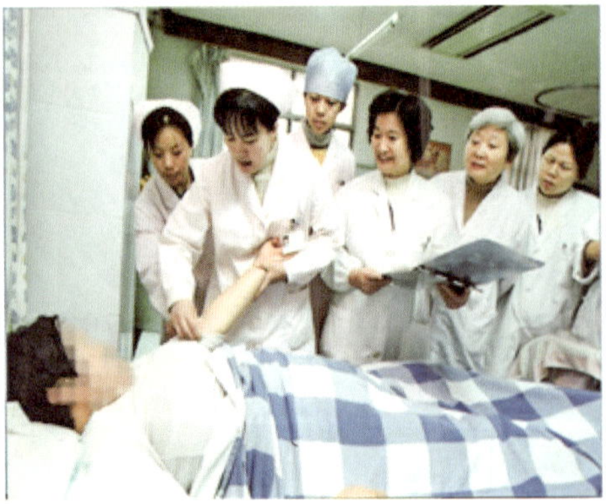

史德焕（前排左一）参加医生查房

1985年，史德焕凭借其卓越的专业素养和坚定的担当，成功登上了职业生涯的重要台阶，担任产科副护士长。这不仅标志着史德焕护理事业的飞速发展，更为其后续的辉煌成就奠定了坚实的基础。1997年1月，史德焕升为产科护士长，随后更是担任了妇产科护士长的重任。她以其德才兼备的领导力，赢得了医护同行和患者及家属的广泛认可。正是在这一时期，山东医科大学附属医院产科迎来了波澜壮阔的改革浪潮，开启了一段全新的发展篇章。

史德焕将自己的满腔热血全部投入医院产科的发展和患者生命安全维护之中，她对护理事业的奉献不可估量。她以一腔热血带动了医院护理行业的飞速发展，也为每一位产妇和胎儿的生命安全筑起一道坚实的保险墙。史德焕前辈深知，护理行业触及的是患者的生命线，容不得半点马虎大意，让每一位产妇高高兴兴地出院，是她踏进学校时就许下的宏愿，为此她也付出了她的心血。

视患为亲　用爱感化　用心体验

产妇不同于患者却要承受更甚于疾病的痛苦，她们在精神及身体上承受的折磨，每一位女同胞都感同身受。史德焕说，“既然来到我身边了，就是我的亲人。”她常常会想，作为亲人，现在产妇最需要的是什么？我该怎样帮助她？角色的转换，让史德焕前辈更设身处地地为患者着想，主动为她们解决更多的困难，让患者能得到更多的帮助和温暖。

史德焕回忆，有一位产妇每次阵痛就焦躁不安，大喊大叫，并强烈要求剖宫产。史德焕认真对她进行了检查，发现骨盆各个径线正常，软产道条件好，完全可以顺产，没必要剖宫。史德焕耐心解释，讲明正常分娩的好处，想要帮助其树立渡过难关的信心。这位产妇不但没有心存感激反而破口大骂，但史德焕没有放弃，还以自己为例，现身说法，终于打动了这位产妇，使她改变了初衷，并顺利地生产，母子平安。出院时，这位产妇专门向史德焕道歉，但史德焕微笑着说：“只要能减轻你当时的疼痛，我受点委屈又算什么。”这个产妇听后当时就流下了感激的热泪。史德焕见证了无数生命的开始，造就了一个个幸福的家庭，那种自豪感无以言表，也坚定了史德焕服务产科的决心。

1982 年，刚刚毕业的史德焕十分单纯，简单地认为，只要熟练掌握接生技术，就可以解决所有问题。直到发生了那件让她终生难忘的事。那件事让她对自己的工作有了新的认识，也是史德焕崛起之始。那是在工作以后独立值班接生的第二位产妇，由于宫缩乏力，行催产素静脉点滴，结果产妇对催产素很敏感，以至于宫缩过强难以控制，产妇拼命用力，史德焕前辈尽力保护，不让胎头娩出过快。事后史德焕埋怨产妇不配合，老助产师曲老师过来帮助缝合，术后她把史德焕叫到一边，语重心长地说："干我们这一行，说容易也容易，说难也难，在接生前指导产妇合理用力，取得她们的配合，才能完成接生工作。保护会阴不是靠力气大就能完成好的。"这件事给了她很大的触动，也引发了对护理工作的深层次思考。从此，为了向老前辈学习，把自己的工作做得更好，史德焕争取利用更多的时间参加接生，细心观察每一位老师接生技巧和缝合技术。回到宿舍后，每天写一篇工作小结，分析自己和其他老师的工作，取长补短。同时反复练习缝合打结，使她在产程观察和接生技术上有了很大的提高。

长年累月后　精进又向前

碎石可砌岛，铁杵可磨针。"三分治疗，七分护理"，护理人员不但要有热情的服务态度，而且必须有高超的护理技术，要求护士素质高、技术硬，关键时刻冲上去。自知者明，史德焕深感自己的知识和技术还远远满足不了临床患者的需要，遂自我加压，利用业余时间，完成了护理专科、本科的学习，提升了知识修养。她在护理临床实践中认识到，光学理论不行，光靠实践也不行，只有学以致用，把学到的知识运用到工作中，才能更好地为患者服务。史德焕深知，护理行业要想前进，必须改革创新，而基础便是日常的零散碎片。史德焕就是一位胆大心细的人。她说，产妇生下孩子后，有的乳头凹陷，不能给孩子喂奶，初为母亲的产妇非常着急，那个年代又没有好办法。她看在眼里，急在心里，经过摸索，自己动手发明了一种用空针和输液器制作的乳头凹陷纠正器，解决了产妇乳头凹陷这一难题。史德焕前辈采取这种办法，每年帮助乳头凹陷产妇达 30 多人次，保证了母乳喂养，维系了初为人母的信心和自豪感，促进了新生儿的身心健康发育。

一花独放不是春，万紫千红春满园。整个产科的发展不能单靠一人，需要全体护理人员的齐心协力。史德焕说，她们病房 30 名护士，28 人大专自学毕业，5 人本科自学毕业，2 人出国深造，还自己购买书籍，人手一册《本科妇产科学》和《重症监护治疗手册》，人手一本工作日记，记载对每一位特殊危重患者的处理和抢救体会。她们的护理质量让科室成为医院领导和医师最放心、业务最过硬、社会评价最高的科室之一。经过产科锻炼的每一位护士天使，如今都成为医院护理战线上的佼佼者。

对生命充满敬畏的史德焕前辈在护理生涯道路上不敢懈怠。十几年来，史德焕前辈带领的产科团队成功抢救新生儿窒息达几十人次，大大降低了新生儿的死亡率。

积少成多，水滴石穿。对于在护理方面经常遇到的疑难病症，史德焕专门制成宣传挂图和大家一块分析研究，制订处置措施，使大家一旦遇到同样的情况，就能够迎刃而解。1999 年，医院引进 40 多万元的母婴监护系统。在很短的时间内，她阅读了国内外大量资料，结合临床实践，全面掌握了监护技术，还总结发表了《脐带位置异常所致胎儿窘迫的临床分析》等多篇论文。同时，该项技术还获得医院的新技术二等奖。由于监护仪的合理使用，新生儿窒息率降到最低点。

科室带头　争创一流

护理工作自有它的特殊性和完整性，一个人的力量是远远不够的。于是在要求自己多掌握知识的同时，史德焕还在努力提高整体的服务水平，减少科室短板，使科室护士系统愈加完善。以患者为中心，以质量为核心，为患者提供优质服务，是医院一贯坚持的宗旨。医院竞争的核心是服务水平和技术水平。随着人们物质生活水平的提高，患者及家属对护理工作提出了更高的要求，史德焕深知要适应改革发展的需要就必须更新观念，提高医护人员的综合素质，创造优质服务，才能满足人们的需要。

史德焕倡导以患者为中心的护理思想，护理工作已转向运用护理程序，系统地护理患者，从生理、心理、社会、精神及文化等各方面对患者实施整体护理。在人员少、经验不足的情况下，经过反复实践，她逐渐摸索出一套适应产科病房的护理模式，并整理出一套格式化护理表格和标准健康教育计划。由于较好的管理水平，产科每年接待参观、进修学习达百余人次，作为护士长，史德焕的工作也得到了同行的认可和省市各级领导的多次表彰。

在护理部的指导下，史德焕前辈带领科室率先在全院开展评选3A优秀护士活动，不但进一步提高了护士的积极性，护理质量也有了明显提高。同时，喊出了“把时间还给护士，把护士还给患者”的口号。虽然大大增加了专业护士的工作量，但是她们不怕苦、不怕累的精神也赢得了患者及家属的一致好评。心贴心的抚慰，让产妇的身心得到了极大程度的放松，大大增加了产后的身体恢复。工作中，虽然护士们品尝着辛、酸、苦、辣，但是她们无怨无悔。通过不懈的努力，科室建立了一种和谐融洽的护患关系，每到一个房间就会听到同一个感动的声音：“你们的服务太周到了，你们护士比做妈妈的都细心！”

为了落实好上级要求，规范检查、规范用药、规范收费、规范行为，让患者满意，在病房内，史德焕主持制定了“五公开”“六制度”“二监督”“三满意”的制度，得到了医院的大力支持，同时极大地维系了护患之间的良好关系，使科室的患者满意率高达99%。《大众日报》编辑在给医院党委领导同志的信中写道：“贵院产科是一个安全的地方，一个值得信赖的地方……”史德焕说：“故事今天发生在我身上，其实昨天已经发生在别人身上，明天还会发生在他人身上，但故事的结局是相同的——人间自有真情在，妙手回春危转安。”

舍小为大，仁义在心。史德焕总是时刻提醒自己，作为一名护理工作者，肩上承担着千家万户的幸福安康。不可思议的是，数十年来，史德焕前辈没有请过一次假，没有在家度过一个除夕。因为在她的心里，患者是第一位的。即使她人在家里，心却还在病房。对于自己孩子的亏欠，史德焕前辈完全加持在产妇的孩子身上。那一刻，史德焕前辈是心安的。

史德焕的先进事迹有目共睹。近年来，她不仅获得了各级领导的高度评价，更是无数荣誉加冕。她出席了省高校第八次党代会，这不仅是对她专业精神的肯定，而且是对她卓越贡献的认可。史德焕以其精湛的护理技术和无私的奉献精神，连续多年获得山东大学齐鲁医院先进护士长的荣誉。1999 年，她还被共青团中央和国家卫生部评为“全国青年岗位能手”，这是对她专业技能和敬业精神的最高褒奖。2005 年，被授予“全国巾帼建功示范标兵”。她所在的科室也以其卓越的工作表现和团队精神，荣获山东省团委、山东省卫生厅（现山东省卫生健康委员会）颁发的“青年文明号”以及山东省妇联、山东省工会授予的“巾帼文明示范岗”等称号。这些荣誉不仅是对她所在团队的肯定，也是对她卓越领导力的最好证明。史德焕的事迹已经在山东电视台、济南电视台、《齐鲁晚报》、《生活日报》、《都市女报》等媒体上多次报道，广为流传。

史德焕（第一排左六）参加学术会议交流的合影

后记

尽管史德焕取得了令人瞩目的不俗成就，但她却没有将这一切都归功于自己。她坦言，如果没有医院和组织的培养、领导的关怀、前辈的引领、同事的支持配合、社会的认可，她的成功就无从谈起。她特别感激那些曾经与她并肩作战、给予她帮助的护理前辈们，正是这些前辈们的言传身教，才使史德焕深刻感悟了护理工作的真谛，具备了脚踏实地的工作态度、灵活应变的工作技巧和始终如一的工作热情。史德焕谦逊地表示，像她这样默默为护理事业奉献的护理工作者数不胜数，她只是其中很普通的一员。我们也将继承史德焕的精神，一如既往地努力进取，不断自我完善，勇于自我革新，为齐鲁医疗护理事业作出更大的贡献。

（李　静　吕　军　骆中誉）

玲玲清韵赵家玉 平凡事业靠笃行

——记山东大学齐鲁医院护理前辈赵玲玲

“用专业的技能和无私的奉献为患者带去希望与安慰，以爱心、耐心、细心和责任心呵护生命。”

【个人简介】

赵玲玲，1963 年 11 月 6 日生于江苏省南京市。1981 年 6 月毕业于山东医学院卫生学校，被分配到山东医学院附属医院。1981 年 7 月至 1991 年 9 月入职小儿内科。1991 年 9 月至 1995 年 12 月于加强医疗科（ICU）工作。1995 年 12 月至 2013 年 5 月任血液科中心七病区护士长兼肿瘤中心科护士长。2013 年 5 月至 2023 年 11 月任护理部质量安全管理科科长。

1978 年 9 月至 1981 年 6 月于山东医学院附属医院卫生学校首届三年制护理专业毕业。1993 年 9 月至 1997 年 6 月于山东医科大学夜大学护理专业毕业，获高等教育专科学历。2001 年 9 月至 2004 年 1 月于山东大学网络教育学院临床医学专业毕业，获本科学历。2011 年 1 月于浙江大学医学院附属邵逸夫医院进修护理管理。2011 年 10 月获中华护理学会 PICC 专业技术培训（初级班）证书。2012 年 3 月参加卫生部医院管理研究所第二期三级医院护士长管理培训班。2013 年 3 月参加中国初级创伤救治第 12 期教师培训。2014 年 12 月获中华护理学会 PICC 专业技术培训（高级班）证书。2014 年 1 月获国家级高级营养师技能证书。2015 年 11 月获山东省第二期肿瘤护理专业护士证书。

曾任山东省护理学会首届血液内科护理专业委员会主任委员，山东省护理学会第三届肿瘤护理专业委员会副主任委员，山东省医学会第一届医疗服务质量评价委员会委员，山东省护理学会第五届内科护理专业委员会委员，山东省护理学会第二届肿瘤护理专业委员会委员，山东省护理学会 PICC 专业技术资质培训班授课教师，山东省 PICC 维护网专家委员会专家。

【学术成果】

发表 SCI 论文 1 篇，以第一作者、通讯作者身份在核心期刊发表论文 5 篇。主编及参编著作 4 部：《现代护理理论与实践》《现代临床护理》《现代临床诊疗思路及新进展》《各科疾病护理常规及技术操作规程》。

【获奖荣誉】

2017 年获山东省科技工作者创新二等奖。1997 年带领血液科中心七病房荣获国家首届共青团中央青年文明号荣誉。2006 年被评为全国省级综合性医院优秀护士。2018 年获山东省护理学会“健康守护天使”荣誉称号。2011 年获山东大学“优秀共产党员”荣誉称号。2006 年获齐鲁医院“十佳护士”荣誉称号。2012 年获齐鲁医院“先进工作者”荣誉称号。2011 年及 2014 年获“工会积极分子”荣誉称号。2019 年获“三甲医院等级复核工作先进个人”荣誉称号。

1981年，赵玲玲以优异的成绩在山东医学院卫生学校毕业后，坚定地踏上了救死扶伤的道路。在此后的40多年里，她以自己扎实的专业知识、精湛的专业技能以及无私的奉献精神，坚守临床一线，救护了无数患者，将自己的青春、热血都倾注在护理事业上，将自己的辛劳与汗水都洒在了山东大学齐鲁医院的每一个角落。

十年磨一剑

她的职业生涯始于山东大学齐鲁医院的儿科。那时的儿科患儿没有家长陪护，医护人员肩负着重大的陪护责任，他们面对的是无助的孩童和焦虑的家长。就是在这种环境下，赵玲玲开始了自己的护理之路。

老护士长以严格的管理和对工作的极高要求，成为了她学习的榜样。她学到的不仅仅是护理技能，更重要的是如何与患者和家属沟通，如何在紧张的工作环境中保持冷静和专注，这些让她明白了什么是爱心、耐心和责任心。

在工作中赵玲玲表现出色，积极主动，勤学好问，虚心向老师们学习。很快，她就掌握了儿科常见疾病的护理知识及技能，尤其是小儿头皮针穿刺技术和股静脉采血技术，这两项技术对于儿科护士来说至关重要。

1991年，她参与完成世界首例无血缘关系脐血移植术的护理工作。这是一项重大的挑战，但她凭借自己的专业知识和技术，出色地完成了任务。这次经历不仅让她在专业技能上得到了极大的提升，更让她明白了护理工作的重要价值和意义。

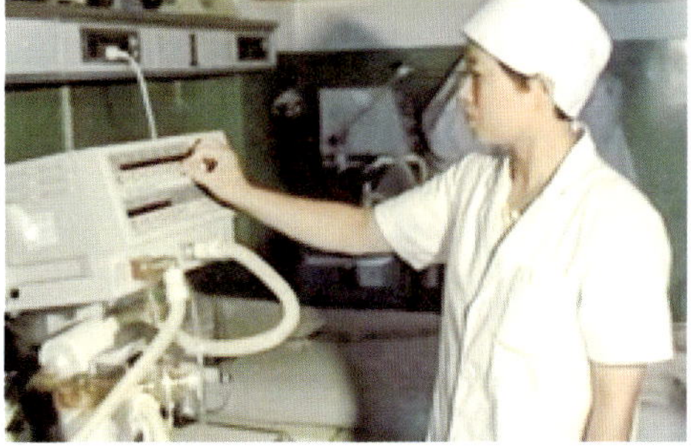
1992年，赵玲玲工作照

在儿科工作期间，她还担任了儿科团支部书记，用自己的实际行动影响和激励着身边的年轻同事们。1991年，年仅28岁的她更是被提升为代理护士长，这是对她工作的极大肯定。

儿科的十年是她护理工作的起步，

是从新手到卓越的护理之路，也是她人生中最宝贵的历程。在这里，她学会了如何面对挑战，如何保持耐心和责任心。这些经验为她以后的护理生涯奠定了坚实的基础。

百尺竿头再挑战　更多风景在等候

1991 年 9 月，当医院要成立省内首家重症监护病房时，优秀的赵玲玲被护理部选中，参与该病区的创建，与同事共同见证了这一历史性的时刻。该病区的创建不仅是医院填补空白式的突破，也为赵玲玲老师的个人护理工作生涯带来跨越式的提升。在这里，她不仅学习了危重患者抢救护理技能，还掌握了中心静脉输液通路的使用护理，以及呼吸机、输液泵、心电监护仪等各类仪器的使用和维护，这也成为她日后工作中取之不尽、用之不竭的宝贵财富。

在重症监护病房的工作中，她深刻体会到了细心和医护配合的重要性。她明白，对于危重患者来说，每一个细节都可能关系到他们的生命安危。因此，她总是保持高度的警惕和专注，确保每一个操作都准确无误。同时，她也积极与医生、同事进行沟通和配合，确保患者得到最及时、最有效的治疗。

1993 年，她参加了医院三甲评审的操作考试，并获得了优异的成绩。这次考试不仅是对她个人能力的肯定，也为医院顺利晋升三甲贡献了一份力量。这次经历让她更加坚信，只有不断学习和提高自己的专业能力，才能更好地为医院和患者服务。

数年的 ICU 工作经历让她在专业技能和管理能力上都有了很大的提升。她学会了如何更好地与患者、家属和同事沟通协作，如何更有效地解决工作中的问题。这些经验和能力都为她未来担任护士长的管理工作提供了有力的支持。

无限风光在险峰

1995 年，医院建立了肿瘤中心，并成立血液科移植病房，她被任命为血液科中心七病区的护士长。她不辜负领导的信任，致力于建立健全各项工作职责及流程，完善疾病护理常规及操作流程。她积极配合医疗工作，成功完成血液科首例自体外周造血干细胞移植、异基因外周造血干细胞移植护理工作，为血液科的发展乃至医院的医疗事业发展作出了重要贡献。

在日常工作中，她踏实肯干、任劳任怨，不怕脏不怕累。每天一早，病房就出现了她忙碌的身影，她亲自带领护士整理床单，为患者清理大小便，从未见她皱过眉头，这也深深影响着团队里的每一个人。在她的领导下，病区荣获了国家首届共青团中央青年文明号荣誉，成为医院第一个国家级护理先进集体。作为血液护理学科的带头人，她发起并筹建了山东省护理学会首届血液内科护理专业委员会，并兼任主任委员。她积极开展省级及地区医院的学术活动，为全省从事血液病护理的人员搭建学习交流的平台，促进了医院血液科护理学科的发展及影响力的提升。

在临床工作中，她理论知识扎实，技术精湛，更让人佩服的是她不断进取、积极创新的精神。在忙碌的工作之余，她注重学习和积累，不断提高自己的专业理论水平及技能。她积极参加各项业务技能培训学习，考取了中华护理学会经外周静脉穿刺的中心静脉导管（PICC）的初级证和高级证，并兼任山东大学齐鲁医院 PICC 专业技术学术带头人。在她的努力下，血液科成为最早开展 PICC 置管的科室，并于 2004 年完成第一例 PICC 置管，2009 年完成首例改良的塞丁格技术 PICC 置管，2011 年完成首例超声引导下 MSTPICC 置管。她还制定了 PICC、中线导管置管维护及输液港、中心静脉导管（CVC）维护标准，并建立 PICC 多学科合作，发明了一次性 PICC 穿刺包，规范了全院的 PICC 穿刺及维护流程。在处理 PICC 并发症方面，她具有丰富的经验，并担任了山东省 PICC 初级班及高级班的授课任务。

赵玲玲深知，护理质量是医院质量的重要组成部分，是护理管理的核心和关键。因此，她始终将提高护理质量作为工作的重中之重，不断推动护理工作的规范化、标准化和专业化。她的努力不仅提高了医院的护理质量，也为患者提供了更加优质、高效的护理服务。通过 18 年的不断探索和实践，她在护理管理和专业技能方面取得了显著的成就，也深刻理解了护理管理工作的重要性。

匠心铸品质

2013 年，赵玲玲被调任护理部质量安全管理科，肩负起了全院护理质控管理的重任。十年间，她致力于建立完善的医院护理质量管理体系，并深入贯彻全面质量管理的理念。基于结构、过程与结果的护理质量评价指标，带领团队定期评价、分析与持续改进实施，确保每一个护理环节都达到最高标准。

每季度，她都会对 8 个质量改进小组（QIT）护理质控组、12 个大科质控管理的 145 个病区进行督导检查，确保每一个病区都能遵循质控标准。同时，还定期召开护理质量与安全管理委员会会议，汇总量化全院单元质控绩效工作，确保整个护理体系的高效运行。每月，她都动态监测全院护理质量评价指标，对预警线以下的指标及时给予跟进、干预，确保问题得到及时解决。她尤其关注夜间质控护理工作，并在护士长例会上公布相关情况，以保障患者的安全。对于不良事件的管理，她高度重视，并探索建立了以护理为主导的患者风险管理模式。针对院内患者跌倒、压力性损伤等风险点，她联合多部门、多学科共同参与患者风险管理。通过系统流程再造、护理质量改进，提高了评估质量，完善了防范措施，并加强了患者参与度，取得了显著的管理效果和效益。

她坚信，护理管理不能脱离临床。因此，她始终从临床中发现问题，通过科学的方法总结分析问题，并最终制订计划去解决问题。她定期发布的《护理质量简报》及《护理安全月报》能够清晰地展示医院护理质量的现状与管理效果，警示护理质量薄弱环节，鼓励推动护理质量改善。她充分发挥护理部在护理质量管理中职能的管理框架，对提升当时的全院护理质控水平产生了深远影响。

在不断提升护理质量的同时，她也积极参与各类培训与学习。2015 年，她获得了山东省第二期肿瘤护理专业护士证书。为了进一步推进静脉输液新技术的发展，于 2017 年率先在山东省开展中线导管临床应用，并完成了山东省首例中线导管的置管。这一新技术在医院 11 个科室得到了广泛应用，置管病例达到千余例。

此外，她还积极举办山东省省级继续医学教育项目培训班，累计培训学员 200 人。在 2017~2023 年间，作为国家级 PICC 高级专科护士、护理质控师资，她外出授课 30 余次，培训学员 2000 余人。这些活动不仅提升了医院的品牌影响力，也为齐鲁护理事业的发展作出了积极贡献。

在这十年中，她始终坚守初心，不断追求卓越，匠心铸造质控体系，对全面提升全院护理质控水平产生了深远影响。

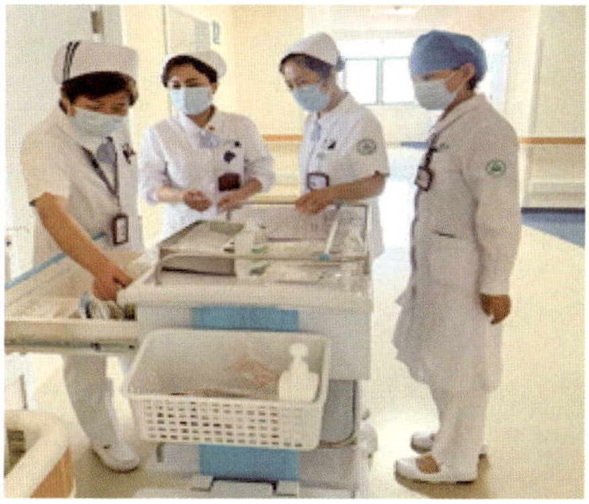

赵玲玲（左一）进行培训

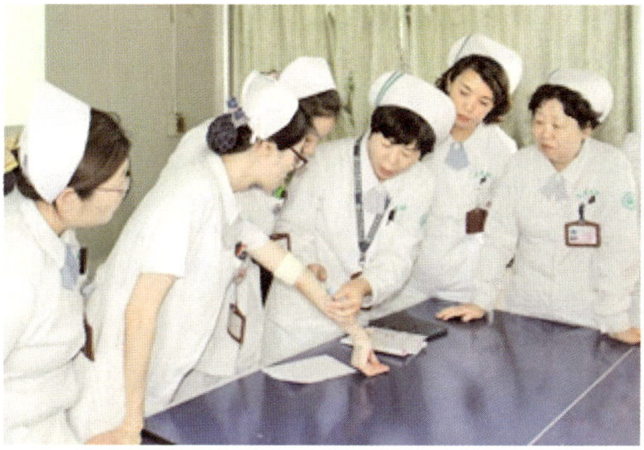

赵玲玲（右三）在质量安全管理科的工作照

后记

再回首，32 年的临床护理，10 个春秋的护理管理，从青春年少到两鬓华发，赵玲玲的心中充满了无限感慨与感激。这一路走来，每一个脚步都在热爱中充满了汗水与付出，但更多的是收获与成长。常怀感恩之心，勤为感恩之行。42 年的齐鲁护理职业生涯，她深深感恩医院的培养与支持，感恩齐鲁护理团队的团结协作与温暖。护理工作平凡而伟大，护理事业神圣而光荣，愿新一代齐鲁护理人为护理事业的发展继续谱写更加辉煌的篇章！

（李秋环　赵雯雯　邢介霞）

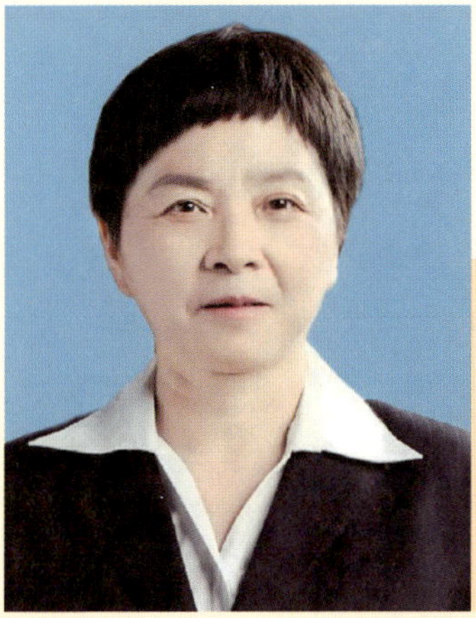

不负韶华守初心 潜心笃志担使命

——记山东大学齐鲁医院护理前辈朱爱芳

“白衣执甲而行 换取山河无恙。”

【个人简介】

朱爱芳，出生于1963年5月1日，祖籍山东省济南市莱芜区。1999年6月18日加入中国共产党。

1979年9月至1982年7月于山东医学院卫生学校学习，毕业后被分配至山东医学院附属医院。1985年9月至1988年7月于泰山医学院高级护理班学习，获全日制高等教育专科学历。2000年9月至2003年7月于山东大学护理学院夜大学习，获本科学历。1982年7月至1985年8月于心胸外科工作。1988年7月至1992年6月于呼吸内科工作。1992年7月至2000年3月任胸外科护士长。2000年4月至2012年9月任消化内科护士长。2012年10月至2023年5月任消化内科一病区护士长兼内科科护士长。2007年6月至2023年5月任消化内科党支部委员。2023年6月退休。

2000年11月参加第六届国际消化内镜学术会议。2016年9月22日至24日参加中华医学会第十六次全国消化系病学术会议。2018年9月27日至29日参加中华医学会第十八次全国消化系病学术会议。2019年4月1日至5日参加齐鲁消化疾病论坛。2019年6月15日至17日参加山东省护理教育学术交流会暨齐鲁护理（国际）青年学者论坛。2019年9月6日至8日参加第二届中国介入超声内镜学术大会暨粤港澳消化病诊治高峰论坛。2019年9月27日至29日参加中华医学会第十九次全国消化系病学术会议。2020年8月7日至12日参加全国内科护理学术交流会议。2019年7月参加井冈山党员教育学习。

曾任山东省护理学会消化内科护理专业委员会主任委员，中华医学会消化病学分会护理协作组委员，吴阶平医学基金会山东省炎症性肠病护理专业委员会主任委员，中国医药教育协会炎症性肠病专业委员会常务委员，中国医药教育协会炎症性肠病专业委员会护理组副主任委员。

【学术成果】

参与编写《各科疾病护理常规及技术操作规程》《护理学原理与实践》《急危重症病与急救》等书。

发表专业学术论文20余篇，其中核心A类6篇，主要发表在《中华护理杂志》《中华劳动卫生职业病杂志》《山东医药》《齐鲁护理杂志》《泰山医学院学报》《现代妇产科进展》等期刊。

“基于奥马哈系统炎症性肠病患者延续性护理模式的构建及应用”位列卫生厅课题第一。“炎症性肠病患者延续性护理模式的构建及应用”位列院级课题第一。国家实用新型专利一项：新型芒硝大黄外敷袋。

【获奖荣誉】

2007年、2012年、2019年被评为医院先进工作者。2018年被山东省护理学会授予“山东优秀护士”“健康守护天使”称号。2019年被评为山东大学齐鲁医院“榜样的力量”十大年度人物。2021 年荣获庆祝建党 100 周年暨 5 · 12 护士节系列活动“护理贡献奖”。2021 年被山东省护理学会授予“山东省百佳护士长”荣誉称号。2022 年荣获医院优秀共产党员。2005 年至 2022 年共 7 次被评为齐鲁医院工会积极分子。

一袭白衣，一抹微笑，一腔热爱，朱爱芳护士长 40 多年来栉风沐雨，真诚奉献，不负青春，不辱使命，始终践行和诠释着一名医务工作者的责任与担当。在漫长的职业生涯中，她始终谨记南丁格尔精神，数十年如一日，急患者所急，想患者所想，面对患者的需求，从不推诿，从不计较个人得失，想方设法从细节入手，让患者和家属时时处处感受到齐鲁护理人带给他们的真情与感动。

自 1982 年参加工作以来，朱爱芳护士长在齐鲁医院奋斗了 40 多个春秋。40 只是一个普通的数字，但对朱护士长而言，却是生命中完美的印记和铭刻，更承载着她一生的热爱与执着。从入职成为护士以来，从懵懵懂懂的认知到无私耕耘的默默坚守，这是一个成长与成熟的过程。“敬佑生命，救死扶伤”是她职业的信条与敬仰，用心、用情、用行动，永远捍卫着自己的信仰与职责。每天，她一如既往地穿梭在走廊与病房之间，工作忙碌且烦琐，从来没有欣赏过“窗前明月光”的绝美夜色，更没有品味过“风露澹清晨”的深长意境，但她却在无数康复患者脸上收获了最美的笑容。立足岗位救死扶伤，甘洒热血书写华章。40 多年的时间里她担任过胸外科、消化内科护士长，也见证了医院发展最为迅速的 40 年。

2015 年，她牵头成立山东省护理学会消化内科护理专业委员会，连续两届担任主任委员。2018 年，她牵头成立吴阶平医学基金会山东省炎症性肠病护理专业委员会，任主任委员。连续两届担任中华医学会消化病学分会护理协作组委员。在担任消化内科党支部委员的10余年间，始终秉承“医道从德　术业求精”院训，坚守职业理想，恪守职业准则，积极参加义诊及医院各种活动，2019年荣获医院“榜样的力量”十大年度人物、2022年荣获医院优秀共产党员。

用爱心浇灌事业　用真情感动患者

“患者之事无小事”是朱爱芳经常挂在嘴边上的一句话。从踏上护理岗位的那一天起，她一直为热爱的护理事业辛勤耕耘、积极进取，将南丁格尔精神内化于心、外化于行。她经常教导护理工作者，作为一名白衣天使，要始终把患者放在心里，用心呵护病患，解除病患痛苦，这是护理人员的天职。在多年的护理工作中，她视患者为亲人，用爱心善举为患者托起生活的希望，用甘于奉献的精神慰藉身边需要帮助的人。

精益求精促质量　创新服务显内涵

一点一滴的关爱，一丝一毫的服务，朱护士长非常注重细节管理，对护理中的每一个环节、每一项操作都力求完美。工作中，她强化工作标准，细化工作流程，用心服务患者。经过多年临床护理及护理管理工作的磨炼，朱护士长深深地体会到，护理质量的提升需要科学的管理和医护团队的共同努力。作为护士长，她积极主动配合科主任工作，严抓病房工作，以患者为中心，以保证护理质量安全为导向，注重基础管理和创新引领相结合，充分发挥护理团队优势，使病房工作质量不断攀升。她负责的病房是医院首批优质护理病房之一，并获山东省护理服务示范病房、院级优质护理标杆病房、护理服务优质奖、护理先进集体等多项荣誉和称号。她更是创新晨会交班模式，深化整体护理，开展责任护士个体化交班，使医护沟通更加高效，同时培养

朱爱芳（右一）日常和同事巡视病房

了护士临床思维。她还利用晨会的点滴时间，开展实施晨会提问制，融教学于提问之中，储存一份知识，充实一份生命。以零星的努力，细小的进益，日积月累，聚沙成塔，让护理同仁在工作中跟进学习，从容面对临床工作。

扎根临床四十年　群众健康放心上

她以降低患者医疗费用为突破口，以缩短患者住院天数为目的，基于加速术后康复（ERAS）理念，构建 EGV 围手术期管理模式，切实解决老百姓看病难、看病贵的难题。同时，她负责的项目荣获第五届山东省医院品管圈大赛一等奖。

朱爱芳医者仁心，及时关注目前老龄化危机，努力解决老年人理解力降低、住院不方便的问题，带领团队拍摄通俗易懂的动漫视频，着力打造健康教育示范病区，不仅让患者看好病，而且让患者住好院。拍摄的动漫在山东大学护理学院健康教育作品创意大赛中荣获一等奖，并在多个病区中播放使用。

在平时工作中，她心细如发，积极发现临床工作的问题，努力创新工作方法，以理论为指导，以发明创造带动科室护理质量发展，发明新型芒硝大黄外敷袋，为急性重症胰腺炎患者带来福音，在山东省护理产品创新改革活动中获得三等奖。

因材施教　以爱培育护理新苗

朱爱芳非常重视护理队伍素质培养，积极做好传帮带工作，多年来培养了一大批优秀护理人员，其中有 10 余名走上了管理岗位。春风化雨，桃李

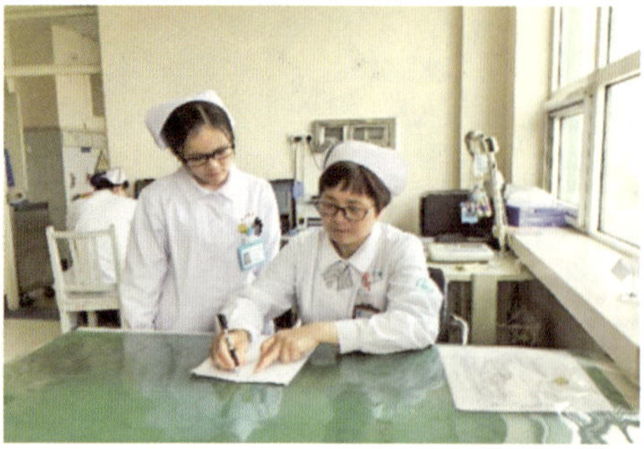

朱爱芳（右一）因材施教，指导实习学生

芬芳，在担任山东大学护理学院临床教学 20 余年间，她十分重视教学工作。自 1996 年起，她承担山东大学护理学院专业护理课堂授课共 16 年，累计授课 100 多个学时。为了讲好每一堂课，她都是早早地备课，反复试讲，反复修改，对于同学们提出的问题，及时进行课下交流，解疑答惑，受到同学们的好评。

作为泰山医学院临床指导老师、山东大学护理学院专题实习指导老师和研究生带教老师，她对待每一位学生都是言传身教，尽己所能，将其所学毫无保留地传授于学生。“放手不放眼”是她这些年来在带教工作和培养护理人员方面取得满意效果的成功体验，对待学生因材施教，帮助学生尽快把理论知识转化为实践经验，由所学升华为所思，受到历届带教学生和护士们的称赞。

深耕护理科研　解决临床问题

2022 年，朱爱芳被评为医院优秀共产党员

日常工作之余，她还勤于护理科研，从临床实际出发，用科研论文解决实践难题，以理论指导实践，用实践验证理论。她主持课题 3 项，发表论文 20 余篇，其中 SCI1 篇，核心 A 类 6 篇，参编著作 3 部。同时以医院为强有力后盾，主办学术会议，搭建交流学习平台，成果多次在全国会议上进行交流。

任职大内科护士长期间，她定期组织护理病例讨论，以学科典型病例为聚点，以雨课堂等多科室线下会议的形式进行答疑讨论和总结，旨在高效解决复杂疑难病例诊疗、护理问题，提升急危重症、疑难病症诊疗、护理能力，推动学科建设与发展。内科获得2021年山东大学齐鲁医学院优秀护理团队、护理品质管理成果比赛二等奖、护理技能操作大赛团体二等奖、新苗杯护理技能大赛团体优秀奖。

后记

泰岱巍巍，黄河汤汤，百卅乾乾，医道大光。时代的变迁，让齐鲁这所百年医院拥有了一种独特的厚重之感和沧桑之意。植根齐鲁，朱爱芳与齐鲁医院相守陪伴了40年，穿一衣，择一事，爱一生。

（何良爱　王俊文　骆中誉）

萍水相逢医患路 王门巾帼战病魔

——记山东大学齐鲁医院护理前辈王萍

“以天使之翼，守护生命之光。”

【个人简介】

王萍，出生于1963年3月1日，祖籍山东省济南市历城区。1983年毕业于山东医学院卫生学校，被分配至山东医学院附属医院手术室工作。1997年毕业于山东医科大学夜大学护理专业，获高等教育专科学历，并被聘任为主管护师。2008年毕业于山东大学护理学院，获本科学历，2009年获学士学位。2002年至2011年于神经外科细胞刀手术室工作。2011年至2024年任门诊手术室护士长至退休。2002年5月加入中国共产党。

2008年11月参加卫生部神经内镜诊疗技术培训班和显微外科技术培训班学习。2009年6月参加医院护士长管理培训班学习。2012年6月在浙江大学医学院附属邵逸夫医院手术室进修学习。

曾任山东省老年医学学会第一届糖尿病眼病专业委员会委员，山东省卫生保健协会眼科慢病管理专家委员会委员，全国尿控盆底疾病诊治中心护理专业委员会委员。

【学术成果】

在《护理学杂志》、《中国实用护理杂志》及 *OncoTargets and Therapy* 等杂志上发表论文 7 篇:《新型神经触觉检查仪的设计与应用》、《紫外线灯清洁器的设计与应用》、《应用医用手术薄膜固定乙状窦入路手术患者体位》、《膀胱嗜铬性副神经节细胞瘤继发颅骨及脑内转移一例》、*Knockdown of Long Noncoding RNA H19 Sensitizes Human Glioma Cells to Temozolomide Therapy* 等文章。

拜访王萍正值 3 月底，这是春天与冬天的交替之际，季节的转换在这个时节显得格外明显。天空呈现出一种淡淡的蓝色，偶尔有几朵白云悠悠地飘过，仿佛在诉说着春天的故事。阳光温和而不炽热，它斜斜地洒在大地上，给万物带来一丝丝暖意。戴着白色口罩的她只露出那双明亮的眼睛，像是夜空中最亮的星星，闪烁着智慧的光芒。在这个安静而庄重的空间里，她穿着淡蓝色的手术服与窗外的暖阳交相辉映，构成了一幅美丽而和谐的画面。整个采访过程仿佛也被这温暖的氛围感染，充满了温馨与融洽。回忆起 40 余年的工作历程，王萍感慨万千，那些曾经的欢笑、泪水、挫折和成绩都历历在目。从青涩的新人到如今的资深专家，她见证了护理行业的变迁，也见证了自己的成长。

1983 年，王萍被分配到山东医学院附属医院手术室工作，开始了她的职业生涯。在手术室工作的日子里，王萍遇到了许多挑战和困难，但她从不

1990 年，王萍（左五）与医院同事在聊城市人民医院做心脏体外循环手术后在湖边合影

言败，总是以积极的态度去面对。20 世纪 90 年代初，心外科开展体外循环手术，她作为心外科体外循环手术专技护士先驱者，潜心钻研心外科相关专业理论、手术配合、体外循环机使用等，并对体外循环管路清洗消毒、安装配合等进行了摸索与实践。当时医疗条件十分艰苦，建立体外循环所用的管路需要 10% 的甲醛溶液浸泡消毒。由于常年大量接触，她的鼻腔黏膜受损失去嗅觉。此外，体外循环管路的连接也并非易事，长期的用力操作，也使她右手拇指关节增生变形。那段时间，她每天面临着巨大的心理压力和困难挑战。但她没有退缩，而是将这些压力转化为动力，更加努力地学习和实践。无论是面对复杂的体外循环手术，还是处理术中突发情况，她都能冷静应对，妥善处理。她深知，只有不断地进步提高，才能更好地为患者服务。当时的她，依靠强大的意志力和坚韧不拔、不屈不挠的精神在专业技能上不断突破自己，初步展现出了王萍护士长在专业技术和团队协作方面的能力和水平。

跨越挑战　流转中的坚韧与绽放

1994 年，医院筹划建立烧伤整形外科手术室，工作积极认真的王萍护士长经胡振生主任推荐，被派去上海第九人民医院整复外科、上海长海及长征医院烧伤整形外科、瑞金医院、上海市烧伤研究所等地参观学习，并带回了对科室未来发展的全面构想和深入理解。回到医院后，王萍和病房同事们立刻着手参与筹建工作，根据烧伤整形手术的特点，提出了许多富有建设性的意见和建议。从初步的环境规划设计、物品安置到后期手术间使用流程等，每一个步骤都付出了她的心血和智慧。

2002 年，随着医院神经外科的不断发展壮大，王萍再次被委以重任，协助筹建省内第一家立体定向手术室，为奠定立体定向手术在山东省的领先地位作出了贡献。立体定向手术室是一个集高科技与精密操作于一体的特殊空间。在这里，每一台手术都如同一场精心编排的舞蹈，每一个动作都必须准确无误。她深知，医学是一个不断进步的领域，尤其是神经外科这样的高精尖专业领域，每一天都有新的研究、新的技术问世。为了保持自己在专业上的领先地位，在忙碌的工作之余，她利用业余时间，系统地学习神经外科相关的基础知识，不断加深对神经外科疾病的认识和理解。同时，她还特别关注细胞刀手术室的仪器设备，学习其工作原理、使用方法和维护保养知识，确保在手术过程中能够熟练、准确地操作这些设备。她的学习热情感染了整个团队，也激励了更多的同事加入学习的行列中。

在繁忙的工作之余，王萍从未放弃提升自我。2009 年，她不仅在自己的工作中取得了显著的进步，更在学业上完成了重要的里程碑。然而，也就在这一年，门诊手术室原护士长即将退休，医院领导经过深思熟虑，决定派王萍去门诊手术室兼任护士长。这是一个难得的机遇，但同时也是一次巨大的考验。作为新任护士长，她不仅要学习如何管理日常的事务、了解门诊手术室的正常运作、保证患者的安全，还要做好立体定向手术室的日常工作。她深知，这是一个重大的责任，也是一个严峻的挑战。但她没有退缩，而是迎难而上，勇往直前，用自己深厚扎实的专业知识、人格魅力、团队管理能力，逐渐赢得了团队成员的尊重和信任。

1994 年，王萍（左一）在上海市烧伤研究所参观学习

1994 年，王萍（左一）与医院同事在上海第九人民医院整复外科参观学习

温暖守护践行者　品质护理卓越行

门诊手术室为局部麻醉手术患者提供围手术期护理以及安全舒适的手术环境，配合普外科、泌尿外科、整形外科、眼科、骨外科、胸外科、中医科、呼吸内科和超声科等各种局部麻醉手术患者的护理工作。不同于其他病房，这里的患者病情各异，手术种类繁多，对护理工作的要求也更高。2011 年 5 月华美楼启用准备阶段，王萍对门诊手术室的改造倾入了大量心血和汗水。对华美楼二层中五区按手术室建筑要求进行改造，严格划分三区两通道。改造后共有手术室四间，尿流动力学检查室一间，每个手术间都配有中心供氧、中心吸引、先进的手术仪器和检查设备，还配有抢救车、除颤仪、监护仪等抢救设备。2011 年 9 月，门诊手术室由原门诊楼搬迁至华美楼二层，门诊手术量也逐年上升。王萍在门诊手术室的喧嚣与忙碌中，以她的坚韧、智慧和无私奉献，为无数患者带来了希望与健康。她倡导人性化服务，关心每一位患者的需求和感受，努力为他们提供最方便、快捷、优质的医疗服务。在她的带领下，门诊手术室逐渐走上正轨，并获得了患者和医院领导的一致好评。除此之外，她积极参与医院党团支部组织的各项义诊公益活动，将自己的护理知识和经验传授给更多的人，帮助他们建立健康的生活方式，预防疾病的发生。

王萍注重团队建设和人员培训，不断提升整个团队的专业素养和服务水平。她不仅以身作则，严格遵守各项规章制度和操作规程，而且时刻关心团队成员的成长与进步。她经常组织业务学习和技能培训，鼓励大家不断提高自己的专业水平。同时，她还关心团队成员的个人生活和情感需求，时刻为大家排忧解难。她是大家心目中学习的楷模和榜样。

除了在门诊手术室管理、教学上表现出色外，王萍还积极参与护理研究和学术交流，不断学习和吸收新的知识和技术，并进行总结创新。她希望能够将自己的经验和知识传授给更多的年轻人，为护理事业的发展贡献自己的力量。在王萍的带领下，门诊手术室的团队凝聚力越来越强，工作效率也越来越高。她不断总结经验，探索新的护理方法和技术，为提高门诊手术室护理质量作出了突出贡献。

2015 年 7 月，王萍（左二）参与齐鲁医院党团支部在菏泽市东明县举办的义诊活动

后记

如今，已经退休的王萍依然保持着对护理事业的关注和热爱。我们不禁感叹时光荏苒，岁月流转。在时光的长河中，她以默默无闻的坚守，书写了护理事业的辉煌篇章。她不仅在护理工作中展现出卓越的专业素养和高超技艺，更以其卓越的领导力，为医院的发展注入了生机与活力。

对于自己的评价，王萍十分谦逊："我只是做了我应该做的事，我只是一个普普通通的护理工作者。"然而，正是这份普通，蕴含着不平凡的力量和光芒。王萍说，护理的最终目的是促进人类的健康和幸福。王萍用自己的实际行动践行着南丁格尔精神，激励着年轻的护士们不断砥砺前行，满怀激情地投身于这个神圣而崇高的职业中。

（曹英娟　翟永华　房　馨）

百志同心向齐鲁 华章锦绣誉四方

——记山东大学齐鲁医院护理前辈李百华

“护理之路，以爱心为灯，以专业为杖，守护生命之光。”

【个人简介】

李百华，出生于1963年2月，祖籍山东省济南市。1982年7月毕业于山东医学院卫生学校，被分配到山东医学院附属医院。1982年7月至1984年7月于小儿外科工作。1984年8月至1985年8月于普外科工作。1988年8月至1999年3月任普外科临床带教老师。1999年3月至2023年2月任小儿外科护士长。2002年11月27日光荣加入中国共产党。2023年3月退休。

1985年于泰山医学院深造学习三年。2002年于北京协和医院培训学习一周。2010年在浙江大学医学院附属邵逸夫医院进修护理管理一个月。

曾任山东省护理学会儿科专业委员会副主任委员，山东省护理学会小儿外科专业委员会副主任委员。

【学术成果】

在国内核心期刊及全国会议、省内会议上发表专业学术论文30余篇，均为第一作者，分别发表于《中华护理杂志》《实用护理杂志》《护士进修杂志》《护理学杂志》等。参与编写《临床实用护理与技术》《外科疾病护理常规》等书。

【获奖荣誉】

《先天性肠闭锁肠吻合的新方法》获省级二等奖。《经肛门脱出巨结肠根治术》获省级一等奖。《微创"Z"形金属支架漏斗胸矫治术》获院级二等奖。危重病人抢救病例汇报获院级二等奖。2001年被评为院级优秀护士长。2001年至2008年被评为工会积极分子。2011年所在科室被评为优秀带教科室。2012年《护理质量持续改进项目优质护理创新》获一等奖。2016年被评为山东大学优秀党员、山东省最美护士。2018年被评为健康守护天使。2018年《"以赤子诚心，护稚子康安"——造口护理的创新与实践》获一等奖。2018年疑难病例汇报获一等奖。2019年第二届护理质量持续改进项目——《卡通画病房为孩子健康保驾护航》获院级一等奖。2000年被评为山东大学齐鲁医院优秀护士长。2021年被评为山东大学齐鲁医院优秀党员。

四十年用爱守护生命之光

1982年，李百华加入山东医学院附属医院护理团队，先后于小儿外科、普外科学习、工作，1999年任小儿外科护士长。在日常工作中，她兢兢业业，任劳任怨，无私奉献，带领护理人员，团结协作，恪尽职守，深得领导、同事、患者及家属的好评。

1985年，李百华参加了全国第一批成人高考。她至今仍然记得在大雨滂沱中顶风冒雨上课学习的情形。那是一个周末的傍晚，天突然变得越来越黑，乌云翻滚着，顷刻之间，电闪雷鸣，狂风大作，瓢泼大雨倾泻而下，街道上连一个人影都没有。李百华独自一人被淋成落汤鸡，深一脚浅一脚地奔波在去往学校的路上，心中永恒的信念支撑着她、激励着她继续向学校前进，因为她知道，今天的努力就是明天成功的起点。学习需要持之以恒的坚持和努力，只有坚持不懈地学习，才能成就自己的人生梦想。功夫不负有心人，她最终以优异的成绩被泰山医学院高级护理班录取。千载难逢的学习机会来之不易，李百华倍感珍惜，最终以优异的成绩顺利毕业。工作40余年，这段拼搏奋斗的经历时刻激励着她不断前行。

作为一名管理者，李百华一切从患者的角度出发，积极改造病房的阳台护栏，解决患者晾晒衣服和安全问题。同时，由于病房房间无吊橱，患者杂物多，她便申请在阳台增加了吊橱，还在床底增加了置物架，解决了患者储物的问题，为患者提供了便利，病房管理也更加规范统一。

打铁还需自身硬。在40余年的齐鲁护理工作生涯中，李百华老师不断充实自己，提升个人素质，多次到国内知名医院深造、访学，并积极参与了多项医院和科室重大医疗新技术的开发与实践应用。

李百华利用业余时间不断提升业务水平

凝神聚气，建设优秀团队。作为小儿外科护理团队的领头人，李百华以身作则、率先垂范、严格要求、加强管理，善于挖掘每位护理人员的潜能，调动她们的积极性和主观能动性，合理配置人力资源，搞好团队协作，提升工作效率。同时，定期举办各种形式的培训，提升每位护士的大局意识、安全意识、责任意识、节约意识、服务意识及科学意识，指导年轻护理人员撰写论文及科研工作，邀请院内乃至国内优秀的护理专家来科室指导工作，建设了一支高效、团结、优质的护理团队，多次配合医疗团队成功完成包括山东省内首例连体婴儿分离在内的众多重大、疑难手术，参与急、危、重症患儿抢救达千余次。

树立患者第一思想，创建温馨和谐病房。几十年来，李百华带着这种指导思想，想患者之所想，急患者之所急，做到精准化护理、个性化服务，开展创建温馨病房活动，开展优质护理服务，以患者的需求为中心，将小儿外科打造成为一个治疗精心、护理细心、家属放心、患者安心的温馨和谐病房，为医疗助力，为健康护航。

山峰入云　依仗基石坚稳

作为一名护士长，李百华着重培养护士的安全意识。护理工作无小事，安全第一是大事。无论是实习同学还是刚入职的新护士，进入病房的第一次培训首先是安全，李百华逐一讲解，边讲边查看，利用房间做示范，如输液回来后检查治疗盘中的“危险三件套”（压脉带、头皮针针头、留置针针芯）是否收回？作为儿科护理人员，要充分意识到体重精确测量的重要性。患儿用药及手术中麻醉用药都按公斤体重来精准计算，这就凸显出准确测量体重的重要性。因此，培养护士的安全意识为重中之重。

科室高度重视业务培训和安全培训。前二十年的李百华是在护理前辈的帮助、指导、教育下一步步学习，逐渐成长为一名合格护士。学习并传承了前辈们爱岗敬业、任劳任怨、默默奉献、踏踏实实、认真工作的精神，继承并发扬了齐鲁医院的优良传统和教学育人的美德。经过二十载的磨炼，李百华成为了一名老师，可以站在管理层的角度管理病房、培养护士，把前辈的接力棒代代传下去。二十年后，儿外科护理团队共同努力，不断学习，逐渐成长为人人有担当、人人有责任、人人参与管理病房的能手。加强培训护士病房管理意识，要有主人翁意识，有责任感。护理团队是一支既接地气又攀高峰的团队，是一支让患者满意、领导放心、护理水平一流的优秀团队。

李百华数十年如一日，坚持每天早晚查看监护室患者，做到心中有数，对于危重患者，下班前要提醒护士需要重点观察什么；下班后不放心还要打电话，嘱咐值班的护士应该注意什么，特别是年轻护士值夜班时，经常打电话沟通病情，嘱咐注意事项。一名儿外科护士真正独立顶班需要 3 年，她悬着的心才能安定下来。每天医护大交班后，李百华会带领责任护士一起参加晨间护理，整理床单位，让大家意识到晨晚间护理的重要性。

作为科室管理者，一定要接地气，与护士密切联系在一起，深入交心，打造一个和谐、积极向上、团结协作的护理团队。

“医”心向党　使命牢记于心

作为一名中共党员，李百华时刻以党员的标准严格要求自己，在平凡的工作岗位上严谨求实、恪尽职守、兢兢业业、勤奋工作、团结协作、诚实做人、踏实做事，发挥党员的先锋模范作用。

政治坚定，自觉维护党员形象。她积极参与医院及党支部组织的党员学习活动，认真领会上级传达的文件精神，不断加强党性修养，履行党员义务，遵守党的纪律，执行党的决定，珍惜党的光荣称号，保持共产党员先进性，不放松自己的思想改造，增强拒腐防变能力，时刻保持共产党员的形象。

生命重于泰山。疫情就是命令，防控就是责任。在获悉新冠病毒感染疫情的第一时刻，作为科室领头人，李百华身先士卒，主动请缨，不顾自身安危，义无反顾，舍小家为大家，逆行在这场没有硝烟的战场上。她带领科室同事积极响应医院号召，奋战“抗疫”一线，指导患儿家属做好个人防护、家庭防护，提高防病意识和防病能力，防止疫情输入。

所谓岁月静好，不过是有人负重前行。三年的坚守，终见阴霾散去，迎来胜利的曙光。

李百华老师的工作照

后记

芳华如歌四十年，择一事而终一生。李百华数十年的坚守，不忘初心，把青春和热血都奉献给了护理事业，见证了医院的发展与变迁。她肩负圣洁的使命，把青春刻进树的年轮，把关爱融入生命的河流，把奉献织成洁白的圣衣。穿越荆棘，弥漫花香，撒播在坚定如磐的护理事业的沃土中。四十年风雨兼程，回首只是匆匆一瞬间，唯有珍惜留存心间。护理工作或许没有惊天动地的业绩，但却如春天的丝丝细雨，润泽心灵深处，让生命的绿洲重焕生机。爱出者爱返，福往者福来。放眼未来，我们仍将用实际行动去担起护理工作者的责任与使命，用心守护人类健康，为医院高质量发展继续负重前行。

（曹英娟　赵庆霞　吕孝娜）

春雨无声停处润
兰在高山芳自远

——记山东大学齐鲁医院原护理部副主任刘春兰

“持灯传承，愿做生命的守护天使。”

【个人简介】

刘春兰，出生于1964年2月13日，祖籍山东省济南市。1981年7月毕业于济南卫生学校，被分配到山东医学院附属医院。1997年7月加入中国共产党。1981年7月至1985年5月轮转于骨外科、小儿外科。1985年6月至1991年9月于手术室工作。1991年10月至1999年12月任妇科护士长。2000年1月至2011年10月任神经外科护士长兼神经内外科科护士长。2011年10月至2012年10月任教育处内科教研室教辅。2012年10月至2023年1月任护理部副主任。2020年至2023年1月任山东大学护理与康复学院临床护理系主任。2016年至2023年1月任山东大学护理与康复学院硕士生导师。2023年1月退休。

2010年于浙江大学医学院附属邵逸夫医院护理管理进修。2014年参加新加坡南洋理工学院重症护理研修班。2015 年在美国约翰霍普金斯护理学院进修，获中国护理领导力高管教育项目证书。2017 年参加新加坡南洋创新管理学院高级医院管理课程。2017 年参加山东省医院等级评审员培训班。

曾任中华护理学会第 26 届内科专业委员会专家库成员，中华护理学会第 27 届外科护理专业委员会委员，山东省护理学会神经内外科第一届、第二届护理专业委员会主任委员，山东省护理学会神经外科第一届护理专业委员会主任委员，山东省护理教育专业委员会第六届、七届专业委员会副主任委员，山东省护理技能专业委员会第一届、第二届专业委员会副主任委员，山东省疼痛医学会第六届、第七届、第八届常务理事，山东省医学会疼痛护理专业委员会第三届、第四届主任委员，山东省医院协会护理管理专业委员会第二届委员会常务委员，《中华护理教育》杂志编委，《齐鲁护理杂志》审稿专家编委。

【学术成果】

以第一作者或通讯作者发表核心期刊论文 30 余篇，其中 SCI3 篇。包括《一例卵巢过激综合征患者护理》《垂体瘤术后尿崩症患者护理》《脑室体外引流装置研发与临床应用》《护理表现六维量表用于新护士规范化培训的效果评价》《实习护士针刺伤影响因素的研究》《基于所罗门四组设计的“节拍器”在新护士心肺复苏术培训中的效果评价》《基于柯氏模型构建新入职护士培训评价指标体系的研究》《社会支持及应对方式在护士人格特征与心理健康间的中介作用》《基于扎根理论的护患冲突中患方认知反应模型研究》等。

参与编写《中华护理学》《护理管理者素质与能力修炼》《老年人居家照护》《妇科专科护士培训教材》《妇科高级职称考核教材》《新冠肺炎标准防护知识》《护理操作培训视听教材——55 项常用护理操作技术》《临床实用护理与技术》《常见疾病病人护理常规》《临床护理技术操作规程及评分标准》《临床护理技术操作常见并发症的预防及处理规范》等。

【获奖荣誉】

2000年获山东省卫生厅行风建设先进个人。2003年被评为山东省“青年文明号”集体（号手）（神经外科）。2014年被评为山东大学优秀共产党员。2014年10月《护理操作培训视听教材——55项常用护理操作技术》获山东省医学科技奖三等奖（第一位）。2015年12月获得山东省第二批“德耀齐鲁”道德公民荣誉称号。2018年2月获山东省护理学会“健康守护天使”荣誉称号。2019年10月在中国医院品质管理联盟首届国际质量提升大赛中获特别突出贡献奖。2019年、2021年获《中华护理教育》杂志审稿、组稿优秀编委。

2020年8月《基于混合教学模式开展临床在职护士培训与实践教学的研究》获齐鲁护理科技奖二等奖。2021年5月被评为全国第十届医学生技能大赛护理赛道优秀指导老师。2022年获山东省疼痛医学会学术工作创新奖。2022年5月获中华护理学会“杰出护理工作者”称号。2022年5月获山东大学“优秀医务工作者”称号。2022年12月第三届山东省科普创作大赛科普视频《六步洗手法》获山东省科普视频大赛一等奖。

1981年，刘春兰以优异成绩毕业后，便投身于山东医学院附属医院，开启了她的护理生涯。她先后在骨外科、小儿外科、手术室、妇科、神经外科从事临床护理及管理工作，积累了丰富的临床经验，并在管理岗位上展现了卓越的领导才能。2012年，她成功竞聘为护理部副主任，主要负责护理教学与科研工作。在长达40余年的护理工作中，刘春兰始终以满腔的热情关爱每一位病患，以聪颖的智慧推动护理学科的发展。她不仅在工作中表现出色，更在业余时间不断提升自我，先后获得了本科学历和硕士学位，获批省、厅（校）级课题10余项。她的学术成就同样令人瞩目，以第一作者和通讯作者身份在 SCI 和核心期刊上发表专业论文 30 余篇，主编和参与编写了 10 余部专业著作。这些论文和著作不仅丰富了护理学科的理论基础，也为临床护理实践提供了宝贵的指导。

1997 年，刘春兰（前排左二）和同事们合影

从一名普通的护士到护士长，再到科护士长，直至护理部副主任，刘春兰的每一步都坚实而有力，她以不变的初心和不懈的努力，带领护理团队不断前行，践行着白衣天使的神圣使命。

专业引领促发展

在担任护士长期间，刘春兰在医院率先开展 3A 优秀护士评选，她倡导磁性管理理念，打造了一支团结、和谐、积极奋进的护理团队。所在科室连年被评为院级优秀科室，并获多项省级表彰，科室连续多年位列全国医院排行榜专科前十名，2003 年被团省委授予“青年文明号”集体。同年，山东省卫生健康委授予刘春兰所在病区“优质护理服务示范病房”。刘春兰曾先后获得全省卫健系统和齐鲁医院“行风建设先进个人”称号。在临床工作中，她善于观察、积极创新，设计制作的脑室体外引流瓶固定架、一种引流管、腰穿置管引流装置获 3 项国家实用新型专利，并全部转换成产品用于临床。

2008 年，她牵头申请成立了山东省护理学会神经内外科护理专业委员会，连任两届主任委员，组织高质量学术年会 10 余期；她关注基层学术发展，亲自到各地市指导工作、培训交流。2020 年，学术交流不间断，作为护理学科带头人，她参与新冠肺炎标准防护知识制订，组织省内知名专家参与山东省护理学会专科护士培训课程录制，并成功启动首届山东省神经专科护士培训班。截至退休，已主导完成三期培训班，培训省级神经科专科护士 600 余人。

刘春兰进行学术授课

2016年，刘春兰被推选为山东省疼痛医学会护理专业委员会主任委员，并连续三届兼任山东省疼痛医学会常务理事。为带动全省从业人员学术热情，带头创新办会形式，新颖的交流方式有效激发了参会人员积极性，护理专业委员会在疼痛医学会年度总结中多次被评为优秀专委会，并获学会学术工作创新奖。她热心并积极组织义诊活动，带领团队下乡扶贫，受到社会各界好评，2021年，她被评为“社会服务先进个人”。近10年，她作为项目负责人成功申办12期国家级、省级继续教育培训班。

重培训　创佳绩

刘春兰深知人才培养与学科建设的重要性，十分重视护士培训，构建了“以临床需求为导向，以岗位胜任力为核心”的多维度护理培训体系。2014年，她在省内率先开发建成基于电脑端和小程序端兼容的院级护理培训平台，满足了全院3000多名护士在线学习需求，缓解工学之间的矛盾，培训平台浏览量年平均8万人次。尤其是新冠病毒感染暴发后，她带领教学团队先后将50多个新冠病毒感染相关知识课件、视频上传培训平台，供护理人员浏览学习，同期完成在线考试。每年度的护理人员分层培训课程学习，以及操作技能和理论考核均依托培训平台，实现了无纸化办公，大量节约了人力、物力。后台数据的汇总分析为下年度的培训计划提供了科学依据，护理人员培训效果得到有效提升。《以岗位需求为导向的护士规范化培训平台构建》获山东大学教学成果二等奖。

刘春兰积极协助分管领导推行护士分层级培训，在省内率先开展床边综合能力测评，形成了基于理论与床边综合能力相结合的层级晋升考评模式，将护士层级分配与绩效分配紧密结合，大大激发了护理人员学习与工作的积

2012年，刘春兰（中间）进行操作指导

极性。她为实现护理人员技术操作同质化培训，亲自与护理管理者一起书写脚本，录制《护理操作培训视听教材——55项常用护理操作技术》，教材共12张光盘，片长累计达700分钟。该套光盘被省内外多所医院和护理院校采用，此项目获山东省医学会“科技成果推广应用奖”。作为主管教学培训的副主任，她特别注重护理人员岗位技能的训练，尤其是新入职护士的规范化岗前培训。她以此套教材为标准，组织全院护理人员开展技能培训，强化护理人员“三基三严”训练，规范各项技术操作规程，组织开展各种形式的技能大赛。2015年带队参加全省卫生计生系统护理岗位女职工技能大赛，获总分第一、团体一等奖，参赛护士获全省唯一的“富民兴鲁奖”，并获“山东省女职工建功立业标兵”称号；2018年带队参加山东省卫生健康委联合八部门组织的护理技能大赛，获团体二等奖；2021年参与指导山东大学护理与康复学院实习生，参加第十届中国大学生技能大赛，获省级、华东片区一等奖，国赛护理赛道银奖，刘春兰个人被授予“优秀指导老师”。2020年《基于混合教学模式开展临床在职护士培训与实践教学的研究》获齐鲁护理科技奖二等奖。

正是基于刘春兰跨越多个科室的临床管理与实践经验，她深知护理质量对患者安全的重要性。品管圈作为一线人员参与的质量改进工具受到护理人员青睐，她组织大家积极学习品管手法，广泛开展品质管理项目，齐鲁护理团队推选的品管圈项目在历届中国品管圈大赛中荣获多项佳绩。2019年，在首届国际质量大赛中胸外科选送的项目“基于ERAS肺癌患者气道管理360模式构建”荣获唯一特等奖，刘春兰与项目组成员一起获个人特别突出贡献奖。

呕心沥血为人师　滋兰树蕙育英才

刘春兰作为山东大学护理与康复学院硕士生导师兼职临床护理系主任，在构建系统性实践教学管理架构基础上，不断创新实践教学模式。医院承担山东省10所护理院校临床实习带教工作，每年接收本科生、研究生、留学生等500余人来院实习。她秉承“以学生为中心、产出需求为导向”的序贯化育人理念，实行早期介入双向选择，构建“1+2”序贯化实践教学体系，实施“学校—医院—临床班主任”三位一体协同管理模式，积极推广并开展PBL（即项目式学习，是一种以学生为中心的教学方法）、雨课堂及SOPC混合带教及形成性评价教学，提高了护生自主学习能力。2018~2022年间，护理团队成功申报校级、院级教研课题近30项，获批经费80余万元。

刘春兰作为山东大学护理康复学院硕士生导师，积极参与护理高层次人才培养，协助学院领导探讨专硕培养模式的创新。截至退休，她成功培养了15名硕士研究生顺利获得硕士学位。

2023年，刘春兰（左六）和同事们的合影

后记

救死扶伤始终是刘老师坚定的信念，无私奉献则是她不变的承诺。刘春兰老师以她四十余年如一日在护理岗位上的坚守与奉献，亲自参与和见证了齐鲁医院的辉煌发展，助力了齐鲁护理团队的茁壮成长。她感恩齐鲁医院这片沃土的滋养。从一名普通的护士逐步成长为优秀的护理管理者，她走的每一步都踏实而坚定，始终保持着最初的热忱和追求。刘春兰老师的事迹，是对护理职业精神的完美解读，也是对后人最宝贵的启迪与激励。

（李海燕　邢介霞　程　莲）

敬天悯人师之道 爱岗尊患护之魂

——记山东大学齐鲁医院护理前辈黄敬爱

"以钢铁之翼，托起患者生命的希望。"

【个人简介】

黄敬爱，出生于1964年2月7日，祖籍山东省章丘市官庄乡古宅村。1982年7月毕业于山东医学院卫生学校，被分配至山东医学院附属医院手术室。2003年至2007年考入山东大学护理学院。1982年至1998年历任手术室护士、护师、主管护师。1998年至2007年历任手术室副护士长、护士长。2004年任副主任护师。2007年至2024年任护理部护士长、科长。1997年5月加入中国共产党。

1986年在济南参加支援沙特培训班。1987年到西安医科大学参加全国高等学院英语教师培训班。1991年在济南参加并协助护士长举行了山东省第一届手术室护理管理培训班。1992年到上海参加了华东六省一市手术室学术会议并作大会发言。1996年到福州参加了华东六省一市手术室学术会议并作大会发言。2001年到山东师范大学参加了外语学院英语夜大学培训班。2003年到青岛参加了手术室净化标准及院感控制学习班。2005年到香港参加了手术室护理管理培训班及参观学习。2005年到北京参加了手术室护理管理培训班。2009年到上海参加了护理管理静脉输液培训班。

曾任山东省护理学会护理技能专业委员会委员，山东医学院卫生学校手术室管理授课老师，山东大学护理与康复学院特聘指导老师，山东大学齐鲁医院（第一临床学院）大学生技能大赛培训指导专家。

【学术成果】

在《解放军护理杂志》《山东医科大学学报》《中华医院感染学杂志》《当代外科》等杂志上发表《手术室护士心理障碍分析与对策》《围术期患者心理因素分析与护理对策》《手术室风险因素的识别与对策》《手术室管理模式探讨》等论文10余篇。参编了《现代手术室护理》《临床实用技术》《护理学基础教学课程》《溃疡病早期信号与中西医防治》。

【获奖荣誉】

《现代手术室护理》获山东高等学校自然科学类三等奖。《基于混合教学模式开展临床在职护士培训与实践教学的研究》获齐鲁护理科技奖二等奖。《护理操作培训视听教材——55项常用护理操作技术》获山东省自然科学学术创新奖。《以岗位需求为导向的护士规范化培训平台构建》获山东大学教学成果二等奖。“多功能束身带”获山东大学齐鲁医院护理创新技术二等奖。《低卧位垫的设计制作与应用》获山东大学齐鲁医院护理创新技术一等奖。荣获齐鲁医院重大抢救特等奖。被评为山东省巾帼建功岗位明星、山东省优秀护士长，其家庭被评为山东省文明和谐职工家庭。被山东省授予“健康守护天使”荣誉称号。被评为山东大学齐鲁医院先进工作者，被评为滨州医学院实践教学管理先进个人。被评为山东大学齐鲁医院优秀教师。荣获庆祝建党100周年暨5·12护士系列活动“护理贡献奖”。

爱岗敬业　敢为天下先

三月底的济南，万物复苏，春意盎然，阳光透过稀疏的云层，洒在这座繁忙都市的每一个角落。这座城市仿佛被柔和的阳光轻轻唤醒，空气中弥漫着淡淡的花香。见到黄敬爱的那一刻，仿佛宛如昨天，那个长发披肩、温婉而又干练的她身着微厚的羽绒服和羊绒裙，仍显得身姿纤瘦。她的脸庞在阳光的辉映下显得更加立体而生动，那温柔的眼神和坚定的神情交织在一起，构成了一幅美丽的画面，仿佛能洞穿一切世俗的纷扰。她就像那春天的阳光，既温暖又明亮，让人感受到生命的力量和希望。没有过多的寒暄，黄敬爱护士长直接而亲切地询问起手术室的近况。她的语气和神态仿佛我们是她久违归来的孩子，让我们感受到了她对护理工作深深的关切和牵挂。

1982 年 7 月，黄敬爱被分配到医院手术室。相比于病房，手术室通常面临更复杂、高强度和高风险的工作环境。作为一名手术室护士，在技术要求、工作节奏、压力、对细节的关注度，以及对团队协作的要求上更加突出，需要具备更高的专业素养和应变能力，这对于一直以来高标准、严要求、勤勤恳恳、任劳任怨的黄敬爱来说却是得心应手、如鱼得水。从工作之初，黄敬爱便主动承担了清扫手术室卫生区的工作。她每天都是第一个到岗，提前 1 个小时上班，风雨无阻。别的同事感叹于她的坚持，她说："一个人做一件好事容易，但是长期坚持去做却是一件不容易的事，但我觉得值得。"就这样，从不计较时间、不计报酬、不怕吃苦、胆大心细、甘于奉献的她，在科室赢得了数个"第一"：第一个主动要求上急诊手术最多的护士，第一个配合移植手术的护士，第一个配合微创腔镜手术的护士……

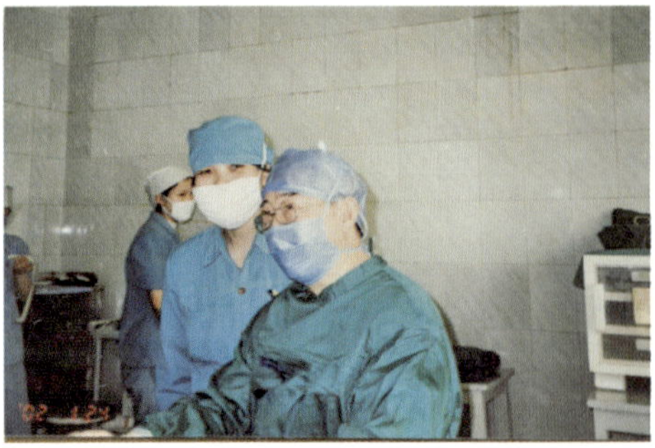

2000 年，黄敬爱（左一）和心脏移植第一人宋惠民教授合影

用钢铁之翼守护健康

1984 年，医院手术室为一名误喝火碱的 8 岁儿童做结肠代食管手术，黄敬爱作为器械护士，积极配合。这段经历令她记忆犹新，患儿曾经历过多次手术，粘连、糜烂、消化道灼伤严重，手术难度很大，风险极高。长达 15 个小时的手术如同一场接力赛，手术助手们像接力队员一样，一批批地替换上阵，以确保手术的顺利进行。这也是在当时耗时最长的手术。黄敬爱护士长如铁人一般专心致志配合手术，她忘却了时间，不吃不喝，不上卫生间，这不仅是对身体的极限挑战，更是对意志和精神的严峻考验。她的身影在无影灯下显得坚定而执着，每一个动作都透露出对医学的敬仰和对生命的珍视。她的付出和坚守也让手术顺利圆满完成。这段经历令黄敬爱护士长感到无比的欣慰、自豪和幸福。

沧海横流　方显英雄本色

自 1998 年以来，黄敬爱担任手术室副护士长，她积极投身于医院卫生事业的改革与发展，识大体、顾大局、讲奉献，发扬“救死扶伤，患者至上”的传统美德，坚持把患者的利益放在首位，努力培植良好的医德医风，坚持做到严格自律，廉洁行医，诚实守信。黄敬爱针对市场经济条件下护理工作的新特点、新问题，狠抓科室的思想建设，打造团队昂扬的精神风貌，制订了“救死扶伤，患者至上；勤奋进取，爱岗敬业；敢于直言，勇于负责；劳苦无怨，甘于奉献”的护士品德修养规范。黄敬爱深知手术室工作的特殊性和复杂性，将“内强素质，外树形象”贯穿到日常管理之中，不断优化科室管理环境，制定了一套详尽的规章制度和操作流程，确保手术室的每一个环节都能得到精确的控制和高效的执行；强化“时间就是生命，管理就是效率”的理念，实行了 365 天开放手术日，增加了医院床位周转率，赢得了医生及患者的好评；根据工作的轻重缓急，实行“弹性排班”制度，调动了大家的积极性；并充分利用交班时间，对手术中存在的难点、疑点进行提问及讲解，确保了各种手术操作的规范化、科学化，提高了工作质量与效率。她以出色的领导能力和卓越的组织技巧，成功地引领团队迈向先进科室的行列。2000年、2005年手术室被评为山东省巾帼文明示范单位、先进科室等。她的成功不仅体现在手术室的日常运营的流畅与高效，更在于她对团队文化的塑造和对卓越服务的执着追求。

落红不是无情物　化作春泥更护花

用心筑建培训模式，悉心培育卓越护理人才。2007年5月，黄敬爱调入护理部做教育培训工作。她从头开始，在没有规范的培训环境、没有规范的流程、缺乏物品的条件下，创造条件也要把工作做好。同年8月，全国开展了护理理论及技能操作的护士抽考，但当时抽考的成绩并不理想。从那时起，黄敬爱深刻地认识到护理培训工作的重要性：护理培训工作做得好，护理质量才能得到提升；教学师资力量强，患者的安全和满意度才能有保障。之后，她对各科室带教老师开始进行正规、严格的培训，每年进行护理操作技能考试、PPT讲座及比赛，为齐鲁医院护理教育培训提供了良好的师资条件。在提升护理专业学生实践技能、培养临床思维、增强团队协作能力方面，黄敬爱辅导医院护士参加了五届全省护理技能大赛，拿到了团体第一名，个人“兴民富鲁奖”一项，一等奖、二等奖及三等奖多项，辅导举办了全院五届护理技能大赛、三届“新苗杯”护理技能大赛，都取得了比较优异的成绩，推动了医院护理技术的创新与发展。

2013年，黄敬爱（右二）指导护士操作视频

2018年，黄敬爱将教育培训工作向更高目标迈进，协助山东省卫生健康

委成功举办了山东省首届康复护理技能大赛，协助举办了“淋巴水肿康复”培训班，多次为新护士、教学老师及候任护士长授课，多次作为中职比赛评委老师。她还接管了 F14D 院办会议室，每年接受大大小小会议 200 余场，做到全院资源共享，解决了全院会议室少的问题，受到了大家的好评。她编写了《护理技能操作评分标准》，以其为脚本，指导拍摄《护理操作培训视听教材——55 项常用护理操作技术》，获山东省自然科学学术创新奖。她参与了《以岗位需求为导向的护士规范化培训平台构建》，获山东大学教学成果二等奖；规范了新护士的岗前培训，培训新护士 26 批次，共计 2530 人。在新护士培训期间，黄敬爱每天早上提前 20 分钟到岗与新护士进行交流，了解她们的想法和需求。每次培训前，她都要和护士们做思想交流，给她们传递正能量，让她们感受到职业价值。通过 2~3 周的时间，每个新护士都顺利完成了系列理论培训及考试和 13 项护理操作技能的培训及考试。有的护士找她诉苦，她总微笑着耐心地安慰道：“没有苦，就没有甜，现在付出了，工作后会得心应手，有成就就会体会到甜的感觉啦！要多与患者交流，用心做好每一项工作。”培训结束后，新护士被各科护士长领走时，有的会抱着她哭。有的想她了，甚至会打电话喊她妈妈，让她十分感动。

作为护理部教育培训科科长的她紧跟现代化发展趋势，她以创新理念引领人文关怀教育新范式，率先将国际医疗教育前沿的非技术技能培训（NTS）体系深度融入护理人才培养。运用共情沟通技术创新护士思政教育，激发护理团队的感知力与情感智慧，将“疗愈之爱”转化为可教、可学的专业技能。这种将护理人文内核与 NTS 核心要素有机融合的培训模式，不仅培育出兼具专业温度与职业厚度的护理团队，更开创了齐鲁护理教育人本化培养的先河。将教学培训与现代化技术结合，不断提升护理培训方法，在 N1 ~ N4 层级晋升理论及护理技能操作考试上实行网上信息化操作考试系统，利用平板电脑进行信息化操作考试评分，成绩提交快，错误分析快，节省了时间，提高了工作效率。她细化及使用网上操作考试流程及评分标准 40 余项，每年护士技能操作培训考试大约在 13000 人次；每年的考试计划及考试项目都是根

2023年，黄敬爱（右二）和护理部主任们及同事们合影

据临床需要、临床出现的安全隐患及不良事件进行规范化培训考试；每年接受PICC专科培训班、其他专科培训班、单人CPR、双人CPR及经口鼻吸痰技术等培训考试约150人次。在新冠病毒感染疫情来临之际，黄敬爱迅速带领团队成员在第一时间进行了穿脱防护服及规范取咽拭子的培训学习，为冒着生命危险、逆行支援的护理战士们把好防护关，也为保障人民的生命安全作出了贡献。这些成绩的取得是黄敬爱带领优秀带教老师们默默投入大量心血和无数个日夜换来的，只为帮助护士们不断提升专业技能和知识水平，更好地服务于患者和社会。

后记

在黄敬爱的职业生涯中，她以无与伦比的爱岗敬业和专业奉献精神，不仅在手术室这个神圣的岗位上默默付出了25个春秋，更在教育培训领域深耕细作长达10余年之久。她的工作不仅为医院手术室的发展注入了活力，更为护理人才队伍的壮大成长贡献了力量。黄敬爱所展现的不仅是她个人对职业的热爱和追求，更是医疗工作者的责任感和使命感。她的努力和奉献是医疗事业发展中不可或缺的宝贵财富，也是我们所有人学习的榜样。如今，虽然黄敬爱已经退休，但她对曾经培养她、激励她不断成长的齐鲁医院怀有深深的感激之情。她为自己曾经的付出感到无比的骄傲和自豪。退休，并不意味着结束，黄敬爱护士长愿意在退休生活中继续发光发热，为医院、为社会、为人民贡献自己的力量，为护理事业的持续发展添砖加瓦，奉献终生。

（曹英娟　翟永华　房　馨）

张弛有度护齐鲁 红霞旖旎洒人间

——山东大学齐鲁医院护理前辈张红

“以仁心为灯，以精技为楫，于护理沧海，渡生命舟航，一生无悔。”

【个人简介】

张红，出生于1964年4月9日，祖籍山东省泰安市宁阳县。1983年7月毕业于山东省立医院护校，被分配到山东医学院附属医院。1983年至2008年担任护士一职。2008年至2014年任干部保健科副护士长。2014年至2024年任干部保健科护士长至退休。1988年12月加入中国共产党。2011年到浙江大学医学院附属邵逸夫医院进修学习。

曾担任山东省老年病护理学会副主任委员、委员，山东省心功能研究会营养不良与肌少症专业委员会委员。

【学术成果】

发表学术论文10余篇，《大小动脉顺应性与老年人眼底动脉硬化的关系》《老年糖尿病患者脉搏波速度与动脉顺应性的临床研究》《器官移植治疗理化因素疾病的临床进展》《老年高血压病患者血流动力学特征及护理》《E-cadherin 诱导的卵巢上皮细胞恶变模型的建立及其特征》《83例老年冠心病患者心脏血流动力学特征及护理》《微量元素与心血管疾病》等文章在《中华老年医学杂志》《中华劳动卫生职业病杂志》《护士进修杂志》《山东大学学报》《齐鲁护理杂志》等杂志上发表。

【获奖荣誉】

获山东省“首届百佳护士”称号，齐鲁医院“首届十佳护士”称号及先进工作者，山东省卫生健康委保健工作先进个人三等功，山东省卫生保健协会先进个人。

四十一年不凡路

岁月不败美人。泛白的鬓发虽写满了风霜，但眉宇间的婉约却不减当年，时间的沉淀让她谈吐优雅，眼睛中迸发的光芒告诉我，她的身后必然有一段段不寻常的经历，那是属于她的荣耀，是她用双手砌起的城墙。她，用心播撒爱，用爱守护人间。“不忘初心、风采依旧”是她的半生信仰，“用心做事、不畏艰难”是她的行事准则。天使落人间，爱与希望见。她，一位道德楷模；她，一位善良先锋；她，就是张红前辈。

张红说：“弹指一挥间，四十余载春秋匆匆。”1983 年 7 月，张红从山东省立医院护校毕业，很荣幸地被分配到山东省医学院附属医院工作。在这里度过了她的半生，起伏曲折，辛酸和汗水伴着她的脚步一步一步地向前。

2018 年，张红参加中华护理学会第 21 届全国老年护理学术交流会议

从开始作为呼吸内科的一员，到后来任职于干部保健科，从一位平凡的小护士到略有建树的护士长，这四十一年来，张红自认为最大的成就是用真情和爱心服务患者，为医院的建设发展尽心助力，这是最让她骄傲的地方。

张红一直信奉用心做事，低调做人，始终践行着一名白衣天使的职责，把健康快乐奉献给别人，用自己的青春、热血和敬业谱写一曲曲生命赞歌。事实证明，张红做到了，并且做得很出色，她用自己的实际行动阐释了身为护理人的价值和骄傲。

不以事小而不为　不以责重而畏难

目光所及之处，皆为心之所向。初到医院，张红也免不了会胆怯、惊惧，但她用最快的速度转变了心态。她深知学校与医院不同，在这里需要她付出更多的责任心和爱心，要以最完美的状态迎接挑战。张红从最基础的岗位工作开始做起，虚心求教，耐心学习，不骄不躁，不断努力地提高自己，她用自己的耐心和热忱对待每一位患者。经过长期的历练成长，她用专业的服务换来了患者的信任，用出色的业绩得到了领导的认可，同时也迎来了她人生的转折。

2008 年，张红被任命为干部保健科东十一病房副护士长。在日常工作中，病房既承担着省级领导及离退休老干部住院期间的医疗护理服务工作，还担负着全省重大保健任务。张红负责的病区基本是年龄偏高、行动不便的老人，每每遇到迷茫的患者，她都会耐心细致地解释他们提出的各种问题，一遍不行就两遍，两遍不行就三遍。张红尽己所能满足他们的要求，给患者一个完美的住院体验。张红深知，自己一个人的力量很渺小，于是她带领整个科室的护理团队以"深化优质护理服务"为中心，推进治疗顺利进行，将"护理安全"放在首位，达到"家属放心、患者满意"的目标。在她的协调努力下，科室的患者满意率不断提升。

张红所在的科室，病情复杂、住院时间长的患者居多，这些患者在情绪和心理上都会存在一些抗拒。但张红始终耐心细致，真正做到了把患者当家人对待，得到了患者和家属的一致好评。每逢年节、患者生日、特殊日子等，张红都会和同事们为患者准备惊喜：送上鲜花、蛋糕、诸多用心的小礼物，和他们一起合影、唱歌，给他们一个难忘的回忆。这让枯燥的病房生活变得舒适温馨，既拉近了患者和医护人员之间的距离，也为患者的病情恢复提供了良好的情绪支持。

病房里经常会有全院大会诊和特别护理的情况，在临床护理任务重、人员少的情况下，张红积极带领科室人员完成特护任务，危重患者住院期间进行抢救治疗时，她都会全力协同病房医护人员，进行精心治疗及护理，奋力抢救，团结协作。有时候遇到急危重症的患者，需要持续跟进观察时，张红就住在病房不回家，连续作战，甚至能 30 多个小时不休息。她每次都能出色成功地完成抢救任务，为科室树立了一个学习的标杆。

作为病区的护理领头人，张红每天总是最早出现和最晚离开的那个人。几十年来，她养成了严肃认真、实事求是、严谨细致的工作态度，秉持一丝不苟的工作作风，就像一支温暖的蜡烛，燃烧了自己，照亮了患者。无论是风霜雨雪，无论是节假双休，无论是黎明、深夜，只要病房电话铃声一响，她都会第一时间接听并赶到病房，任劳任怨、无怨无悔，直到处理安排好一切，才会放心离开。

风高浪急　更见砥柱中流

2019 年，医院迎接三甲复审，张红带领全科护士充分展现团结协作精神。在她平时人格魅力和领导能力的影响下，整个科室都对张红前辈恭敬有加，对她充满了信心。大家拧成一股绳，鼓足一股劲，对照要求和标准，从护理的各个规章制度、护理质量与安全管理到护理人员的岗位职责、护理应急预案及处理流程，全体护理人员一点一滴地完善和改进，逐条梳理，反复演练、培训、操作、考试，最终顺利通过复审。

山东作为经济大省，每年都需要承担许多重大接待任务。党和国家领导人的视察、调研，外国元首的来访参观，省委、省政府的重大活动等，由保健科承担保障任务。但面对责任重大、任务繁重的工作，张红总是能有条不紊地安排诸多事宜，合理分配工作，确保任务圆满完成。

在保健科的 20 多年里，张红前辈每年执行外出任务高达几十次，她舍小家顾大家，出差在外的时间长达数月也已是常态。她坚信，她所做的事业是光荣的，家人们的鼎力支持是她坚强的后盾。在这 20 多年里，张红前辈圆满完成了党和国家重要领导人以及外国元首来山东视察的一级任务的医疗安全保障工作，多次圆满完成随山东代表团赴西藏、四川、汶川、成都、新疆等地的参观考察任务，多次担负山东代表团进京参加全国人大代表会议成员的医疗保健任务、山东省两会任务等，充分展现出齐鲁护理人应有的风采，多次受到省委、省政府领导的高度赞扬。

张红说，有一次她与一名医生参加了一个 200 多人的大型会议保健任务，她们需要每天参观考察，行程超过 300 多公里。即便是晚上，参会人员都休息后，张红还在外巡诊、处理应急突发情况，很少在 12 点之前完成工作。凌晨拖着疲惫的身体回到房间，还要整理第二天工作的行装和救护设备，准备行程中可能会突发的问题策略，一切都是为了能够高质量完成任务。那次保健任务总历时 9 天，行程 2800 多公里，辗转 9 个地市，最终不负众望，保健团队圆满出色地完成了任务。

无私且敬畏　大义且凛然

正是凭着对职业的敬畏和一颗无私奉献的医者仁心，张红的工作赢得了

2019 年，张红（前排中间）与科室医护人员合影

患者的好评，也获得了科室领导的高度评价。作为护理行业的领军人物，张红的事迹被口口相传，她用汗水和努力浇灌的事业之树，终于开花结果。从 2002 年起，张红前辈承担省级领导的保健任务长达 20 余年，她用扎实的临床基础、高超的护理技能，回报组织对她的信任，回报同事对她的帮助和支持。

1988 年，张红加入中国共产党，在她热爱且珍爱的事业上继续奋斗。2016 年，她担任保健科党支部委员，先后任青年委员、纪检统战委员。张红作为一名党员，时刻以党员的标准严格要求自己，在正常工作之余，努力做好支部党建工作，学习中央文件和领导讲话、特色党课、主题教育、民主评议、红色教育、支部共建、助力基层、义诊宣教、专题讨论等内容，与支部其他委员一起组织开展丰富多彩、形式多样的党员活动，所在党支部多次被评为医院优秀党支部。

40 多年走来，张红前辈在平凡的护理岗位上默默奉献、无怨无悔，以优异的工作成绩谱写了一曲大爱无私的青春之歌，践行了一名白衣天使的神圣职责。

后记

落霞染红了鬓霜，朝阳照亮了前方。春风拂过之处，都留下了张红的足迹。她照亮了她所走过的不凡之路，为所有的病患保驾护航。天使就在我们身旁，她们像天幕下的萤火，正闪耀着美丽的光芒，飘飞在苦难与泪水之间，散发着沁人心脾的馨香，净化了磨难，守护着健康。

（骆中誉　李　静　邢介霞）

兴院有我一份力
归来天际尽彩霞

——记山东大学齐鲁医院护理前辈李兴霞

“严谨、勤奋、奉献、求精。”

【个人简介】

李兴霞，1983 年 7 月毕业于山东医学院卫生学校，后被分配至山东省医学院附属医院。1983 年 7 月至 2008 年 4 月于小儿内科病房工作，1999 年担任副护士长。2008 年 4 月至 2023 年 3 月于小儿内科新生儿病房任护士长。2000 年 2 月加入中国共产党。

2011 年 5 月在浙江大学医学院附属邵逸夫医院进修学习 1 个月。2012 年参加中国优生优育学习班。2013 年参加北京协和早产儿系统管理高级培训班。2015 年参加北京儿童医院危重新生儿护理培训班。2016 年参加中国新生儿重症监护学习班。

曾任山东省护理学会新生儿护理专业委员会首届主任委员，中华护理学会儿科专业委员会专家库成员，中华护理学会新生儿专科护士京外培训基地负责人，山东省医师协会新生儿学医师分会护理学组副组长，山东省人力资源管理协会感染管理专业委员会委员，中华妇幼保健协会袋鼠护理学组委员。

【获奖荣誉】

2005年9月，《VidioEEG在小儿发作性疾病中的临床应用》获山东省科技厅二等奖。2016年5月，《一种侧面倾斜的婴儿培养箱恒温罩》获山东省护理学会优秀奖。2010年、2011年、2013年被评为山东大学齐鲁医院工会积极分子。2017年被评为山东大学工会积极分子。2011年被评为山东大学齐鲁医院优质护理服务先进个人。2012年被评为山东省护理工作示范标兵。2016年被评为山东大学齐鲁医院优秀党员。2021年品管圈“宝宝热线圈”荣获省级一等奖、国家级二等奖。

李兴霞，山东大学齐鲁医院小儿内科新生儿病房原护士长、副主任护师，1983年毕业，从事护理工作数十年。她满怀激情，爱岗敬业，严于律己，几十年如一日，带动全科工作人员，使新生儿病房蓬勃发展。“爱在左，同情在右，走在生命两旁，随时撒种，随时开花，将这一径长途，点缀得花香弥漫，使穿枝拂叶的行人，踏着荆棘，不觉得痛苦，有泪可落，却不是悲凉。”冰心老人的这句话诠释了李兴霞对生命的敬畏和对儿科护理事业的挚爱。

严于律己　践行初心使命

自2000年入党以来，李兴霞严于律己，以优秀共产党员的高标准严格要求自己，先后担任妇儿神党总支宣传委员、小儿内科党支部组织委员、小儿内科第二党支部组织委员等职务。她协助支部书记开展小儿内科党组织建设工作，组织开展了形式多样的主题党日、民主生活会等活动；根据党支部安排积极发展优秀的年轻医护人员入党，为支部不断增添新鲜血液。她始终坚持党的路线方针政策，深学笃行习近平新时代中国特色社会主义思想，坚持“四个意识”，坚定“四个自信”，做到“两个维护”。她制订详细的党支部党员学习计划，每月定期推送“三会一课”和主题党日活动学习材料。由于临床工作繁忙，李兴霞都是利用业余时间完成党支部的各项工作，书写党员笔记。有她辛勤的付出，小儿内科第二党支部也多次被评为优秀党支部、宣传工作先进单位等。目前，李护士长虽然已经退休，但因工作需要她依然默默为组织做着大量工作。她始终秉承“追求卓越、只争朝夕”的奋进精神，在齐鲁医院高质量飞速发展的时期贡献着自己的一份力量。

不忘初心　创造生命奇迹

新生儿监护病房是医院重点特殊科室，收治的是一群刚出生的患儿，其中绝大多数为体重不足1000克的早产儿。医治这些病情变化快、娇嫩弱小的小生命，对新生儿监护病房的护士提出了更高要求。鉴于此，李兴霞特别注重打造一支专业素质高、业务能力强的精品护理团队。她对全科护理人员高标准、严要求，狠抓业务、苦练技能，始终坚持用优质的护理、精湛的技术精心呵护每一名患儿。在日常工作中，李兴霞常常与大家一起奋斗在新生儿监护室临床一线。“喊破嗓子，不如做出样子；质量在我心，安全伴我行。”言行一致，她说到做到，几十年如一日，每天总是第一个来到病房，一一查看小宝宝们的吃奶情况，夜间病情有无特殊变化等。她以妈妈的爱心守护医治这些折翼的天使。500克“巴掌宝宝”出院了、出生仅24周“袖珍宝宝”出院了、一个个体重超低早产儿康复出院

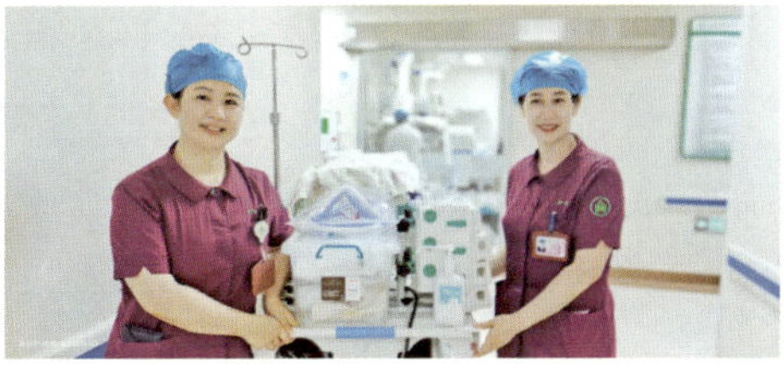

工作中的李兴霞（右）

了……家访时，每当看到当年的一个个小不点儿们健康快乐地长大，看到当年她们用心、用爱创造出的一个个生命的奇迹，她们内心有说不出的高兴和激动。

创新发展　推行优质护理

为了更好地救治每一个孩子，成就每一个幸福家庭，李兴霞带领科室不断开拓创新，积极开展新技术、新业务。2009 年带领科室创新设计“鸟巢式包被”和“新生儿暖箱罩”；在山东省率先开展了新生儿发展性照护，并持续改进；先后开展个性化精细护理、床边袋鼠式护理、以家庭为中心的早产儿护理；每年的世界早产儿日举办“早产儿回娘家”等活动。她利用业余时间家访已出院早产儿，手把手地指导家属，获得一致好评。2012 年开展家庭访视指导、康复护理等项目。2011 年获得山东省优质护理示范病房和山东大学齐鲁医院优质护理服务先进个人。这些荣誉的背后，是责任，是奉献，更是宝贵的经验财富。

用心关怀　有爱有家有温度

家是一个让人不会孤独的地方，家是心灵和身体最坚实的依靠，家是最温暖的地方。因新生儿重症监护病房为无陪护病房，收住的均是危重新生儿、早产儿及极低出生体重儿，护士责任重大和风险压力更大。因岗位原因，护士在节假日很少能回家和家人团聚，享受亲情。李兴霞担负了多重角色，工作中她是护士长，生活上她是大姐姐，又是长辈。虽然新生儿监护室护士有 70 余名，但李兴霞对每一名护士都关爱有加，不但关心她们的工作，更关心她们的生活和身体健康。为了让辛勤工作在岗位上的医护人员感受到家的温暖，每隔一段时间，李兴霞都会在家做好可口的饭菜带到病房，和大家一起分享。中秋节和春节更会准备丰盛的美味，如炸藕合、炸鱼、炖排骨、饺子等，让那些需要值班不能回家过年的工作人员都品尝到了家的味道，感受到了家的温暖。多年来都是这样，每当过年过节时，监护室的医护人员总是津津有味地吃着“李妈妈做的年夜饭”，幸福洋溢在每个人的脸上。李兴霞工作中严谨、细致，生活中温柔、贤惠，她用人格魅力塑造了一个有温度、有亲和力的护士长。

专科建设　注重人才培养

李兴霞生活照

以患者为中心，强化护理质量管理，积极推进安全文化建设，这是李兴霞护士长一直坚守的信条。由于新生儿病房危重患儿多、病情复杂、急救仪器设备多，要求护士始终处于患儿治疗及观察的第一线，要求科室护士有高水平的知识技能、积极进取的责任心、高效的应变能力，以精湛的技术和服务去赢得患儿和社会的尊重和认可。因此，李兴霞将护士培训工作作为重点，每周开展科室相关业务学习，督促检查护理人员技术操作培训；注重培养护士的应急能力，提高护士对突发事件的反应能力；积极开展护理查房，结合临床工作中存在的问题，定期召开护士例会，组织全科护士共同讨论学习；积极输送护士到复旦大学附属儿科医院、浙江大学附属儿童医院等新生儿重症监护病房（NICU）学习、进修。将一批批人员送出去，将先进的护理技术和理念带回来，随后，李兴霞再组织全体护士学习、讨论，并结合本科室工作情况及时改进。

为了适应现代医学的快速发展，紧跟齐鲁医院研究型医院的步伐，李兴霞鼓励全科护士不断进修学习，提高自己的学历层次。她开展了一系列活动，如护士 PPT 制作大赛、授课比赛、案例分享和新生儿复苏术比赛等等，不断提高护士的理论和操作技能，提高科室护士学习的积极性，树立护士职业的自信心。

学术交流 提升社会影响力

李兴霞参加山东省护理学会新生儿护理专业委员会基层委员成立暨第三次新生儿护理学术会议

新生儿监护室在主任李文和护士长李兴霞的带领下快速发展。2018年，李兴霞申请成立了山东省护理学会新生儿护理专业委员会，担任主任委员，并举办了多次新生儿护理专业学术会议和科普宣传。2020年，李兴霞成功申请了中华护理学会新生儿专科护士京外培训基地，并亲自担任基地负责人，先后完成了四届来自省内外的新生儿专科护士培训任务，在基地督导检查和专科护士培训问卷调查中均获得了好评。李兴霞作为辅导员，代表医院参加全国、全省的品管圈大赛："宝宝热线圈"获得第五届山东省医院品管圈大赛一等奖，第九届全国医院品管圈（多维工具）大赛三级医院综合专场B圈组二等奖。她还多次受医师学会委派，赴山东各地基层医院指导新生儿急危重症护理工作。

后记

日历翻过了一页又一页，无数个春夏秋冬，无数个暮鼓晨钟，李兴霞把最美的人生年华全都奉献给她钟爱的儿科护理事业。她虽然没有做出轰轰烈烈、惊天动地的大事，但她却在平凡的工作中收获着无数发自肺腑的感动。40多年的时光，她燃烧自己、照亮别人，她用坚定的信念、用真挚的爱心护佑新生，为折翼的天使们插上了翅膀，书写了她绚丽多彩的人生篇章。

（曹英娟 张海先 邢介霞）

夜以继日种辛劳
玲珑透露风华茂

——记山东大学齐鲁医院护理前辈刘继玲

“踏踏实实做人，认认真真做事。”

【个人简介】

刘继玲，出生于1964年3月，祖籍山东省滨州市博兴县。1979年至1982年于山东医学院卫生学校学习。1982年7月被分配到山东医学院附属医院儿科工作。1992年7月至1997年11月任小儿内科带教老师。1997年11月至2008年4月任小儿内科副护士长、护士长。2008年4月至2024年3月任小儿内科病区护士长、儿童医疗中心科护士长。2024年退休。

1989年至1992年于泰山医学院高级护理班脱产学习3年。1998年于上海复旦大学儿童医院进修小儿呼吸重症半个月。2010年于浙江大学医学院附属邵逸夫医院进修学习1个月。

担任山东省预防医学会儿童青少年健康分会委员，山东省护理学会糖尿病护理专业委员会委员，山东省护理学会科普护理专业委员会委员，山东省护理学会儿科护理专业委员会委员。

【学术成果】

编写《生儿育女 900 问》《生儿育女 1001 问》，负责编写《齐鲁医院儿科疾病护理常规及护理技术操作规范》。

【获奖荣誉】

多次荣获山东大学、齐鲁医院工会积极分子。2013 年荣获齐鲁医院先进工作者。2002 年 1 月危重病人抢救病例获二等奖，第五位次。2003 年 1 月获优秀新技术三等奖，第五位次。2004 年 1 月获疑难危重抢救成功病例二等奖，第五位次。2010 年 1 月获疑难抢救病例参与鼓励奖，第三位次。2017 年被授予“健康守护天使”荣誉称号。

在儿科的这片天空下，刘继玲如同那明亮的北斗，为这片星空指引着方向。她是微笑的天使，她的身影是儿科大家庭的温暖所在，她用爱心、专业和坚韧守护着每一个稚嫩的生命，呵护着未来的希望，她更是儿科护理队伍的楷模和引路人。

40 多年，一万多个日夜，刘继玲每天的工作都是全身心地付出。每一个住院患儿的情况，她都记在心上，都要亲自去查看护理质量，去了解患儿家长的需求。对于危重患儿，她更是与医生沟通密切，优化护理方案，保证护理质量。面对家长的焦虑和疑惑，她耐心解答，用专业知识给予信心，并常常去安慰、去鼓励。冬去春来，无数个华灯初上的夜晚，总能看到刘护士长抢救完患者后匆匆往家赶的身影。无论工作多么繁忙，任务多么艰巨，她始终保持着对患儿的关爱和对工作的热情。她的认真与执着不仅赢得了患儿家长的信任，也激励着整个团队，她用实际行动赓续着百年儿科的优良传统。

如今，岁月在她的脸上留下了痕迹，但她的精神却依旧如初，她以更加从容的姿态面对生命的起起落落。她的荣休不是结束，而是新的开始。她将那份对生命的敬畏和关爱，传递给了每一个儿科护理人。

儿科的情怀与坚守

时光流转，儿科的守护者——刘继玲，自 1982 年 7 月踏入山东医学院附属医院儿科的那一刻起，便开始了她与儿科的情缘。从博施楼的老四南仅有 30 张床位，到济众楼东五病房的 58 张床位，再到儿童医疗中心的 7 个病房、180 张床位，直至 2020 年 11 月妇儿楼的 6 个病房、300 多张床位，每一次搬迁工作，刘继玲都倾注了大量心血，无数次检查新病房设施的布局是否合理、所有的搬迁流程是否顺畅、患儿是否安全等等。42 年中，她见证了儿科的每一次蜕变与成长。

在这漫长的岁月里，刘继玲从一个普通护士逐步成长为带教老师、护士长，直至科护士长。她不仅是儿科护理发展的见证者，更是推动者。从老一辈护士长手中接过这沉甸甸的接力棒，她不忘初心、牢记使命，几十年如一日地扎根在儿科，辛勤耕耘、默默奉献。仁心仁术是她职业生涯的写照。她不仅关注患儿的健康，更关心他们的心理成长。她用爱心和专业，为每一个患儿带来希望和温暖。同时，她也注重专业发展，关注护士队伍的建设，努力打造一支团结、敬业、奋进的儿科护理团队。

注重细节管理　培养慎独精神

儿科，一个被称为“哑”科的领域，因为患儿们年幼，认知差，表达能力差，只能通过表情、动作和哭声来表达他们的不适与需要，作为儿科护士更需要无比的耐心、细心和慎独精神。在这片充满未知与挑战的土地上，刘继玲如一位细腻的设计者，以她的智慧和爱心，编织出了一幅幅温馨而动人的护理画卷。

清晨的第一缕阳光洒进病房，刘继玲便开始了忙碌而细致的工作。她逐一查看病危病重的患儿，用她专业的眼光和温柔的双手，为他们送去关爱与慰藉。在晨间护理的间隙，她不忘与家属沟通，征询他们的意见和建议，将家属的期望融入每一个护理细节之中。她总能及时发现护理工作的薄弱环节，与医师紧密配合，确保病房的医疗安全。

在儿科病房中，护士工作中的安全意识尤为重要。患儿们认知能力有限，加之疾病特点，容易发生烫伤、坠床、自伤、走失等意外，且无法完整准确表达感受和意愿，这给护理工作带来极大挑战。刘继玲深知这一点，每当有新护士入职儿科，她都要举行主题为“护理安全、警钟长鸣”的座谈会，并列举大量的临床警示案例，努力提升新护士敬畏生命、安全第一、质量第一的工作理念。如今，这种朴素而崇高的职业情怀已经深深地在每一位儿科护士心中扎下了根。

细节决定成败，在儿科护理中更是如此。刘继玲教导年轻护士们，在工作中必须善于发现问题、分析问题、总结问题，要抓源头抓重点。从患儿入院到检查、输液、服药等每一个环节，都需要我们严格查对，遵守制度和流程，善于运用评判性思维和循证思想，对患儿进行精细化的全程管理，提供安全优质的护理服务，提升患者就医体验。服务过程中更重要的是护士的慎独精神。刘继玲总是叮嘱护士们，护士每天的工作无论是否有人监督，都要保持高度自觉性，始终遵循护理规范和伦理要求，同时应具备良好的伦理道德修养，关爱自己所护理的患儿，用自己的专业知识减轻孩子们的痛苦。刘继玲用她的专业与爱心，为儿科的“哑”语世界带来了光明与温暖。在她的引领下，

刘继玲为新入职护士进行安全警示教育

护士们学会了如何与患儿沟通、如何与家长合作、如何为患儿提供更加优质的护理服务。她是护士们心中的楷模，也是我们前行的动力。

以身作则　顾全大局

疾风知劲草。作为儿科护理大家庭中的灵魂人物，刘继玲不仅是护理团队的领路人，更是危急时刻的定海神针。她的存在如同那屹立不倒的松树，无论风吹雨打,都坚守在岗位上,为每一个患儿的生命健康护航。在危急时刻，刘继玲总是挺身而出，成为护士们心中的楷模。2008 年手足口病疫情肆虐，她迅速调配护理人员，积极参与支援，为抗击疫情贡献了自己的力量。在甲流（甲型流感）突发事件和新冠病毒感染疫情中，她毫不畏惧，身先士卒，调配护士，与感染科密切合作，启动应急预案，确保疫情期间病房的平稳过渡。她的勇敢和担当为我们护理团队树立了信心，让我们在面对困难和挑战时更加坚定了前进的步伐。

刘继玲不仅在工作中身先士卒，更在生活中为护理团队树立了榜样。她关心每一位护士的成长和进步，关心每一位护士的身心健康，经常与她们谈心和交流，了解她们的需求和困难，给予帮助和支持。她用自己的实际行动告诉护士们：在困难和挑战面前，要有不怕苦不服输的勇气，更要有责任感和担当意识，要把平凡的工作当成一份事业去热爱、去经营，要把这份热爱化为守护患儿生命健康的源泉和动力。

勇于创新　文化传承

在儿科护理的广袤天地中，刘继玲护士长以其深厚的专业知识、丰富的临床经验、创新思维和卓越的管理能力，引领着护理团队砥砺前行。在她的引领下，我们儿科病区护理服务质量焕然一新，不仅适应了新时代的需求，更将优质护理的理念融入其中，形成了独具儿科特色的管理模式。各个病区护理工作开展得有声有色，PICC、胸壁输液港、手臂输液港位列全省前列。为适应护理事业发展和国家大健康方针的政策，又组织开展了延续护理、慢病随访、互联网门诊等一系列护理举措，如涓涓细流，滋润着患儿与家长的心田。刘继玲深知，护患之间的沟通与信任是护理工作的基石，因此她倡导并开展了“护患互动”活动，让护士与患儿、家长在轻松愉悦的氛围中交流互动，增进对彼此的了解与信任。这些创新形式不仅极大地提升了患儿和家长的满意度，更为儿科护理事业注入了新的活力与希望。

在儿科一线辛勤耕耘四十余载的刘继玲积累了丰富的护理管理经验。她以临床带教、定期培训、学术交流和文化建设等多种方式，将护理文化的精髓传递给年轻护士，鼓励并帮助各个专业的学术进步，使其在传承中发展，在发展中创新。她率领儿科建设山东省儿科专科护士培训基地，儿科血液专业科室成为中华静疗专科护士带教科室。刘继玲以身作则地践行着齐鲁医院护理文化，为患儿提供安全、优质、高效、暖心的护理服务。

心怀热爱　永远都是当打之年

刘继玲不但是儿科护理专家，还是一名乒乓球高手。她从小热爱乒乓球运动，并受过严格专业的培训，若不是一心想成为一名白衣天使，可能早就成为国家乒乓球运动员，为国争光。工作后刘老师一直坚持锻炼，多年来打乒乓球技术始终稳居齐鲁医院领先水平，曾多次代表齐鲁医院参加比赛，均取得优异成绩。当看到儒雅、睿智、沉稳、微笑的儿科护理专家站在你面前时，你是绝对想不到赛场上的刘老师是何等的英姿飒爽，令对手望而却步。刘继玲不但为儿科的护理事业作出了卓越贡献，也为齐鲁医院的文体发展交出了一份满意的答卷。

生活中刘继玲老师总是笑容灿烂

生活中的刘继玲除了爱好乒乓球运动，也喜欢诗歌、散文、爬山。在给护士讲课或开会时，经常吟诵一首自编的小诗或小散文，像极了讲台上的语文老师。刘继玲还是烹饪高手，她做的酱爆辣椒比酒店大厨做的都好吃，每次带到病房都被护士们瞬间抢光。工作之余，刘继玲还热衷公益事业，经常带领儿科护理团队去孤儿院、养老院献爱心，每年六一儿童节都精心组织为住院患儿送温暖等活动，还积极参加义诊、无偿献血。刘继玲用实际行动燃烧自己，温暖社会。

后记

刘继玲既是德高望重的护理专家，也是和蔼可亲的大姐。为儿科护理事业奋斗了42年光荣退休后，她有更多的时间和精力去做自己喜欢的事情了。祝愿刘继玲健康快乐、笑口常开，继续关心儿科护理事业发展，继续在不同的岗位上发光发热。

（曹英娟　张　红　曹　慧）

后　记

随着书稿的最后一页缓缓翻过，我的内心仍沉浸在那些逐渐悠远而愈加感人的故事中。这些故事记录了齐鲁医院护理人筚路蓝缕的开拓、砥砺创新的奋斗，她们的辛勤付出、无私奉献和深情期望，如同前行路上的盏盏明丽、温暖而柔和的灯光，慰人心弦、给人力量，催人奋进。

这本书的编创，离不开每一位参与者的鼓励与支持。参与访谈、撰写的同事以极大的热情和激情，夜以继日，深入追寻老一辈护理人的足迹，用细腻的笔触描绘出她们践行“生命至上、救死扶伤、甘于奉献、大爱无疆”的感人事迹，再现了她们甘于平凡而决不平庸、保持璞质而玉成于事的职业生涯。

在本书编撰过程中，我们深切感受到了齐鲁护理深厚的文化底蕴和光辉的发展历程。这支护理队伍起点即高峰，勇攀更高峰，从华美医院伊始，即以高标准的专业素养和国际化水平，开创一时之风气，共镶齐鲁之品牌，栉风沐雨135个春秋，几代护理人薪火相传，从物力维艰的困难时代到大气恢宏的齐鲁气象，用实际行动诠释“医道从德　术业求精”的院训。我们更感动于护理前辈的职业精神和动人事迹，她们聚是一团火，惊艳了时光，在工作中满怀热情、奋力担当、勇于创新、敢为人先，践行了提灯女神的神圣使命，铸就了齐鲁护理队伍的优良传统；她们散是满天星，温柔了岁月，有的年事已高，身居天南海北或旅居海外，但依然对齐鲁医院怀有深深的感情，对医院的历程念念不忘，对医院的工作深深嘉许，对医院的未来充满期望。她们用自己的爱心和专业，为护理事业注入无尽温暖与力量，她们是齐鲁医院的骄傲，也是我们永远的榜样！这本书正是对齐鲁医院老一辈护理人的一次深情致敬。

“梦虽遥，追则能达；愿虽艰，持则可圆。”在二〇二五年新年贺词中，习近平总书记深刻指出：“中国式现代化的新征程上，每一个人都是主角，每一份付出都弥足珍贵，每一束光芒都熠熠生辉。”本书不仅仅是对过去的回忆和总结，更是对未来的期许和展望，希望读者通过本书尝鼎一脔，让更多的人了解齐鲁医院护理人，熟悉山东乃至全国护理事业的发展历程，积极加入到神圣的护理事业中来。我们坚信，在山东大学、齐鲁医院和各级卫生与教育主管部门的正确领导下，在社会各界的关心与支持下，全体齐鲁护理人一定能够继往开来，创新发展，奋楫笃行，步履铿锵，在坚定扛牢“走在前挑大梁”的使命担当中展现新作为、写好新答卷，为健康中国建设作出新时代齐鲁护理人的更大贡献。

曹英娟
山东大学齐鲁医院护理部主任
山东大学护理与康复学院副院长
2025 年 2 月